问物
可触摸的意义

陈少明 著

生活·讀書·新知 三联书店

Copyright © 2024 by SDX Joint Publishing Company.
All Rights Reserved.
本作品版权由生活·读书·新知三联书店所有。
未经许可，不得翻印。

图书在版编目（CIP）数据

问物：可触摸的意义/陈少明著. -- 北京：生活·
读书·新知三联书店，2024.10. --（三联人文）.
ISBN 978-7-108-07891-9

Ⅰ. B2

中国国家版本馆 CIP 数据核字第 2024CW1993 号

文字编辑	蔡雪晴
责任编辑	王晨晨
装帧设计	何　浩
责任印制	李思佳
出版发行	生活·讀書·新知 三联书店
	（北京市东城区美术馆东街 22 号 100010）
网　　址	www.sdxjpc.com
经　　销	新华书店
印　　刷	三河市航远印刷有限公司
版　　次	2024 年 10 月北京第 1 版
	2024 年 10 月北京第 1 次印刷
开　　本	880 毫米×1092 毫米　1/32　印张 10.25
字　　数	213 千字
印　　数	0,001-4,000 册
定　　价	75.00 元

（印装查询：01064002715；邮购查询：01084010542）

目 录

自序 哲学的手艺 1

一 经典世界中的人、事、物
   对中国哲学书写方式的一种思考 24

二 "心外无物"
   一个心学命题的扩展研究 51

三 说器 83

四 道器形上学新论 116

五 作为精神现象之"物" 148

六 物、人格与历史
   从"特修斯之船"说及"格物"等问题 172

七 经典世界中的《兰亭序》
   一个哲学的视角 195

八 什么是存在?
   再论《兰亭序》的经典化 220

九 什么是"经典世界"? 255

十 "精神世界"的逻辑 289

自序　哲学的手艺

"问物"这个书名，很容易给人一种错觉，以为作者把对学问的兴趣转移到更专门、更狭隘的题材上了。其实，只有把"物"作为概念来理解，才会以为它比儒学或者庄学视野更小，或意义更单纯。如果把它同其所指称的对象联系起来，你就会觉得天高地阔，悠远无疆，几乎就是一整个世界。事实上，虽然本书篇幅仅有十章，但从第一篇动手（2004年）至最后一篇收笔（2023年），也经历了二十年。岁月的流淌，意味着问题的复杂及思路的迁延。因此，借这个自序，把本书问题意识的形成及相关的思想努力，对读者做一个补充交代。同时，也可以直抒胸臆，说一些比论题范围更宽的感想。

1. 问题

以物为题，首先是因为广阔的背景，那就是唯物主义的影响，它是我们这一代思考哲学的出发点。平心而论，即使没有意识形态的加持，唯物主义也有强大的说服力。这是因为，在社会文化转型的情势下，科学差不多已成为人们生活信念的主要成分，怀疑或否认物质世界的客观性，是不可理喻的。其次，在一个向现代化急速推进的年代，把物质生活条件的改善设为社会发展的首要目标,也是天经地义的。两者均符合唯物论的要义。然而,在承认物理常识的前提下,精神生活的内在机制是什么,或者它在物质世界到底扮演什么角色,我们的哲学教科书依然没有给出能让人满意的解答。其次,与文化或精神生活相关的哲学问题是,价值与知识(特别是自然科学)的区别。知识有它的客观标准,不能主观认定。但价值不然,一方面,它不是个人的,所以才有价值原则的存在;另一方面,它又必须是个人能体认的,所以才与精神生活相关。价值无原则是虚妄的,而无体认则是虚伪的。我的直觉是,宋明儒学中的理学与心学,各自是上述不同特征的体现。如何论述意义结构的两个特征,无形中成为我的哲学心结。然而,传统儒学的论述方式,不能打通我的思路。20世纪90年代,我曾申请过一个资助课题,题目就叫"意义结构的重建"。但很长时间,我不知道如何入手处理它,最后用思想史论述取代并交卷。第三,一个偶然的读书机会,触动了我的神经。在一本关于萨特的传记中,我读到波伏娃的一段回忆:

> 雷蒙·阿隆当时正在柏林的法兰西学院学胡塞尔哲学,同时也在准备一篇历史论文。我们在蒙特巴拿斯街的拜克德盖兹咖啡馆度过了一个夜晚。我们要了那里的风味,橘黄色的鸡尾酒。阿隆指着自己的杯子说道:"看,亲爱的朋友,如果你是一位现象学家,就可以谈谈这杯鸡尾酒,并从中搞出哲学来。"萨特激动得脸色发白。这正是他多年来梦寐以求的东西——如实描述他

所见到、摸到的东西,并且从中提炼出哲学。[1]

同样,阿隆的说法也使我感到惊奇。受德国哲学特别是黑格尔的影响,哲学的特征就是抽象。而声称可以直接从可接触的物品中解读出哲学,对我来说有一种颠覆性的感觉。同时,它也勾起了我尝试做哲学的隐蔽愿望。萨特从中得到了什么灵感,我并不关心。我感兴趣的,是自己能否从具体的生活情景中直观出哲学,并把它叙述出来,有效传达给他人。

上述三点虽然看起来并无关联,但可能是形成我的问题意识的几个要素。第一点是背景或前提,虽然我企图扩展或深化对"物"的精神面貌的理解,但它不是过渡的桥梁,而是寻找目标的定位图。而"心-理"结构关系,则是我最初形成的关于意义的哲学议题。虽然有价值的论题不等于有成效的理论,而且在相当长的时间里,我对它有些束手无策,但它是我的哲学情结,成为我在处理关于物的观点时的抽象目标。至于阿隆和萨特之间那个哲学故事对我的意义,是很久以后才意识到的。那就是引导我去学习做哲学的手艺。这是事后的回顾,对原因的叙述难免带有选择的倾向,但它是我自己可以意识到的事实。一个哲学观念要达成一种哲学论说,需要一定的论述程序并由之形成一种思想结构。这种论述途径有两大方向,一个是致力于概念的转换,

---

[1] 转引自[美] A. C. 丹图:《萨特》,安延明译,北京:工人出版社,1986年,第28页,引文略有改动。

一个是着眼于经验的雕琢。我的理解是，虽然两者不一定互斥，但前者是流，后者则是源。后者，也就是如何谈论"鸡尾酒"的工夫，对我更有吸引力，成为我一直以来寻找和尝试的方向。下文将分描述、溯源与拼贴三个方面，叙述学做工夫的心得。

2. 描述

首先谈描述。描述是一种论述方式，通常使用由具体名词和动词组成的句子，叙述事物的面貌或状况，让接受者对内容有直观的感受。或者说，它会唤起读者（或听众）对内容的画面感或情景想象。它通常避免或减少对需要定义的概念的运用。这样界定，不像在下定义，而更像是一种描述，对描述的描述。经验必须通过描述，才能有效思考和传递。运用描述做哲学的典范是维特根斯坦。在《哲学研究》的开篇，他引用奥古斯丁《忏悔录》中有关学习语言的一段描述，并由此开启关于语言意义的新探讨。为了说明语言的意义在于"用法"，他通过对做游戏（下棋）的经验描述，来呈现两种规则的同构性，说明词的作用类似于棋子，其功能由相关规则确定，从而导出"语言游戏"的观点。在语言游戏理论中，维特根斯坦还以"游戏"一词为例，说明不是所有的概念都可通过对其本质的界定来传递，这种非本质意义的词语所对应的现象，特征就如"家族类似"："我想不出比'家族相似性'更好的表达式来刻画这种相似关系；因为一个家族的成员之间的各种各样的相似之处：体形、相貌、眼睛的颜色、步姿、性情等等，也以同样方式互相重叠和交叉。——所以我要说：'游戏'形成一个家族。"[2]这个著名的"家族类似"概念就是描述出来的。后期维特根斯坦关于做哲学有一句名言："不要想，而要看。""想"就是在概念关系中打转，"看"则是把观点诉诸可描述的现象。

同样，现象学也需要描述。其正确性真理与显示性（或揭示性）真理的区分，便是以"明见性"（或明证性）的确立做出的。而明见性的获得，在语言表达中依托于原则上无争议的描述。没有描述，我们就没法确定"所予"的内容是什么。因此，现象学一方面强调显现的意义，一方面大量运用描述来论述其理论。其中最著名的也许就是胡塞尔对内在时间意识经验的描述，那个关于原印象、滞留和前摄三要素构成的理解图式。[3]由此可见，描述的地位是先于某种哲学立场的。原创性的哲学论述，往往建立在对经验成功描述的基础上。当然，描述不是哲学的专利，文学、史学都需要描述。哲学描述不是具体经验的复述（历史），也非虚构的故事（文学），而是可以把经验类型化的刻画（包括常识或思想实验），它需要对经验结构进行某种提取或保留。我对描述的自觉，是从多年前对羞耻现象的探讨开始的：

> 这是极普通或很容易想象的经验：当一个人做了不体面或不名誉的事，而终于被周遭的人知道之后，

---

[2]［奥］维特根斯坦：《哲学研究》，第67节，李步楼译，陈维杭校，北京：商务印书馆，1996年，第48页。
[3]参［德］胡塞尔：《内在时间意识的现象学》，杨富斌译，北京：华夏出版社，2000年。

即使背着日常面对的人,你也会如芒在背,如坐针毡。假如走过熟悉的环境时,你会实际上或想象中感受到背后各种会刺人的眼光,被指指点点,即所谓被戳脊梁骨的情形,会脸发烧,感到无地自容。而在不得不面对这些人时,思绪不能集中,脸色不自然,不敢与之对视,眼光会在交锋中落败。因此,最好是暂时一个人躲起来,采取"鸵鸟政策"不见人,等事情的影响过去,人们对它的淡忘。以及做出极端的反应,永远与周围的人隔绝(包括自杀),或者把自己的困境归罪于他人而对之进行报复。[4]

在这一描述的基础上,可以析出名誉与面子,当事人与相关者,主动行为与被动行为,反应方式等与之相关的结构要素。同时,利用这一图式做出羞、愧、耻、辱四个亚类型的区分,揭示相应的性格特征及儒家文化中羞耻心对君子人格塑造的重要性。整个分析几乎都是借助描述完成的。哲学描述需要学习,但它是一个漫长的过程。下面再举两个例子,报告这种努力的收获。一个是我常提到的,通过毕加索的《牛的变形图》,观察抽象与具象的关系:

> 抽象首先不是名词,而是动词。它不是一种状态,而是一个过程。一个直观的例子,是毕加索画过的一

---

[4] 陈少明:《关于羞耻的现象学分析》,《哲学研究》,2006年第12期,引文略有改动。

套牛的变形图。第一幅是一头牛的生动逼真的素描,第二幅则是第一幅的轻微简化,轮廓大致不变,只是线条减少,明暗层次减少,但可以看出它所画的仍是第一幅中的那头牛。同样,第三幅又是第二幅的简化。依此手法类推,一共画了七幅。排在一起,每一幅都能看到前一幅的影子。但最后一幅,竟然只变成一个标准的长方形。毕加索是抽象画的大师,这组变形图可以看作他对抽象的一种图解。第一幅是对实现的牛的抽象,中间任何一幅画都是对前一幅的一次抽象,每一次抽象都有独立的价值。而抽象化的过程,实际也就是思维不断远离经验事物的过程。如果撤去所有的中间环节,只留下最后一个长方形,按常规思维者,很难从中看到一头牛。了解这个具体的过程对读这幅画很重要。概念性的思想活动也如此,哲学的大字眼,如无与有,本质与现象,或存在与存在物等等,就是高度抽象的产物,就如毕加索的那个长方形。那些只会玩几个抽象概念而失去对经验的洞察力的人,就是只会画长方形而不知牛为何物者。只有掌握这些概念形成的内在逻辑,它与经验生活的联系才不会中断,观念的丰富内涵才不会流失。[5]

这是对一组画的描述。通过这个描述,"抽象"这个很

---

[5] 陈少明:《观念的想象》,见《经典世界中的人、事、物》,上海:上海三联书店,2008年,第3页。

难通过定义传达的概念,得到明晰的、不需要复杂推理就可获得的印象。同时,还把抽象与具象的相关关系与变动机制,以及抽象的意义,包括视觉的和观念的,一道呈现出来。另一个例子,是通过对"观"与"看"的区分,分析视觉向观念转化的一种途径:

"汉语中,望、视、见、观等词与'看'有共同的意义,即指通过眼睛视觉功能的运用去掌握对象的行为。""'观'则包含'看'(或视、望)与'见'两义而有所超越。先看'观''看'之异。偶然的撞见或无心的一瞥,都是看。而且看是在特定的视角范围内才有效的。""比较而言,'观'是更自觉的行为。同时视野更深远,甚至越出视觉的限制,不但'仰则观象于天,俯则观法于地'(《易·系辞下》),还可以'观古今之异',对象从空间扩展到时间。""同样是所'见'具体,所'观'抽象。重要的是,当下的视觉都是有限制的,有限的言行不能评价一个人,巨大的风景无法一眼望尽。因此,'观'不是视觉形象的一次性捕捉,而是一个过程。它需要不同视觉片断的连接。这些片断可以来自同一视角下对象的变化,也可以围绕着对象做不同角度的观察。过程一旦拉长,这种'观'就需要知识的辅助或补充。或者说,'观'把眼前的经验纳入与过去经验相联结的思想活动中,是观察向思考的过渡。因此,同是看海,说观海与说见海就不一样。见海是指获得关于海洋的视觉形象,观海(或观水)则获得比视觉更多的内容,如胸怀、气度、境界等等。""日后,'观'便慢慢延伸出更抽象的含义,而且更突出观看的成果,如观点或观念。不但观心,而且可以观道。最终,道观、观道一体。今日所谓人生观、世界观、宇宙观之类,均由此延伸而来。"[6]

同是视觉经验,动态的"观"对比静态的"看",便能刻画"观"的机制中空间扩展与时间变动的要素。从"看"到"观"的过程中,记忆的融贯与观念形成的关系,便一目了然。同时,日常语汇中观点、世界观之类概念的意义也就不言而喻。本书对不同"物"的讨论,都力图从不同角度做描述的努力。例如,在论"心外无物"中,对物在心内、心外不同关系的意义图式的描述;又如,通过对《兰亭序》的讨论,对书法练习中临与摹的区别的描述。对临与摹区别的描述不仅划分的手段、目标及结果不同,还可透视由心理行为及笔迹人格(原创与临者)的联系引发的鉴别与欣赏的差别,这样,书写、修养与作品的内在关系才能得到完整的说明。还有,在"道器形上学"的论述中,一方面通过对同一器具(如鼎)使用方式变化的描述,揭示器物所负载意义的历史演进;另一方面,通过对"道"的"能见度"的描述,展示无形的道如何伴随有形的器的使用变化而改变其呈现方式。这些描述的成败得失,当由读者评判。但它是我感到较踏实且有乐趣的工作,触发点就是雷蒙·阿隆那杯橘黄色的鸡尾酒。

3. 溯源

我们可以把描述叫作方法。但方法其实是一种抽象的

---

[6] 陈少明:《生命的精神场景》,见《梦觉之间:〈庄子〉思辨录》,北京:生活·读书·新知三联书店,2021年,第2—4页,引文略有改动。

说法，而且同上文提到的"抽象"一样，它也是分层次的。相对而言，描述是最基础的部分，除了误认哲学为脱离经验的概念游戏者，不同风格或流派的哲学都需要描述的运用，至少，分析哲学或现象学均是如此。这样说也意味着，描述之外，还有一些不同的可以称为方法的论述途径，它服务于不同的哲学追求。例如，语义溯源与思想拼贴。语义溯源就是历史语言学，或者汉语训诂的方法，是对某种关键概念的起源及语义变化的分析。借训诂处理哲学，可以有两种不同的立场：一种是把语义还原为史实，从而解构词语的观念意义的"剥皮主义"，就如傅斯年在《性命古训辨证》中所做的那样；另一种则是通过语义演变的揭示，实现对其哲学深度的阐明。前者为实证主义所主张，后者则为解释学所实践。海德格尔对希腊哲学词汇的演绎便广为人知。例如：

> 希腊存在论像任何存在论一样，其成问题之处必须从此在本身觅取线索。此在，也就是说，人的存在，在流俗的"定义"中正如在哲学的"定义"中一样被界说为 ζον λογον εχον［会说话的动物］，即这样一种生命物，它的存在就本质而言是由能说话来规定的。如果我们着眼于存在谈及存在者，从而使存在者前来照面，那么，λεγειν［说］（参见第七节 b）就是一条指导线索，引导我们获得以这种方式前来照面的存在者的存在结构。因而在柏拉图时期形成的古代存在论就变成了"辩证法"。随着对存在论的进一步清理，也就是说，随着对 λογος［逻各斯］的"诠释"的进一步清理，

就越来越有可能更彻底地把捉存在问题了。[7]

这是由"会说话的动物"揭示"说",来导向对存在结构的洞悉,以及对古代存在论与辩证法,甚至是逻各斯与诠释的内在关系的领悟。就方法论而言,引用海德格尔的重点,不在于判断他对希腊语言的理解是否精当,而是在假定其语义解释无误的情况下,观察他如何导出重要的哲学思路来。在现代中国哲学中,庞朴的工作也异曲同工。他对"义"的起源,以及"无""亡""無"三义演变的哲学诠释,都是切实的贡献。[8]

在对《庄子·齐物论》"吾丧我"寓言的诠释中,我也试图从"吾"与"我"使用的区分着手。虽然两字都是表达者用于指称自己的代词,但特定关系下,意义并不一样。宋代有人说:"'吾''我'二字,学者多以为一义,殊不知就己而言则曰'吾',因人而言则曰'我';'吾有知乎哉',就己而言也,'有鄙夫问于我',因人之问而言也。"[9]证之《齐物论》文本,这个说法可以成立,并且可能引申出更有深度的观念问题。"吾我与物我、你我结构一样,表示心身相对。这一区别的哲学意味究竟是什么呢?首先,这个'我'是与他者相对的存在者,丧我或无我便使我与非我的对立,失

---

[7] [德]海德格尔:《存在与时间(修订译本)》,陈嘉映等译,北京:生活·读书·新知三联书店,2014年,第30页。
[8] 参陈少明:《由训诂通义理——以戴震、章太炎等人为线索论清代汉学的哲学方法》,《中国社会科学》,2018年第7期。
[9] (宋)赵德:《四书笺义》,转引自朱桂曜:《庄子内篇证补》,北京:商务印书馆,1934年,第37页。

去可能。……即消除彼我的对立，是抽掉物论对立的基础。其次，'我'通过非我来确定，即我也呈现在非我者的世界中。但这个被他人观察的'我'，在他人的心目中，只是那个'你'。他人只看到'我'的外观，而我不是通过观看才能感知'我'的存在。自我认同与被非我辨认，不是一回事。这种内外的不同，正是自我反思的基础。最后，可能是更更重要的，'吾'与'我'本来指称同一对象，即均为表达者的自我称谓，但在'吾丧我'这一主宾结构中，一个对象同时分裂为主体与客体，即自己是自己的对象。这里的'我'不是一般的行为对象，不是日常化的我，如不是自己某时刻的想法，或者自己身体某一部分，那只是'我的'，而非'我'本身。'吾丧我'之'我'，同'我是谁'之'我'一样，均是整体的，因此，它是哲学的自我问题的提出。"[10]

仁是儒家的核心价值，其意义既包括"仁者爱人"，也包括"亲亲为仁"。那么，"亲亲而仁民"道理上如何可能？我们从"亲"是指自己身体的原义出发，可以找到它的思想通道。

《广雅·释亲》的内容，既包括与婚姻及血缘相关的社会关系即亲属关系的介绍，也包括人从结胎、诞生到身体各个部位的说明。其中亲属名目31条，而身

---

[10] 陈少明：《"吾丧我"——一种古典的"自我"观念》，《哲学研究》，2014年第8期。

体名目则有42条。这意味着，在古代，己身是亲的基本含义。今日讲亲身、亲自、亲眼、亲口、亲手，均沿此而来。其引申义则是主体与对象无距离，无中介，直接相即的意思。而能与己身血脉相连的，便是父母双亲。由此而派生出人与人态度的亲情义，以及人与人关系的亲属义。后世描述情感态度的相关词如亲密、亲热、亲近、亲切，亦由此来。相反之义，则是疏离、疏远。一个显然的事实是，亲亲是最直接最根本的人类情感经验。无论古今，不分中西，父亲与母亲均为最普遍的赞美对象。这一解释的意义在于，儒家的伦理起点，基于人性的基本经验。其情感伦理的扩展逻辑，是由己及人，由近及远，由人及物，由兹热爱人生，承担责任。[11]

这种语义溯源，并非用原义取代后义，而是通过语义的演变，揭示某种思想的联系。不是任何概念都需要做这项工作，但某些关键观念，如果它足够悠远，很可能植根于人类的本性，其意义可以具有普遍性，只是需要一种思想技术的深度发掘。就如吾、我之分与亲、疏之别，它不是某个民族或某个传统才具有的经验，但不同文化赋予它的意义轻重不一样。对做中国哲学而言，这一手法对呈现观念起源的具体性与意义的普遍性，具有特别的意义。在讨论社会时空问

---

[11] 陈少明：《由训诂通义理——以戴震、章太炎等人为线索论清代汉学的哲学方法》。

题时，本书透过中、界、间等词的语义起源，分析语言现象中把社会秩序观念空间化的现象，也是这种努力的尝试。

4. 拼贴

拼贴与溯源是不同的思想手艺。溯源是时间上的追寻，拼贴则是空间上的拉近。后者的材料可以来自不同的知识领域或者不同的文化传统。它不是比较哲学，不是"中国的X相当于西方的Y或Z"那种概念转换的套路。当然，它也不是那种把设计好的图案剪成碎片，然后重新拼接、复原的游戏。考古学对文物碎片的处理，基本上是这种方式。另外，某些高水平的考证工作，也体现了这种思路。它有点类似侦探工作，需要证据链闭合，即拼图复原来宣告完成。哲学不是历史，其拼贴不是复原，而是创新。即把两种或两种以上不同质地或不同形态的材料，利用各自的特性，略做加工之后，拼接出新的图景或形象。这是拼贴的创新。维特根斯坦的语言游戏，就是来自他对语言与游戏（主要是下棋）行为的对比与融会贯通。在《哲学研究》中引用奥古斯丁关于学习语言的经验描述之后，维氏说："在我看来，上面这些话给我们提供了关于人类语言的本质的一幅特殊图画。那就是：语言中的单词是对对象的命名——语句就是这些名称的组合。——在语言的这一图画中，我们找到了下面这种观念的根源：每个词都有一个意义。这一意义与该词关联。词所代表的乃是对象。"[12] 而在棋类活动中，他找到了对应的意义

---

[12]〔奥〕维特根斯坦：《哲学研究》，第1节，第3页。

模式。棋子按规则移动，正如词语按规则运用，训练语言与训练下棋一样，词或棋子的作用（意义）就是在学习使用的过程中形成的。"在这里，'语言游戏'一词的用意在于突出下列这个事实，即语言的述说乃是一种活动，或是生活形式的一个部分。"[13]这就是思想拼贴。这种创造性的拼贴的结果，同时深化了我们对语言与游戏两者的理解。将其转化成概念语言，就是做两者的相互诠释，在这种诠释中创造。

奥古斯丁关于语言的言论，未必是《忏悔录》的核心论题，只是其自传中的"边角料"。但在行家里手那里，即使是边角料，也能做出熠熠生辉的作品。我的拼贴学习，从对"鱼之乐"的诠释开始。那段有趣而令人困惑的争论中的关键词，不是"乐"，而是"知"。而"知"的意思充满歧义，《庄子》正是故意利用这种歧义，让庄子在辩论中先声夺人的。我的疏解方式，是借助维特根斯坦在《论确定性》中对"知"的使用的澄清，揭露《庄子》隐蔽的曲解。作为动词的"知"，在使用中至少包括"我知道"和"我相信"两重含义。"知道"是需要提供证据的知识判断，而"相信"则只依凭相信者的信念。因此，对"鱼之乐"的体验，只能是相信，不是知道。[14]而这种"相信"的心理，不是个别或偶然的，可以进行另一种描述。这也是拼贴，因为两者在各自的语境中有不同的目标。而拼贴的结果，不但使《庄子》这则寓言的哲学意义获得更具深度的理解，而且也展示了维氏

---

[13]［奥］维特根斯坦：《哲学研究》，第23节，第17页。
[14] 陈少明：《由"鱼之乐"说及"知"之问题》，《中山大学学报（社会科学版）》，2001年第6期。

的分析有更广泛的作用。不过，整体上看，这个拼贴，其诠释只是单向的，或者在选料上有主辅之别。

在"庄周梦蝶"的讨论中，我把它同笛卡尔的"壁炉前之梦"拼接起来。两个梦，一中一西，一古一今，都是对当下感觉经验的怀疑或否定。问题起源于两位梦者对梦与觉的对比所引起的对梦觉之分的疑惑。笛卡尔的问题是，我醒着的知觉确定无误，可梦中的知觉也清楚无疑，如果梦中的经验不可信，为何醒着的经验就可靠呢？问题的指向很清晰，就是任何感觉经验都不可靠，只有思想行为本身是思想者存在的保证。庄子的问题则是，既然我可以在梦中变成一只蝴蝶，为何不能想象我的当下也是某只蝴蝶做梦的结果呢？庄子提醒我们，人生不妨看作一场大梦。梦中有梦，像俄罗斯套娃，所谓梦觉之别只是梦的某个层次的不同而已。用哲学的术语讲，笛卡尔怀疑的，是主体把握客体的确定性；而庄子怀疑的，是哪一个才是主体，或者主体确定的可能性。同属怀疑论，前者是认识论的，后者则是存在论的。这两个观点的对接几乎是严丝合缝的。这是相互诠释，把各自在怀疑论光谱中的位置呈现得更鲜明。

好的拼贴需要找对素材，而好素材的寻找本身就是可遇而不可求的事情，它需要广阔的知识资源，也需要灵感，在灵光乍现的瞬间抓到你所想要的东西。说白了，有些靠运气。当然，更需要与之匹配的加工，恰当的角度与拼接，适当的涂抹、雕琢，或者深度加工，随缘而定。选料的眼光本身便与制作者自身的技能相关。本书从"特修斯之船"引发的讨论，由对物体同一性把握的疑问出发，导向物的社会身份认同原则与文物辨识问题，最终把它同中国哲学中的"格物"相联系，引向对器物形象多样性的理解。这是深度加工的尝试，或者说，这种拼贴是一块主料与多种辅料的结合。它可能导致拼贴感的减弱，但不妨碍新制作的价值。这意味着拼贴没有一定之规，得看客下菜。是否成功，取决于操作者的手艺。

5. 手艺

像描述、溯源或拼贴，可以是比语义分析（分析哲学）或意识分析（现象学）方法更原始的思想操作，做个比喻，是一种思想手艺，或者就叫哲学手艺。如果把想表达的观点当作作品的意图，素材是运用的材料，那么手艺就是制作的行为。哲学的普遍性理想很容易让人把作品当作可以放飞的风筝，关注的是它是否行程高远，这是旁观者的眼光。可制作者想得更多的，应该是做好一件作品或一个部件，把它落实为一个感受、体验的过程。因此，光有观念还不够，许多欣赏者也有观念，但欣赏者不一定会创作。观念要成形，必须经过制作的手艺。手艺不是机械制作，它是手工活，手工制作不可能是完全重复的过程，故没有两件制品是一模一样的。用艺术评价的眼光看，则作品越独特越有价值。哲学是思想的艺术，也是表达的艺术。

把描述、溯源及拼贴都当作思想手艺，并不意味着这些手艺的类型只是这么多，也非对三者的作用不加区分，混为一谈。事实上，描述是更基本的操作手法。溯源与拼贴往往辅之以描述，很多精彩的原创性论述，都与特定的描述相关。在中国哲学中，溯源可能是指吸取相关历史语义负载的古典生活经验所蕴含的思想资源，它与中国哲学中的"中国"有更深的联系。而拼贴则可以从不同文化中选取素材，通过比对与拼接形成有逻辑结构的思想，呈现中国哲学中的"哲学"面向。不同的手艺可以互相配合，服务于不同的目标。学会更多的手艺，会在处理不同的素材时更加得心应手。

在我家乡的语言中，手工操作的技术或技艺，称为"工夫"。最经典的职业就是木匠，从做家具、制牌匾、雕屏风到修房子，都是做工夫。工匠会自称是"工夫人"。做工夫也是理学家用来表达精神修养的词语。工夫表示它是一个学习的过程，这个过程从模仿练习开始，最终内化为自己的技艺。有点像书法练习，从临摹开始，最终把范本的要求变成自己的内在规范，并应用到不同文字的书写上。同时，即使已经出师，这种本领也必须在长期切磋琢磨的工夫中提升。不是记住一套抽象的方法，便有立竿见影的效果。

就如工匠需要掌握某种具体的操作要领一样，哲学手艺的获得也需要某种或先天或习得的思想能力。哲学描述，不是任意一种描述，它需要描述者具有反思性、想象力与逻辑感。它不是一种自然经验的复述，而是一种设计的情景或情节描述。不会反思，过去的经历就像混沌的流水，不提取任何东西，难以成为有意义的经验。而没有想象力，消逝的事物就没法召唤到眼前，更不能把观念制作成某种情景或情节，描述也就没有对象。同时，没有逻辑感，描述就不能呈现要素结构化的观念。这种描述不是写生，而是观念的制作。人人做梦，可只有庄生梦蝶独步千古。为什么？因为他觉后出人意料的提问"究竟是庄周梦变蝴蝶,还是蝴蝶梦变庄周呢?"几乎是毫无痕迹的雕琢,一个原本不见得有多神奇的梦,就被点化成深刻的生命智慧。

不是任意的哲学描述都是成功的。摩尔(George Edward Moore)在《保卫常识》中用描述的方式,表达他对物质世界的实在性的肯定。他宣称:"我要从我的日常事实的清单开始,(按我的意见)它们中的任何一项,我都肯定地知道,是真实的。"然后用明快的笔调罗列了自己的身体及成长、他人存在、地理及三维空间中的事物等现象,作为这种观点的证据。可维特根斯坦认为,这种描述不能自动成为对其论点的有效论证。摩尔的"知道"其实是"相信","知道"借证据确定,"相信"由信念支配。与摩尔持相反观点的人都知道他列举的现象,可是他们对问题的看法不一样,因为基本信念不同。[15]所以,描述的作用是有条件的,就是说描述包含着理解,也是需要检测与修正的。与此同时,还有一种情况,就是同一种材料,可以为不同的目的所利用加工。如《庄子》中各种关于大树的意象,虽然都具有大而无当、无所取材的特征,但不同的描述可导出不同的意义。它可以用来改变关于有用、无用的观念(《逍遥游》),可以当作混世自保的象征(《人间世》),也可以是处于"材与不材"之间的生存教材(《山木》)。描述可以是对同一材料的反复利用,也可以是思想技艺的砥砺过程。维特根斯坦《哲学研究》中对语言游戏的论述,不像是在建立一种精致的语言理论,而

---

[15] 参陈少明《由"鱼之乐"说及"知"之问题》的相关分析。

是在反复描述语言使用的过程,有时是不同角度的观察,有时是同一方向的推进。这是这种手艺的磨炼与展示的同步进行。

与科技知识日新月异的进展相比,重要的哲学观念变化不太大。很多重大哲学观点的差别,不在抽象的结论,而在于达致这种结论的思想手段。就哲学作为一门知识而言,真正被推重或欣赏的,其实是体现于其中的做哲学的手艺。缺乏这个环节或过程的哲学,要么是空洞的概念或口号,要么是难以理喻的呓语,最好者也就是以往智慧的复述。思想的质感靠的就是这种反复切磋琢磨的工夫。我们的哲学教育,需要弥补这个关键的环节。

6. 释题

本书由十篇题旨与"物"相关的论文构成。下面把它分为五组做简单的介绍,以方便读者对整体思路的了解。第一组是从反思哲学史论述入手,导出通过经典诠释进行哲学研究的思想方案。《经典世界中的人、事、物——对中国哲学书写方式的一种思考》是这一思路的滥觞,它主张对经典做不以范畴研究为中心的哲学性探究,展望把研究素材扩展到相关文献中所包含的人、事、物等具体生活经验的可能性。《"心外无物"——一个心学命题的扩展研究》,则是另一篇纲领性的文字。它从与"物"相关的经典命题的讨论入手,把焦点从存在论的理解转向意义论的建构,并通过描述某种心物、身心关系图式,探讨儒家伦理的根源及心灵在文明传承中的作用机制。

"道器"是古典的思想范畴,第二组便由两篇相关论文构成。一般哲学史言说，多重道轻器。本书中《说器》一文，则反其道而行之，致力于描述经典的器世界的规模、层次与类型，分析儒、墨、道三家对器的不同态度，并顺应明清重器的思潮，阐述新的器物观。《道器形上学新论》则即器言道，既揭示不同器类对塑造生活秩序的不同意义，又从同一器类的功能变化透视意义形态的历史变迁。儒家的修史与道家的谈玄，也在春秋时代礼崩、乐坏、器乱的背景下得到理解。从有形的器感知、掌握无形的道，在历史的原野上寻找文明的路径，勘察意义的地图，正是道器形上学的使命。

　　器物相连，第三组论文标题都出现"物"字，均指向物的精神意义。《作为精神现象之"物"》从"观物取象"的思想图式入手，揭示对物的理解所包含的观念因素，并通过对物与器、实用物与象征物、社会象征与精神象征以及精神象征中直觉与联想等多层次的区分，勾勒出一种关于物的谱系式图景。对纪念品与文物的分析表明，物不是赤裸裸的存在，心物不离正是世界获得意义的奥秘所在。《物、人格与历史——从"特修斯之船"说及"格物"等问题》则是从"特修斯之船"这个关于"同一性"的哲学公案入手，揭示作为纪念品的物所涉及的历史意识，及其与人格独特性和生命意义的相关性，并引申至对中国哲学中"格物"之"物"的疏解上来。后文是对前文的充实与补充。

　　第四组是对经典书帖《兰亭序》的研究，把对象的类型从用具、礼器、纪念品、文物转移到艺术品上来。《兰亭序》从事件（雅集）、作品（文与字）再到经典（书法名帖），不是纯粹的艺术史现象，它是潜力巨大的哲学课题。前论《经典世界中的〈兰亭序〉——一个哲学的视角》，通过对临与摹的区分、对临帖的形神关系及临作在书法传承中的意义的描述与分析，揭示这个书帖经典化的要义。后论《什么是存在？——再论〈兰亭序〉的经典化》则从词语的日常用法出发，透过诞生、隐没、重现、经典和遗产诸环节，描述《兰亭序》经典化过程的存在变化，并刻画事物的各种存在特征。从考察具体存在去理解抽象存在的思路，与《道器形上学新论》的论旨相互补充。

最后，两篇关于"世界"的论文，组成第五个单元。一个是文化的世界，一个是精神的世界，两者为理解物的意义提供不同的框架。"经典世界"是把握经典文化的一种观点。它以经典文献中的人物、事件为中心，展示一幅拟真的历史生活图景。经典世界的人物、事件，穿越于不同的经典文本，具有独立于其历史原型的生命力。历史记载而现实不见之物，与现实遗存但无文为证之物，均须通过经典世界获取对其意义的确认。这一观点也是《经典世界中的人、事、物——对中国哲学书写方式的一种思考》视角的扩展。"精神"通常指意识及其活动，它包含对自然或社会的时空知觉。但"精神世界"特指意识中与日常需求拉开距离的心灵领域。进入精神世界的事物，不仅有艺术及其他器物，更有进入记忆的人物与事件，以及范围广泛的文字作品。记忆、想象与推理，是意识开辟精神空间的基本途径。同样，意识也具有推拉精神时间的能力。心外无物，物的意义最终呈现在精神世界中。

本书的完成不是某项具体计划的落实，而是对问题长期关怀酝酿出来的结果。它带有思想与注意力变动的痕迹，包括取材的不同及视角的调整。不过，无论从哪个端口进入，许多问题一旦深入都会相通，甚至就是缠绕在一起的。其实，这很可能正是事物的本然状况。宋代理学家陈淳说："此道理循环无端，若见得熟，则大用小用皆宜，横说竖说皆通。"[16]这是从界定字义即编字典的角度想到的问题。我们也不妨把读字典作为进入知识世界或理解世界的模式。每个字的意义都不是独立的，从每个字出发追踪其联系，不论多婉蜒曲折，最终都可进入相同的观念世界，就像每条溪流汇入江海。因此，每篇论文，都是摸索进入意义世界的不同路径。

我的妻子李兰芬，照例是本书大多数论文的第一位读者和评论人。友人和学生中，周春健、程乐松、陈壁生、刘伟、徐翔、龙涌霖、邝其立等阅读和讨论了部分论文的未刊稿，徐翔搜集了部分论文需要的资料，张志强、冯金红为论文的发表和本书的出版提供了支持。感谢他们中的每一个人，还有中山大学哲学系一直帮助我的老师、学生、朋友、同事和领导。我对本书的付梓感到兴奋，如同期待自己第一本书的出版一样。每一本书都是我人生旅途上的一个节点。意义是可以触摸的。

2023年10月16日

---

[16]（宋）陈淳：《北溪字义》，北京：中华书局，1983年，第21页。

一

经典世界中的人、事、物
对中国哲学书写方式的一种思考

初步接触中国哲学的读者，在放下哲学史教科书而阅读相关原著的时候，往往有两者不大对得上号的感觉。特别是像《论语》《庄子》之类叙事性很强的文本，教科书中对之反复辨析、推究的概念，如仁、礼、心、道，等等，在原文中并非精心界定的范畴，而是镶嵌在许多不同的叙事片段中的字眼。同时，许多意味深长的故事或情节，则很可能由于没有关键词的出现，而没有进入哲学史家的法眼。这是近代西方哲学的视野造成的局限。本文提议开拓新的论域，在肯定传统哲学史学科意义的前提下，尝试对经典做不以范畴研究为中心的哲学性探究，作为教科书思路的补充。不以范畴为中心，不是排斥对古典思想做概念的研究，而是要直接面对经典世界的生活经验，把观念置于具体的背景中去理解；或者更进一步，从古典的生活经验中，发掘未经明言而隐含其中的思想观念，进行有深度的哲学反思。毫无疑问，所谓古典的生活经验，主要呈现在经典文本的叙事中。而叙事的中心，可以是各种具体的人、事，甚至物。人、事、物是互相转化的，区分层次，让焦点转换，目的是对古典生活世界做更有深度的探测。

1. 识人

人是中国思想传统的中心。我们思想世界里的主角，是各种道德人格的化身，这是中外学者的共识。本文提出"识人"的课题，关键不在人，而在"识"，即突出方法上的差别。因为同是以人为考察对象，却可以有具体与抽象两种不同的方式。一个世纪以来，在西方哲学思维方式的支配下，对经典中人的问题的研究，基本上追求高度抽象的概括归纳。其表现至少可列举两点：一是学界对人性论及天人合一之类的论题有经久不衰的热情，不管对其说法是持肯定还是否定立场，都喜欢拿它来做文章。二是对人物尤其是思想人物，好做符号化的把握。例如对待中国文化第一主角——孔子，其基本手法是，只从立言的角度摘取孔子那些闪光的议论，然后反复推究仁或礼的普遍意义；或者先有圣人的观念，然后致力于对"吾十有五而志于学，三十而立，四十而不惑，五十而知天命，六十而耳顺，七十而从心所欲、不逾矩"（《论语·为政》）的成圣模式的诠释，把孔子形象中感性方面的内容抽象掉。不唯孔子如此，大量人物传记都叫"评传"，主角基本上是有观念而无性格的思想玩偶。

史家徐复观对此洞若观火，他提出异议说：

> 中国的先哲们，则常把他们所体认到的，当作一种现成事实，用很简单的语句，说了出来；并不曾用心去组成一个理论系统。尤其是许多语句，是应机、

> 随缘，说了出来的；于是立体的完整生命体的内在关联，常被散在各处，为以独立姿态出现的语句形式所遮掩。假定我们不把这些散在的语句集合在一起，用比较、分析、"追体验"的方法，以发现其内在关联，并顺此内在关联加以构造，而仅执其中的只鳞片爪来下判断，并以西方的推理格套来做准衡，这便是在立体的完整生命体中，任意截取其中一个横断面，而断定此生命体只是如此，绝不是如彼；其为卤莽、灭裂，更何待论。[1]

徐氏"立体的完整生命体"的观念，就是指向对具体人格的理解。

在以圣人为最高典范的文化中，孔子确是我们理想的人格标本。同时，《论语》又提供了这种研究的重要素材。这本记录孔子与其弟子以及政治人物交往、问答的言论与情节的集子，不仅有对孔子人格的抽象概括或赞誉，更直接通过对孔子行为的描述来展示他的形象。人不是物，理解一个人就得理解他的内心世界。而理解孔子的内心世界，便不仅要知道孔子说了什么，更应注意孔子如何说。有很多复杂的情节要素值得关注，如谈话的对象、背景、态度。例如，同是讲仁，孔子对不同的人说法就不同。即使同是与子路谈话，不同背景下情态也大不一样：在陈绝粮时，要讲"君子固穷"，

---

[1] 徐复观：《中国人性论史（先秦篇）》，"再版序"，上海：上海三联书店，2001年，第3页，引文略有改动。

鼓舞士气；密见南子受到质疑，则得对天赌咒发誓；而论为政、讲正名，师徒竟会有"迂""野"互讥的过节。简略的情节中，包含许多无论记述者还是角色本身都没有明言的东西。只有通过对情节的充分阐释，才可能把君子的人格意义释放出来。

《论语》中的重要角色不只孔子，还有其弟子。被符号化的孔子虽然抽象，毕竟作为观念的化身而在思想或哲学的讨论中存在。孔子的弟子们命运就更不济，其位置不只是被边缘化，而且是在时下哲学史甚至思想史的视野中彻底消失。如果教科书提到颜回，那是要引夫子"人不堪其忧，回也不改其乐"的名言；讲子贡，是要求证"夫子之言性与天道"的问题，或引出孔子"己欲立而立人，己欲达而达人""己所不欲，勿施于人"之类的道德箴言。好像他们只是引出孔子思想的道具。其实，施教是孔子的日常工作，其目标就是把弟子培养为君子。脱离对君子们具体人格的研究，对孔子事业的理解就会有偏差。事实上，《论语》中有不少孔门弟子言行的资料，许多杰出者同样思想性格分明。以子贡为例，他以博识好问、能言善辩著称，其提问很讲究方式、策略，所以能问出许多重要的思想来。有些问题，如问夫子"有美玉于斯，韫椟而藏诸？求善贾而沽诸？"(《子罕》)或请孔子对自己做评价的"赐也何如"，就是"不违，如愚"的颜回不会提，而忠勇率直的子路也提不出来的。但他们同样都是君子，可见君子人格不是抽象单一的。汉代文献中有一则被广泛抄录的语录：

一 经典世界中的人、事、物

> 人或问孔子曰:"颜回何如人也?"曰:"仁人也,丘弗如也。""子贡何如人也?"曰:"辩人也,丘弗如也。""子路何如人也?"曰:"勇人也,丘弗如也。"宾曰:"三人皆贤夫子,而为夫子役,何也?"孔子曰:"丘能仁且忍,辩且讷,勇且却。以三子之能,易丘一道,丘弗为也。"孔子知所施之也。[2]

这不是实录,而是传说。它表明汉人对君子人格类型的理解是多样化的,而对应这种说法,实际就是从《论语》到《中庸》都提到的仁、智、勇"三达德"。如果循此线索,对孔门弟子的思想与人格做专门探讨,对德性修养的复杂性与具体性,定会有更深入的了解。不了解孔子的学生,也难以完整理解孔子本人。回到孔门的生活世界,以人格为中心的德性伦理学会找到更丰富的思想资源。

道家也有自己的人的故事,代表作便是《庄子》。解读《庄子》中关于道心、物我、是非的观点,固然是哲学的专业,但品味庄书中各色人物的故事,可能是更加饶有兴趣的工作。与《论语》不同,《庄子》不是历史记载,而是以寓言为主要体裁的想象性作品。但对立不是绝对的,《论语》本身体现着编纂者对资料的选择和理解,不可能是所涉对象或内容完全客观的再现,而《庄子》中的人物故事也包含作者对人、对历史、对文化的独特诠释。《庄子》故事的角色,大

---

[2]《淮南子·人间训》。另,《说苑·杂言》、《列子·仲尼》、《论衡·定贤》及《孔子家语》卷四也录有相类的故事,只不过,《说苑·杂言》中子贡的优点不叫"辩"而叫"敏"。

致可分为四类：第一类是不在场的历史人物，其言行虽然未必因循日常生活的规则，但基本上没有超人的奇异能力。其代表是庄子与孔子。第二类是虚构然而同日常世界的芸芸众生，特别是生活在社会边缘的人无多大区别的人物，就如《人间世》中的支离、《德充符》中的兀者。第三类是史籍中曾出现过，记载简略或根本就于史无证，但在故事中往往有着超凡脱俗能力的神话式人物，如老子、长悟子之类。第四类其实不是人，而是物，如"罔两问景"中的"罔两"与"景"。由于它们被虚拟为有思想、有言行的存在者，所以也得看成一类"人"。这四类人物，权且称为名人、凡人、神人与拟人。[3] 这"名人"中的孔子，就是《庄子》对历史人物进行诠释的标本。

说来有些不可思议，《庄子》中关于孔子的故事竟有46则之多，而关于庄子本人的故事，则只有26则。毫无疑问，作为《庄子》寓言主角的孔子，与《论语》中的君子形象大异其趣，甚至可以说他只是表达道家观念的玩偶。这些故事的基本套路，不是孔子表达对道家人物（各类隐者）的折服（如《德充符》中对兀者王骀的态度），就是开口宣讲道家的思想观念（如《人间世》中教训颜回不该救卫的说法）。但是，这也不是一个完全凭空虚构的形象，他与《论语》中的孔子在身份甚至人格的某些方面有承继关系。新面目的孔子同样是儒家学派的宗师，同样有颜回、子贡、子路众弟子跟

---

[3] 参见陈少明：《通往想象的世界——读〈庄子〉》，《开放时代》，2004年第6期。

随,同样好学、谦虚,同样对他人与社会有热烈的道德关怀。还有,同样有政治上受挫折的经验,只是相关内容在《庄子》中被过分发挥了。庄书反复出现孔子"再逐于鲁,削迹于卫,伐树于宋,围于陈、蔡"的套语,其中"厄于陈、蔡"的故事,该书就编有3个。在《庄子》中,孔子也保持谈仁义的爱好,只不过仁义成了被否定的对象。《庄子》中孔子与老子的关系,是很有趣的问题。《庄子》中让孔子敬佩向往的高人逸士不少,但出场最多者莫过于老聃。孔子与老聃面晤,向其请教有8次之多。[4] 其反复采用的叙事策略是,让孔子的仁义观念屡遭批驳,然后又由老聃转而对孔子面授道之机宜,让孔子叹服且不断提升境界。既然如此,《庄子》的作者为什么不直接让老子宣讲道家的观念,而拐弯抹角让孔子为道家代言呢?这是值得追询的问题。也许,让一个品德高尚且声望较高的孔子,表达对原来与之对立的观点的认同,比一味站在敌对的立场上对孔子进行攻击,对思想的传播会更有效。也许,让老子扮演孔子问礼的老师的角色,是瓦解儒家为孔子塑造的传承礼乐的文化宗师地位的一种谋略。这背后有个预设,就是孔子作为道德楷模的身份是不能动摇、只能借助的力量。它意味着,人性对美德有共同的体验。全面解读《庄子》中的孔子形象,同样能感受历史上孔子的影响力,同时透视出《庄子》作者自身的人格理想。至少,它比摘取个别抽象议论或人物台词去辩论《庄

---

[4] 孔子向老聃请教的故事,在《庄子》中的分布是:《天地》1次、《天道》1次、《天运》4次、《田子方》1次、《知北游》1次,共8次。

子》属儒属道，会更有深度。孔子只是其中的一例，《庄子》塑造的人物是群像。它体现了儒家以外的传统对人格的另一种追求或理解。如果比较《庄子》中的孔子与庄子，就能直观到，同样是正面的品格，孔子表现的是君子的修养，而庄子所体现的则是人在困境中的豁达与面对权贵时的自尊。每个形象都有它自身的性格特征。

研究西方德性传统的麦金太尔（Alasdair MacIntyre）提及特性角色的概念时说："在特性角色（character）中，角色和人格以一种非常明确而非一般的方式融合在一起，在这种角色中，行为的可能性以更为有限而非一般的方式受到限定。"[5]"可以说，特性角色是其所处文化的道德代表，这是因为，通过这些特性角色，道德和形而上学的思想和理论表现为在社会生活中的一种具体化了的存在。特性角色是道德哲学戴的面具。"[6]这是现代人应该正视古代各种不同类型的文化角色的有力理由。在中国思想传统中，正是这些不同类型的道德形象以史书记载或其他体裁的故事得到广泛传播，成为培养社会精英的精神资源。[7]形象比观念有更强烈的感染力。但具体形象的力量与导向则是多种要素的结合，它包含角色（位与份）、性格（智与勇）、品德（仁与义）、才能（学、政与商），以及阅历等诸方面的内容。它们的不同组合

---

[5] ［美］麦金太尔：《德性之后》，龚群、戴扬译，北京：中国社会科学出版社，1995年，第37页。

[6] 同上。

[7] Arthur F. Wright, "Values, Roles, and Personalities", in Arthur F. Wright and Denis Twitchett (eds.), *Confucian Personalities*, Redwood City: Stanford University Press, 1969, pp.3-23.

构成了丰富多彩的人格世界。这就是为什么同是君子，孔子与其弟子不一样，而学生中颜回、子贡、子路也有异。忽略具体的个性，所有好人均千人一面，生命会失去活力，世界将变得乏味。要呈现这种精彩，就不能用概念化的眼光打量人物，而要品味人物的行为细节。有个性才有人格的力量。

2. 说事

人事有代谢，往来成古今。事是人做的，人与事在经验上分不开。但是，人的一生会做很多不同的事，而同一件事也可能是由不同的人参与或完成的。伟大人物所做的事未必都伟大，而伟大事件中则又往往有非伟大人物的参与。所以，以人还是以事为中心，问题的意义是有分别的。哲学迷恋观念，不关心具体的经验事实，哲学史自然也以范畴或思想结构为对象。哲学史谈人物，目的是提及思想的创造者，其个性无关紧要，这是老黑格尔在他著名的《哲学史讲演录》中说的。事件或人物行为，留给历史学家去处理。但是，不从哲学史研究而从哲学创作的角度看，经验的价值就不一样。归根到底，活生生的生活经验，而非哲学文献，才是哲学创作的资源。对经典提供的经验进行哲学性反思，事就得进入我们的视野。不过，同是对事件的研究，哲学与史学从取舍到研究方式，可能大不一样。伟大人物的行为，改写历史的重大事变，不一定是哲学家的首选。同时，历史中的经验因果关系，也未必是哲学专长处理的问题。哲学关心那些有助于塑造精神价值的事件。事实上，在中国的经典解释传统中，有很多可供讨论的案例。下面从《论语》中择两例：

例子之一，是孔子"在陈绝粮"的故事。《论语·卫灵公》就此提供的原始版本是："在陈绝粮，从者病，莫能兴。子路愠见曰：'君子亦有穷乎？'子曰：'君子固穷，小人穷斯滥矣。'"其实，这则对话既未体现孔子建功立业的才能，也没陈述儒家深远高明的义理。相反，只是陷于困境的夫子在对发牢骚的门徒进行告诫而已。但是，就是这寥寥33字的记载，在从战国到秦汉的文献中，竟派生出至少9个从情节到立意都差别很大的故事。这些故事分别来自儒、道、墨的不同作品，体现各自相应的思想立场。孔子的形象从伟大到渺小，变化不定。新编的故事首先见之《庄子》，有三种不同的说法，一则出自《让王》，两则见于《山木》。《让王》表现君子穷通均不改其乐的达观态度，将儒、道打通。《山木》的两个故事则相当离奇，一则是让孔子对颜回（而非子路）宣讲一通道家自然主义的说教，一则是孔子在一个隐士式人物的劝导下，为了保命，竟然放弃匡时济世的使命，也不管弟子死活，一个人当隐士去了。相反，儒家文献从《荀子》到《孔子家语》则提供与《论语》主题相一致的叙事。《孔子家语》基本上从励志的角度强化《论语》的主旨，《荀子·宥坐》则精心设计，让孔子从时、命的区别出发，解释君子受穷的可能，鼓励子路"博学深谋，修身端行，以俟其时"，深化《论语》的主题。司马迁在《史记·孔子世家》中所叙述的也是儒家观点的故事，除对事件的背景做必要的交代外，还编出在这一困境下，孔子引《诗》出题，分别让子路、子贡、颜回作答，考察三弟子的思想境界的情节。

除了上述论大节的内容外，还有涉及小节的故事。事端是墨家挑起的，说是师徒挨饿时，子路出去打劫，孔子对食品不问来路，照食不误。而《吕氏春秋》与《孔子家语》则录有孔子的学生在生命攸关的时刻都守礼如常的传闻，予以回击。中间又添有一些有关孔门师生形象的微妙情节，值得玩味……[8]

孔子"在陈绝粮"，或称"厄于陈、蔡"的事件，实际上是两个层次的内容。一是《论语》提供的原始故事，一是后来想象这个故事的故事。第一个层次中，《论语·卫灵公》那简约的描写，具备了基本的戏剧要素。大时代，非凡而真实的人物，特殊困境，性格与思想、观念与环境的冲突，永恒的主题，等等，确是激发人们想象力的好素材。第二个层次，则是不同家派以想象的形式对原始素材的诠释与解读，是修正或扩展经典之影响的行动。它使这个既没有立功，也谈不上立言的简单情节，最后竟变成对孔子道德品质的一种表彰或审查，成了百家思想竞技的平台。事件的发展不仅跨学派，而且是跨时代的。从思想史看，故事的第二层次，价值比第一层次还大。诠释的策略对价值信念的传播，作用不可小看。

例子之二，是"夫子为卫君乎"的公案。问题见《论语·述而》的记载："冉有曰：'夫子为卫君乎？'子贡曰：'诺。吾将问之。'入，曰：'伯夷、叔齐何人也？'

---

[8] 参见陈少明：《"孔子厄于陈蔡"之后》，《中山大学学报（社会科学版）》，2004年第6期。

曰:'古之贤人也。'曰:'怨乎?'曰:'求仁而得仁,又何怨!'出,曰:'夫子不为也。'"卫君,指出公辄。据朱熹《论语集注》,事件的背景是:"灵公逐其世子蒯聩,公薨,而国人立蒯聩之子辄,于是晋纳蒯聩而辄拒之。时孔子居卫,卫人以蒯聩得罪于父,而辄嫡孙当立,故冉有疑而问之。"子贡的答案,斩钉截铁,看似持之有故,实未言之成理。事情深究下去,不仅疑云重重,而且意味深长。首先,冉有有疑为何不问孔子而问子贡?而且,子贡问孔子为何也要拐弯抹角?是因为考虑孔子的难处,居其国不非其君?还是为不为卫君,对孔子是道德上的两难?其次,如何从孔子对伯夷、叔齐的评价,推断他对卫君的态度?依传说,伯夷、叔齐的事迹是老大与老三礼让其国,老大尊父命,让老三掌国,老三则守古制,望老大继承,由于各据其礼而互不相"让",结果双方放弃王位一齐弃国当隐士,王位留给老二。孔子赞扬双方礼让且事后无怨即不后悔。但兄弟让位与父子争国两个案例,人物道德关系在结构上并不完全对称。如果用"让"字表达孔子的态度,那么谁该让呢?先看蒯聩,暂不说他被其父驱逐出国的问题,其子辄得位系先君灵公之命,是合法的。同时蒯聩所依仗的势力晋恰好是卫的敌国,这种争国行为有引狼入室之嫌。再说出公辄,虽然据国拒父,道义上有弱点,但他得到卫人的支持,其捍卫王位同时也是捍卫国家利益。比较而言,在这场父子之争中,子的正当性并不比父更弱,子贡何以得出"夫子不为"卫君的结论呢?朱注一味从子不孝的角度推测孔子有责辄的言外之意,也非确诂。第三,历代注家多默认子贡"夫子不为"卫君的判断，除了轻信子贡的聪明外，可能还与孔子确没有采取直接帮卫君的措施有关。但是，没有帮卫有三种可能：道义上反对卫君；视父子争国为无道的表现，保持中立；以及无足够的实力，缺乏帮人的本钱，只有一走了之。不能由此推断子贡的判断正确。而且，孔子对卫君虽没有明帮，但不排除他可能暗帮。如孔门弟子中最忠勇的子路，就是在这场争斗中站在卫君一方而赴难的。孔子并没有责备他立场错误，而在闻其死讯后悲痛不已。[9]

对子贡及朱注的质疑，不是要得出相反的结论，不是进行传统意义的学术翻案。它很可能最终是一个悬案。从冉有不敢直接问孔子，而孔子与子贡均以顾左右而言他的方式讨论问题，就显出它不是一个简明的道德判断能解决的。在古老的礼制中，国与家、公与私、忠与孝，不同原则是有冲突的。在这场权力之争中，父子是私人关系，可君臣是政治关系，权力是公器问题，至少涉及卫人的利益。同时，孔子与卫公虽非君臣关系，却是卫公之客，这也是一层私人关系。孔子与子贡的对话方式，意味着他找不到一条处理事态的首要行为原则。他可能陷于矛盾，难以理清，结果采取置之度外的方法。后儒不明道德冲突的可能，假定圣人能解决所有道德难题，便喜欢各执一端，用片面之词为孔子"圆理"。这则对话对理解传统政治原则的某种内在紧张，以及想象思想家在政治疑难面前如何自处，提供了难得的案例。

---

[9] 程树德：《论语集释》第二册，程俊英、蒋见元点校，北京：中华书局，1996年，第459—465页。

"在陈绝粮"与"夫子为卫君乎",这类事一般不会引起当代史家的兴趣。"在陈绝粮"只是孔子饱受挫折的政治生涯中的小插曲,对春秋政治史没有影响,而从战国到秦汉文献中连篇累牍的故事,又几乎皆为戏说。至于"夫子为卫君乎"的问答,孔子连一个动作都没采取,其历史意义又从何说起呢?当然,研究孔子的思想史家在涉及孔子的政治生活时或许也会提一笔,但它与儒家经典解释传统中这类事件受重视的程度比,反差也极大。其实,这不是一般的政治事件,而是"思想史事件"。它的叙述与解读,是塑造儒家精神传统的基本力量。

古典的经史之学是讲故事的艺术。故事中人与事不可分,不是说人的事件,就是说事件里的人。正如人与人不一样,事与事也难相同。不过有些事是个人的,有些事则可以用来理解某群人的生活世界。个别的人如果足够有魅力,其小事也会成为大事,如孔子与学生春游,于俗人是消遣,于儒门就是境界的展示。有些当时天崩地裂的事件,帝王驾崩,改朝换代,时间一长,没有谁会记得住,除非编年史家。所以,不是任何重要的事件都会引起哲学家说事的兴趣。[10] 反之,没有精到的眼光,再丰富的思想矿藏,也会被疏忽过去,或者没有发掘到应有的价值。阅读经典的故事,应该同时是在造就一双哲学的眼睛。

---

[10] 冯达文老师有《"事"的本体论意义》一文(《中国哲学史》,2001年第1期),对纠正重理轻事的倾向甚有启发。本文说事,再深入一步,不是总体上论事,而是透视具体、个别的事件。

3. 观物

中国没有古希腊意义上的自然哲学传统,这并不意味着我们缺乏物的观念。所有的人与事都是在物的舞台上展开的,传统正是在贴近人事关系上看待物的,所以有人物、事物之说。《易传》概括出了观物取象的思想方式:"圣人有以见天下之赜,而拟诸其形容,象其物宜,是故谓之象。"(《系辞上》)"古者包牺氏之王天下也,仰则观象于天,俯则观法于地,观鸟兽之文,与地之宜。近取诸身,远取诸物。于是始作八卦,以通神明之德,以类万物之情。"(《系辞下》)《庄子·天下》对"百家"的分析,有个独特的视角,就是重视揭示诸家对"物"的态度。他们"判天地之美,析万物之理,察古人之全,寡能备于天地之美,称神明之容"。墨翟、禽滑釐是"不侈于当世,不靡于万物",宋钘、尹文是"不累于俗,不饰于物,不苟于人",彭蒙、田骈、慎到是"趣物而不两""于物无择",关尹、老聃是"以本为精,以物为粗,以有积为不足""以空虚不毁万物为实",庄周是"独与天地精神往来,而不敖倪于万物",而惠施则是"逐万物而不反"。可见,在早期思想人物的心目中,物不是纯粹的自然对象,而是人生命世界中不可分割的要素。"落红不是无情物",物是人化的存在。

普天之下,大地之上,最大的存在物无非就是山和水。儒家就是抱着欣喜的心情来面对这两者的。孔子讲"仁者乐山,智者乐水",但《论语》没有明示为什么是仁与山、智与水分别对应,而不是反过来。儒家后学,则分别录有对此进一步阐释的说法。

关于山,《孔丛子·论书第二》写道:

> 子张曰:"仁者何乐于山?"孔子曰:"夫山者,岿然高。"子张曰:"高则何乐尔?"孔子曰:"夫山,草木植焉,鸟兽蕃焉,财用出焉,直而无私焉,四方皆伐焉。直而无私,兴吐风云,以通乎天地之间;阴阳和合,雨露之泽,万物以成,百姓咸飨。此仁者之所以乐于山也。"[11]

关于水,《荀子·宥坐》则说:

> 孔子观于东流之水,子贡问于孔子曰:"君子之所以见大水必观焉者,是何?"孔子曰:"夫水,大遍与诸生而无为也,似德。其流也埤下,裾拘必循其理,似义。其洸洸乎不淈尽,似道。若有决行之,其应佚若声响,其赴百仞之谷不惧,似勇。主量必平,似法。盈不求概,似正。淖约微达,似察。以出以入,以就鲜絜,似善化。其万折也必东,似志。是故君子见大水必观焉。"[12]

这大概也是观物取象的例证。其实都是利用物的自然性质或

---

[11]《尚书大传·略说》录有相近的说法。
[12]《大戴礼记·劝学》《说苑·杂言》也有相类的故事。

物理特点，以隐喻的手法，表达对生命价值与各种生活原则的认取。山是生命的摇篮，而水则以其形态的多样性，被看作诸多德性的化身。观水而悟诸德，诚智者之作为。

观物的方式不独儒家所有，道家也然。老子要"道法自然"，就是通过对飘风、骤雨、江海、川谷等物之性质的提取，来表达其心目中最高的价值观念。其中，对水之德的深情，甚至超过儒家。《老子》（王弼本）说：

> 上善若水。水善利万物而不争，处众人之所恶，故几于道。（第八章）

> 譬道之在天下，犹川谷之于江海。（第三十二章）

> 天下之至柔，驰骋天下之至坚。无有入无间，吾是以知无为之有益。（第四十三章）

> 天下莫柔弱于水，而攻坚强者莫之能胜，以其无以易之。弱之胜强，柔之胜刚，天下莫不知，莫能行。是以圣人云："受国之垢，是谓社稷主；受国不祥，是为天下王。"正言若反。（第七十八章）

同样观水，老子所看到的与儒家就很不一样，但同样有自己的心得。即使同是道家，庄与老也有异。《庄子·秋水》之水，就另有韵致，变成拓展人生境界的另一课：

秋水时至，百川灌河。泾流之大，两涘渚崖之间，不辩牛马。于是焉河伯欣然自喜，以天下之美为尽在己。顺流而东行，至于北海，东面而视，不见水端。于是焉河伯始旋其面目，望洋向若而叹曰："野语有之曰：'闻道百，以为莫己若者。'我之谓也。且夫我尝闻少仲尼之闻而轻伯夷之义者，始吾弗信。今我睹子之难穷也，吾非至于子之门则殆矣，吾长见笑于大方之家。"

其实借水喻道或理，在中国古典中是常见的现象，可说有深厚的传统。西方学者艾兰就以此为研究专题，写了一本《水之道与德之端》，讨论中国早期哲学思想的本喻问题。[13]

物是个大范畴，以上所举都是关于大物的说法。如果再分下去，物有自然物与人工物的区别，而自然物中又有静物与动物之不同。庄子就以说动物见长，与庄子的名字联在一起的，不仅有巨大无朋的鲲或鹏，也有平常不起眼的小虫小鱼。最有名的虫，当是能梦变庄子的那只名蝶："昔者庄周梦为胡蝶，栩栩然胡蝶也。自喻适志与！不知周也。俄然觉，则蘧蘧然周也。不知周之梦为胡蝶与？胡蝶之梦为周与？周与胡蝶则必有分矣。此之谓物化。"（《庄子·齐物论》）而鱼虽小但也非等闲之辈，例如那条（群？）摇头摆尾引起庄子与惠施在濠上做"鱼乐之辩"的鱼：

---

[13]［美］艾兰：《水之道与德之端》，张海晏译，上海：上海人民出版社，2002年。

>庄子与惠子游于濠梁之上。庄子曰:"鲦鱼出游从容,是鱼之乐也。"惠子曰:"子非鱼,安知鱼之乐?"庄子曰:"子非我,安知我不知鱼之乐?"惠子曰:"我非子,固不知子矣;子固非鱼也,子之不知鱼之乐,全矣!"庄子曰:"请循其本。子曰'汝安知鱼乐'云者,既已知吾知之而问我。我知之濠上也。"(《庄子·秋水》)

中国艺文之中,数不清的对蝴蝶梦的咏叹,对鱼乐图的描绘,全源于《庄子》这两个美妙的寓言。

再说人工物,它有专门的称谓,叫"器"。器本身也可分,如机器(农具、工具)、武器、礼器之类。不过这里不扯太远,谈小件的器,玉器。《礼记·聘义》有则语录:

>子贡问于孔子曰:"敢问君子贵玉而贱玟者何也?为玉之寡而玟之多与?"孔子曰:"非为玟之多故贱之也、玉之寡故贵之也。夫昔者君子比德于玉焉:温润而泽,仁也;缜密以栗,知也;廉而不刿,义也;垂之如队,礼也;叩之其声清越以长,其终诎然,乐也;瑕不掩瑜、瑜不掩瑕,忠也;孚尹旁达,信也;气如白虹,天也;精神见于山川,地也;圭璋特达,德也。天下莫不贵者,道也。《诗》云:'言念君子,温其如玉。'故君子贵之也。"[14]

---

[14]《荀子·法行》;另,《孔子家语》卷八"问玉"第三十六,有大同小异的说法。

对比一下便知，孔子答子贡问玉同答其问观水一样，也是观物性而悟人德。后世好玉，本源于慕君子的理想，但传之久有时也会走样，让玉不幸混同于一般的珠宝。玉本系自然物，称器是因其通过人工的加工打磨，即"如切如磋，如琢如磨"的结果。

依儒家，不仅玉石需要切磋琢磨，人也得有修养磨炼的工夫才能成器。故孔子论人有器大、器小之分，流俗评人也有成器早晚之别。《论语》有一则子贡与孔子的问答，很有意思："子贡问曰：'赐也何如？'子曰：'女，器也。'曰：'何器也？'曰：'瑚琏也。'"（《公冶长》）瑚琏用于宗庙上，按朱熹的解释，是"器之贵重而华美者"。故比起不成器或器小来说，它当然重要而且体面。在孔子弟子中，子贡确是有才干且拿得出手的。但对照"君子不器"的说法，用"器"来喻子贡，似乎又有言外之意。这也引起西人芬格莱特（Herbert Fingarette）的好奇，在其研究孔子的专著中，就有专章琢磨器与不器的关系。[15]

本来说物，绕了一圈后，又落到人身上。这表示经典文化中的物，也被看作有情世界中的成员，也有品德个性之分。由此，面对不同的物或器，不同的人有不同的态度。如儒家对动物有时不公平，像孟子就老讲人禽之辨。而道家对器也甚为警惕，庄子就认为，由机物引起的机心，大大地污染了纯洁的精神生活。他庄老先生要齐的"物论"，

---

[15]［美］赫伯特·芬格莱特：《孔子：即凡而圣》，第五章，彭国翔、张华译，南京：江苏人民出版社，2002年。

其实就是人论，各种流俗之论。只有领悟古人观物的眼光，中国文化中关于物质与精神的关系，中国人的世界观，才能得到有深度的体会。

4. 问学

所问之学不是经典本身的知识，而是关于经典的知识，是我们重新面对经典世界中的人、事、物时，所需要的方法论思考。

人物、人事、事物，这三个词可循环组合使用的事实，表明它们是组成共同世界的要素。这个世界，也就是哲学家们常说的现象界，与之形成对比的，则是所谓义理或观念界。观念是任何人都有的，它同生活不可分割。但观念成界则不一样，它是思想加工的产品，如哲学，是专门的思想训练的结晶，有些人把它界定为反思的结果。未被加工的观念存在现象中，加工过的观念变成义理或者思想。不过，有两种加工类型，一种是用尽量提纯的方式，保证成果的纯粹、透明，这是一般的西式哲学理论；另一种像盆栽植物一样，把植物连同泥土一起切割出来，中国经典中那种把观念融入具体经验、当故事来讲述的方式，便类似这种模式。后者一般被认为不够哲学，不过它很重要，有时候可能更符合哲学的精神。因为它面对事物本身。

我想把"哲学"一词所涉的对象做个区分，称作哲学观念与哲学理论，或哲理与哲学。哲学观念是对宇宙、人生或社会中某些重要问题的根本观点，哲学理论就是对哲学观念的学理化表达。没有哲学观念就没有哲学理论，但哲学观念不一定表现为哲学理论，它可以体现为常识，表现为诗、寓言、戏剧，也可能存在于其他的知识分支中。依此，中国传统中有哲理，也有哲学。总体而言，前者比后者更丰富，也许影响也更深远。原因在于，在中国的经典解释传统中，哲理主要存在于原典中，而哲学则多发展在解释性的作品如玄学、理学著作中，前者是源，后者是流。在经典文化中，两者地位是有分别的。这可能是导致本应以哲学理论为对象的科班哲学史，在对象的取舍中总是焦点不清的原因。而一旦把处理哲学理论的方式，不加反思地用到编述哲理上，就会出现本文开篇所提到的那种困扰。这是一道大难题。

中国哲学史编写方式，是以近代西方哲学为典范来理解哲学史的结果。但即使就研究西方哲学传统而言，它也有自己的局限性，因此西学中也不断出现试图突破有关成规的尝试。其中较重要的思路，在20世纪中至少可举出两种。一是罗夫乔（Arthur O. Lovejoy）的观念史探索，一是哈度（Pierre Hadot）的古希腊哲学研究。罗夫乔的观点，见诸他在哈佛大学的著名讲演录《伟大的存在之链》。该书的导论几乎就是他的方法论纲领。作者认为，观念史是相对于哲学史而存在的。哲学史的对象是哲学体系，而观念史的对象观念是松散的，它既表达在哲学著述中，也分布在其他知识领域，包括存在于社会生活中。纵观哲学史，构成不同哲学体系的观念要素数量并不多。每个哲学体系的新奇之处，往往不在于它创造新的观念要素，而在于它对既成的观念进行不同的组合。同时，观念与词语也没有固定关系。同一名词在不同时期甚至同一时代，可能意味着许多不同的东西，而不同的词语也可能指涉共同的对象。重要的不一定是清楚陈述的观点，而是思想体系中不明晰或不自觉的预设。后者与信念有关，而且会左右体系的发展方向。由此，作者提出一种"哲学的语义学"（philosophical semantics）以及跨学科研究的途径，任务就是追踪观念的不同起源，进入哲学，或在不同学科间转移、扩展，以及这些变化对社会产生影响的条件。[16]罗夫乔的思路表明，哲学的意义不一定局限于系统理论，思想的活力体现在更宽广的领域。

法兰西学院思想史教授培里·哈度从西方古代文化传统出发，提出"作为生活方式的哲学"的论说。所谓"作为生活方式的哲学"，是区别于理论知识的生活实践，也称"灵修"（spiritual exercises）。灵修是人变化气质的过程，它包含心理的、道德的、伦理的、理智的、思想的、灵魂的等多方面的内容，是对个人存在及其看待事物的态度、方式，也即个人人格及其世界观的整体转变。具体的实践事项，"首先是专注，然后是沉思和对善的事物的记忆，接着是多项理智的修炼：阅读，倾听，研究，及考察，最后是多项行为的修炼：自作主宰，承担义务，及对微不足道的事物的漠视"[17]。哈度认为，对古代西方人而言，智慧之爱足以

---

[16] 见Arthur O. Lovejoy, *The Great Chain of Being*, Cambridge: Harvard University Press, 1936, pp.3-23。

[17] Pierre Hadot, *Philosophy as a Way of Life: Spiritual Exercises from Socrates to Foucault*, edited with an introduction by Arnold I. Davidson, translated by Michael Chase, Oxford UK & Cambridge USA: Blackwell Publishing,1995, p.84.

表示哲学的内在含义。"智慧是一种生活方式,它能带来心灵的宁静,内在的自由,及宇宙的意识。首先而且最终的,哲学将自身表现为一种药,用以治疗人类的痛苦。"[18]在哈度看来,关于哲学的论说不是哲学本身。Philosophy 不同于 Philosophizing:

> 在哲学理论与作为生活行为的哲学之间存在一道深渊。举一个相似的例子:它像创作活动中的艺术家,不做什么,只是应用规则,但在艺术创作与抽象的艺术理论之间仍存在着难以测度的距离。然而,在哲学中,我们不只处理艺术作品的创作,而更在于转化我们自身。因而真正具有哲学方式的生活行为总体上与不同于哲学论说的实在秩序相符合。[19]

不论苏格拉底还是柏拉图,不论斯多葛学派还是伊壁鸠鲁学派,都是把哲学当作一种生活方式去实践的,即使亚里士多德也不例外,其哲学也不能够被归结为哲学论说或者知识内容。但是,哲学在中世纪及现代经历了深刻的变化,不断趋向今天的理论化的形态。哈度强调,研究作为生活方式的古代哲学,在领会古人灵修的要旨时必须注意,对话是哲学生活的重要形式,它包括不同对话者之间的对话,也包括修炼者

---

[18] Pierre Hadot, *Philosophy as a Way of Life: Spiritual Exercises from Socrates to Foucault*, p.265.
[19] Ibid., p.268.

与自身的对话。苏格拉底的辩证法是其代表。毫无疑问，哈度所描述的这种西方古代哲学图景，与中国思想传统有更多交相辉映之处。

无论是罗夫乔的观念史，还是哈度的"生活方式说"，都与正统的哲学史思路大异其趣。不过，两者处理问题的方式并不一样。观念史悬置个人哲学体系而寻找观念要素，虽然不以固定范畴为对象，但不排斥概念的分析、追踪，其论域仍偏于思想，所以有"哲学语义学"的提倡。就此而论，它同哲学或其他观念范畴的研究，可以并存。中国哲学中，对天、人，道、理，自然、名教，心、性，知、行等贯穿古今的关键词做跨时代、跨学派的研究，与之也有契合之处。"生活方式说"更着重把思想作为行为的组成部分来研究，而且更贴近古代的思想经验，更有洞察力。它不排除对思想人物的研究，但不是那种只把思想家当作某些思想类型的标签来提及的研究，而是研究其思想创造的过程，以及思想在生活中的呈现。解读讲故事的传统，了解人、事、物所构成的古典生活形态，更可以与之相呼应。

上述两种洋观点，有助于放松固定的哲学史框框，但还不能完全解决我们的论题。关注现象领域中的人、事、物，不只是在"史"的层面放宽或修正哲学史的视野，而且还期待在"论"的层面对古典生活经验进行哲学反思，从哲学史研究走向哲学探索。以经典所叙述的生活经验为哲学思考的对象，有若干理由：第一，哲学或其他知识创造，历来有两大思想资源，一是前人的思想成果，一是当下的生活经验。而归根到底，生活本身才是思想创造的最终源泉。第二，哲学寻求有普遍意义的思想，其思考的前提，是人类自明的思想原则，及普遍的经验证据。而在历史文化领域，普遍的经验证据大多没法通过调查统计的方式来获得，这样，经典便以其受到广泛的推崇及在文化共同体中的典范作用，成为人文学术中探讨普遍问题的重要素材。第三，中国经典中，如《春秋》《论语》《庄子》等，有自己的叙事内容，本身就直接呈现古代思想或政治人物的生活经验，正是有待进一步开掘的思想矿藏。

注意，所谓古代生活经验并非一堆未经整理的素材，载入经典的任何片段，其实都是编写者选择的结果，是思想的成品。大量古典智慧就以哲理（即片段性的哲学观念）的形态隐身于故事之中。只不过，用抽象概念与用具体叙事提供的经验不同，就如一束干花与连根带泥捧出的植物的区别一样。哲学地思考这些经典的叙事，有两种不同的方式：一种是用概念的标签把它标本化，就像把鲜花制成干花。另一种就是培植它，维护它的鲜活，不仅看到花或树的姿态，还要从中想象视野更宽的风景。前者是概念的构造，后者是想象的诠释。诠释是思想的艺术，但它可以是哲学吗？哲学与哲学史不同，哲学史以哲学为对象，哲学本身则无固定的对象。使得一种论说或观点成为哲学的条件，不是它思考了什么，而是它如何思考。即思想方式才是哲学的存在基础。它包括：（1）相关语句的陈述在逻辑上的可理解性；（2）寻根问底或探索性的研究；（3）解释性或规范性的知识功能。这三条界定中，第一条使哲学区别于神话或艺术，第二条使哲学区别于常识或成见，第三条则使其区别于经验科学。经典叙事的诠释，同样可以满足这三个要求。对故事（包括神话或艺术）的诠释本身可以是很有逻辑性的论说，它同时就是解释性的知识，而是否称得上哲学，关键则在于它是否具有探索性。衡量一种论说或观点的哲学品位，不仅在于它的普遍性，更在于它是否深刻，即具有思想的启发能力。否则，老生常谈，即使所谈是哲学，也会失去哲学的魅力，就如时下许多教科书式的哲学理论那样。因此，正视经验，不是要瓦解哲学的普遍性品格，而是通过对人、事、物各种个案的诠释，在具体中见普遍，在广度中见深度。哲学不只是经验通往理论的单行道，而且是实践与理论双向沟通的桥梁。以诠释的方式，用观念观照、探测生活，不也是哲学的一种重要活动吗？

（原载《中国社会科学》，2005年第5期）

二

"心外无物"

一个心学命题的扩展研究

引言:从"南镇观花"说起

"心外无物",一个表面上不合常理的命题,居然历几个世纪而聚讼不断,这意味着它的内涵不会如其字面所表达的那样简单。同时,一种观点的价值,不仅在于它提出或触及思想史上的重大问题,还在于其从自身的主张出发,有力量参与对传统的塑造。因此,重提这一经典论题,是我们步入与传统对话的一种途径。

王阳明"南镇观花"的公案,是理解问题的一个机缘:

> 先生游南镇,一友指岩中花树问曰:"天下无心外之物,如此花树,在深山中自开自落,于我心亦何相关?"先生曰:"你未看此花时,此花与汝心同归于寂。你来看此花时,则此花颜色一时明白起来。便知此花不在你的心外。"(《传习录下》,第275条)[1]

---

[1] 引自陈荣捷:《王阳明传习录详注集评》,台北:台湾学生书局,2006年。

这是一个思想史事件[2]，其独特之处，不在其文字与图景，而在于它的观念。文中对话再次涉及阳明心学的重要命题"心外无物"。同时，阳明的解答与其平日的说法相比，留下值得推敲的差异。通常的说法，心外无物的"物"是指事或者理，也可称"心外无事"或"心外无理"。而这则对话所面对的"物"，则是作为自然现象的物体本身。即"心外无物"并非心外无事或心外无理的隐喻，它有自身的命题意义。然而，新的说法究竟能否与以往的见解相协调，是问题的焦点。如果前后表达的实质是一致的，便需要通过在更深层次上的思考、沟通，才能有效弥合直观上的差别。倘若两者实在存在无法调和的矛盾，则需要提出进一步的问题，即站在心学的立场上，如何处理接纳自在之物的存在这一经验事实？

这是富于诱惑力的任务。本文的问题是心学的，线索来自记载阳明学说的《传习录》，而引申的论说，则期望通向更广阔的哲学视域。

1. 问题症结：物与非物

问题从追溯阳明平日的说法开始。翻检《传习录》即知，王阳明不止一次在答问中把"心外无物"之"物"界定为事或理。当弟子徐爱提出"格物的'物'字，即是'事'字，皆从心上说"时，阳明肯定说："身之主宰便是心，心之所发便是意，意之本体便是知，意之所在便是物。

---

[2] 参陈少明：《什么是思想史事件？》，见《经典世界中的人、事、物》。

如意在于事亲，即事亲便是一物。意在于事君，即事君便是一物。意在于仁民爱物，即仁民爱物便是一物。意在于视听言动，即视听言动便是一物。所以某说无心外之理，无心外之物。"（《传习录上》，第6条）"意之所在便是物"是四联句的焦点，这个物不是意识的外部对象，而是受意识所支配的行为，如事亲、事君或仁民爱物，所以叫作事。事在人为，不存在没有意图而产生行为的现象。由于所举之事均属伦理行为（区别于技术工作），而面对同一对象，如亲或君，不是所有人的行为态度都必然一致规范，可见相关的规范或伦理之理，如"孝之理"或"忠之理"，并非具体行为对象的属性。

从而，阳明继续断定："夫物理不外于吾心。外吾心而求物理，无物理矣。遗物理而求吾心，吾心又何物邪？心之体，性也。性即理也。故有孝亲之心，即有孝之理，无孝亲之心，即无孝之理矣。有忠君之心，即有忠之理，无忠君之心，即无忠之理矣。理岂外于吾心邪？"（《传习录中·答顾东桥书》，第133条）这种理或规范只存在于行为者的心中，有心才有理，理即系本然状态——性，或称良知的组成部分。这个"物理"实际是事理，也即涉及人伦关系之伦理。故心外无理与心外无事，意义可相通，但这个"事"必须限制在正当的事上。这是心学的基本思路，大多数学者对此看法一致。

问题在于，为何阳明不限于直截了当说"心外无事"或"心外无理"，偏要继续使用易生歧义的"心外无物"呢？这与他的问题意识有关。就宋明儒学内部而言，心学的兴起与发展，同其与理学的思想矛盾相关。身处明代的王阳明，洞悉程朱理学存在的问题，其争辩的内容之一，是争夺对《大学》的解释权。前文引述的"身之主宰便是心……"四联句中，身、心、意、知、物几个关键词所对应的，正是《大学》"古之欲明明德于天下者……"中的经典论题："欲修其身者，先正其心；欲正其心者，先诚其意；欲诚其意者，先致其知；致知在格物。"阳明同朱子的对立是多层次的，对"格物"理解的不同是分歧之一。他认为朱子"即物穷理，是就事事物物上求其所谓定理者也。是以吾心而求理于事事物物之中，析心与理而为二矣"。只有"致吾心良知之天理于事事物物，则事事物物皆得其理矣。致吾心之良知者，致知也。事事物物皆得其理者，格物也。是合心与理而为一者也"（《传习录中·答顾东桥书》，第135条）。这是针对朱子"格物致知补传"所做的批评。

在阳明看来，朱子的物，包括一草一木，是外在于心的事事物物。但"纵格得草木来，如何反来诚得自家意？"这条外求格物的思路，是无法达成正心诚意的修身目标的。他"解格作'正'，物作'事'"，正是拨乱反正，循其所指，会有立竿见影之功效。"故欲修身，在于体当自家心体。常令廓然大公，无有些子不正处。"（《传习录下》，第317条）朱子欲格的事事物物中的"物"，至少包含着原本与心无直接关联的自然物。阳明原先也是这样理解并追随朱子的，所以他有过"格竹"失败的经验。据其所述，这个经验对他日后改变对"物"的理解，起关键的作用：

先生曰:"众人只说格物要依晦翁,何曾把他的说去用?我着实曾用来。初年与钱友同论做圣贤要格天下之物,如今安得这等大的力量?因指亭前竹子,令去格看。钱子早夜去穷格竹子的道理。竭其心思,至于三日,便致劳神成疾。当初说他这是精力不足,某因自去穷格。早夜不得其理。到七日,亦以劳思致疾。遂相与叹圣贤是做不得的,无他大力量去格物了。及在夷中三年,颇见得此意思,方知天下之物,本无可格者,其格物之功,只在身心上做。决然以圣人为人人可到,便自有担当了。这里意思,却要说与诸公知道。"(《传习录下》,第318条)

故事表明,年轻的王阳明,曾试图通过对外物的静观获致成贤成圣的道德力量,却没有成功。这一现身说法很重要,它提供了阳明日后坚持以事(或理)解物的原因与理由。伦理之理不能从自然之物中获致,必须反求自心才能证知。阳明的觉悟,把"物"理解为非物,导致其扭转了理解经典文本与修身经验之联系的方向,开启了新的意义之门。但是,当他"心外无物"的教义得以传播之时,"天下万物",包括一石一木,离开心(不管是个人的还是人类的)是否也能独立存在,这一问题并未得到明确的处理。同时,物与事是否真的没任何区别,也未见有真正的澄清。此外,儒家视天下万物为一体,万物当中并非同类的人与物如何成一体,也是需要进一步阐述的课题。对此,不唯前人有惑,今人也有疑。所以,这个以"心外无物"为标识的思想体系,在心、物对立的现代哲学潮流中，也存在定位的困扰。

2. 在心、物对立的谱系中

其实，"心外无物"这一命题，单就其既挑战权威（朱子），又挑战经验的态度，就注定它从问世之日始就充满争议。不仅论敌抵制，就是自家阵营，也疑问不断。物在心外，本系常识，如何否定得了？是故弟子疑曰："物在外，如何与身心意知是一件？"（《传习录下》，第201条）友人也问："天下无心外之物，如此花树，在深山中自开自落，于我心亦何相关？"（《传习录下》，第275条）问题都是一致的，就是疑心阳明的主张否认经验、背弃常理。

因此，20世纪的唯物论者将王学当作唯心论的经典标本，是持之有故的。普通教科书的一般论断是：王阳明"不但断言'心外无理'，而且硬说'心外无物''心外无事'，荒谬地否认客观世界的存在。他认为，离开人天赋的'良知'，就无所谓万物"。"他企图从人们认识事物的存在必须通过感觉来论证事物的存在依靠于感觉，这完全是诡辩。他的这个回答和英国主教贝克莱的'存在即被感知'的主观唯心主义命题相类似。"他甚至认为，"'我的灵明'是天地万物的'主宰'，天地万物都依靠我的知觉而存在"。这是明显的唯我论。[3]

平心而论，在心、物对立的潮流中，把阳明心学划归

---

[3] 北京大学哲学系编：《中国哲学史》下册，北京：人民出版社，1980年，第116—117页。

"唯心主义"并无不妥。问题在于,"否认客观世界的存在"或者"唯我论"这些论断的确切意义是什么?以及主观唯心主义是否都是一种类型,例如是否都若贝克莱?这些都有讨论的余地。因此澄清阳明心学在一般唯心主义谱系中的位置,对我们发掘"心外无物"命题的潜在意义,是必要的工作。这里,乔治·摩尔关于唯心主义的界定,可以为分析提供方便。摩尔是早期分析哲学的代表,也是极具常识感的哲学家,他评论说,某些哲学家让他惊异之处,在于持有与常识不相容的观点。这些哲学家,有时候对常识承认其存在的事物,采取否认其存在的态度;有时候又对常识不承认存在的事物,采取肯定它存在的立场。[4]前者如否认自然世界的实在性,后者则是肯定超自然的神灵的存在。这类背离常识的哲学家,在唯物主义者看来,自然是唯心主义的。不过,在《对唯心主义的驳斥》中,摩尔对唯心主义有更直接的揭示:"现代唯心主义如果对宇宙有任何一般结论的话,就是断言宇宙根本上是精神性的。"这种主张大致包含两个观点:"(1)宇宙非常不同于它看起来的样子,以及(2)它有相当大数目的内容并不像它被看到的那样。椅子、桌子和山川看起来非常不同于我们,但当整个宇宙被宣称是精神性的时,这肯定是断言,它们远比我们所预想的更像我们。"所谓更像我们(具有意识的人类),指的是"当整个宇宙被宣称是精神性的,不仅意味着在某些方面它是有意识的,而且这种

---

[4] George Edward Moore, *Some Main Problems of Philosophy*, London: George Allen & Unwin Ltd., 1953, p.2.

意识被我们自己承认为更高的意识形式"[5]。简言之,宇宙有"更高的意识形式",指的就是它具有超越于自然和人类之上的超验的精神力量。摩尔对唯心主义的这种描述,即是上述"对常识不承认存在的事物,采取肯定它存在的立场"的哲学观的一种具体说明。他对唯心主义的看法,与我们哲学教科书上的界定角度略有不同,但指向的对象是相通的。教科书从意识与存在的关系入手,把断定意识决定存在者定义为唯心主义,同时还区分出两种不同的类型,一种为主观唯心主义,另一种为客观唯心主义。而这种划分与摩尔描述的"对常识承认其存在的事物,采取否认其存在的态度"与"对常识不承认存在的事物,采取肯定它存在的立场"两种唯心主义的表现,恰好对应。

摩尔如何反驳唯心主义,不是本文的问题,我们的兴趣在于如何理解阳明观点的性质。如前所述,至少就"心外无事"或"心外无理"而言,其内涵并不断定任何与常识相冲突的立场。虽然,"心外无物"的说法,表面上有类于"对常识承认其存在的事物,采取否认其存在的态度",然而,对"南镇观花"的重新解读,可能扭转理解问题的方向。

回到"南镇观花"的场景上来,当友人指岩中花树发问"天下无心外之物,如此花树,在深山中自开自落,于我心亦何相关?"时,实际是在质疑"心外无物"违背常

---

[5] George Edward Moore, *Philosophical Studies*, Totowa: Littlefield, Adams & Co., 1968, pp.1-2.

识。在这一意义上，岩中花树与庭前竹子性质是一样的。当年格竹失败后，阳明观点已经有了脱胎换骨的变化。他把物置换成事或理，"格物"变成"正心"，外物自然被排除在理论的视野之外。然常识是顽固的，思想还得面对。这一次，他再没有说物就是事，而是提供新的思路："你未看此花时，此花与汝心同归于寂。你来看此花时，则此花颜色一时明白起来。便知此花不在你的心外。"对此，现代批评家认为，这是贝克莱式的观点，"存在即被感知"。阳明面对问题，给出的只是极端主观主义的答案而已。然而，问题更可能是，阳明答非所问，默认了心外之物的存在。他的答案不是针对花树是否能离开心而存在，而是赋予"心外无物"新的含义。即被观看与不被观看的物，本质上不同，把存有论变成意义论问题。[6]

友人提问的对象是整棵树，其想通过描述花树来强调树的自在性，却让阳明顺水推舟，把它转换成花景的显现问题。观花是一种审美经验，它与基于实用的目标（取木材或清除障碍）而打量对象的眼光不一样。同样的花，不同观赏者可以有不同的评价，它依不同的素养、品位、心情而变化。陶潜咏菊与黛玉葬花，思绪就很不一样。审美系趣味判

---

[6] 90年代以来，在现象学的影响下，中文有关王学的重要著作对阳明观花的议论都有观点上的变化。如陈来的《有无之境：王阳明哲学的精神》（北京：人民出版社，1991年，第58—61页），与杨国荣的《心学之思：王阳明哲学的阐释》（北京：生活·读书·新知三联书店，1997年，第100—103页）。前者着眼于审美经验的分析，后者则引申出意义世界的建构问题。另外，杨著对阳明与贝克莱的区别也进行了恰当的辨析（第106—107页）。

断，没有可争辩的标准。当阳明得出赏花时"此花不在你的心外"，是一种经验之谈。而说"花归于寂"时，指的是花作为审美对象的姿态没有在心灵中呈现出来，并非指作为物体的花树在三维空间中消失。审美是人对对象的一种体验，体验的过程也是评价的过程。对事物的评价，不只限于审美，更包括道德。两者均与主体的态度或立场相关。阳明的辩解，客观上是对理的含义的重要补充。心外无理的理，既可以是（伦理）规范，也可以是（审美）趣味。区别在于，伦理涉及人的行为，它会对对象产生经验上的因果效应；但审美只是在意识状态中，并不对对象构成经验的触动，即使是行为，也只是意识行为。所谓欣赏或评价就是赋予对象以意义，没被评价的对象，意义就不会显现出来。依此，不仅事、理不在心外，物能否被欣赏、评价，也与心相关。依此，"心外无物"更确切的含义便是，任何事物离开人心的观照，意义就得不到确认，或者它与人的价值关系就无法确立。换句话说，心不是万物存在的前提，而是其意义呈现的条件，甚至根源。如果还要保留"唯心论"这个词，心学便是意义论上的唯心论。

事实上，阳明罕有从物理意义上论及"心外无物"，更谈不上对其做如对"心外无事"与"心外无理"那样细致的阐释。究竟是因为他更关注人的伦理意识，无暇旁顾，还是思考不充分而留下空当，我们暂不推测。人类在物理世界生存，没有物的观点的世界观是不完整的，幸好阳明留下了可让我们继续弥补充实的思想空间。下文将沿着心学的方向，扩展对心物关系的论述。它将遵循两个前提，一是肯定物的独立存在，二是心为物之意义的条件或根源。前者承认经验的事实，后者接受心学的宗旨，两者均为心学扩展的条件。

3. 以心为本，纳物入心

既要承认物之独立存在，又得肯定心为物之意义呈现的条件或根源，成为新的论述的关键。从心外之物与心中之物的对比入手，将是我们确定心物关系的重要途径。心、物相对而论，物的界定依据常识，即不系于心的起灭而存在的对象，其主要特征是在三维空间占据一定的位置。就此而言，不仅无生命者，生物还有人（包括他人以及自身），均有物的特征。虽然不同质的物与心的关系应有区别，但本节先以抽象的物为对象。

对心的界定比对物的界定复杂。循王阳明的说法："心不是一块血肉，凡知觉处便是心，如耳目之知视听，手足之知痛痒，此知觉便是心也。"（《传习录下》，第332条）"所谓汝心，亦不专是那一团血肉。若是那一团血肉，如今已死的人，那一团血肉还在，缘何不能视听言动？所谓汝心，却是那能视听言动的，这个便是性，便是天理。"（《传习录上》，第122条）不是一团血肉，便既非心脏，也非大脑，而是知觉能力。它既感知外部，如"耳目之知视听"；也感知自身，如"手足之知痛痒"。而更为完整的说法是：

> 心者，身之主也，而心之虚灵明觉，即所谓本然之良知也。其虚灵明觉之良知，应感而动者谓之意。有

> 知而后有意，无知则无意矣。知非意之体乎？意之所用，必有其物，物即事也。（《传习录中·答顾东桥书》，第137条）

分析一下，心是意识或精神现象，是身体的主宰，所谓"虚灵明觉"是其存在状态。"虚灵"是非封闭而具内在活力的情状，它有别于其他无心之物，但不是空无。"明觉"则是其对身体、事物感应思虑的能力。这样，它才能容纳或应对无限多的理、事、物。所以也用"天渊"喻心灵之无比宽广："人心是天渊。心之本体，无所不该，原是一个天。……心之理无穷尽，原是一个渊。"（《传习录下》，第222条）依王阳明，它也就是人人生而有之的良知。心或良知不仅有知觉的作用，还能起意，即具备支配行为的能力，所以它才是身之主宰。意"应感而动"，是应激性行为，这意味着承认外物即感应源的存在。所以说："目无体，以万物之色为体。耳无体，以万物之声为体。鼻无体，以万物之臭为体。口无体，以万物之味为体。心无体，以天地万物感应之是非为体。"（《传习录下》，第277条）而意之所用之"物"，则非外物，而是实践行为。当然，意也可以只是意识的内部行为，如"一念发动处便是行"[7]。

当我们把"心"界定为一般的意识活动，即感应思虑的

---

[7] 朱熹在阳明之先，从佛家引"虚灵"一词描述心的状态，着眼于其能集理的功能。阳明则用之说明心的本体地位。参阅吴震：《〈传习录〉精读》，上海：复旦大学出版社，2011年，第10—15页。

能力时,它包含但不特别强调其涉事意向的道德性质。与之相应,这里的"物"也非阳明常说的事,而是作为感知对象的普通物体。必须强调,这样的"物"并非阳明关心的对象,但阳明承认或默认它的存在。实际上,接受物的存在,不但与阳明思想不冲突,而且应是心学作为完整的世界观的重要组成部分。当然,意识有复杂的层次或类型,一般如感觉与知觉,判断与信念,记忆与回忆,想象与情绪,等等。具体的意识现象并非单一类型的活动,不同意识行为中结构的复杂程度不一样。当我们谈心中之物时,泛指不同意识活动中包括的事物,它区别于纯粹观念的思考,是具有某种感性特征的现象。假如某物进入人的感知或知觉,或者人对之有情绪反应,甚至将其纳入固有的认知图式,都是纳物入心不同程度的表现。

心外之物与心中之物的结构关系,呈现为下列若干层次:

首先,心外之物,无关于心。当友人问阳明"如此花树,在深山中自开自落,于我心亦何相关?"时,指的就是花树未被他们看到时的状态。当然,世界上某些人没看到或不知道的事物,未必其他人也没看到或不知道。因此,虽然这棵花树或其他类似事物,对不知道者没有直接的意义,但可能有间接的作用。如某种元素的发现,未必人人知道,但它可能已经进入技术实践,影响着我们的生活。然而,从有人发现以往未知的事物这一事实,我们还可推知,世界上(不用说宇宙间)仍存在很多人类未知的现象。我们甚至还可以断定,未知之物远比已知之物多,而且永远有未知之物的存在。由此可见,心外之物既包括无人知道之物,也包括部分人不知道之物。此外,还有一种情形,大家面对过同样的物,但有人铭记于心,有人熟视无睹。对后者来说,它也是心外之物。这三种"心外之物"分别可以概括为未发现之物、无知之物与不入心之物。这种区分意味着,所有心外之物都有进入心中的可能,但能否入心与如何入心则与本体之心相关。

其次,心外之物,进入心中。岩前观花时,花树从原本自开自落的心外之物进入友人与阳明的心中,它就不同于其他更美、更稀奇或更珍贵,然而他们并没见识过的树。反映论者最重视类似的现象。不过,"进入"的情况远比能想到的要复杂。它不是展品移入橱窗那种原原本本的展示。心外之物进入意识,在不同的心灵中表现有所不同。依格式塔心理学所示,同样的图案,会有人看成鸭子,有人看成兔子。同一个人,不同的时间面对同一景象,注意的焦点也会变化。同样,物也不仅是自然的,同时也是文化的。风景不只具有静态的外观,而且是蕴含着生活情景的图像。背景的转换,焦点的变化,均会导致获致的图像不一样。虽然存在不同程度的变形,但由于不同的观察者在捕捉相关现象时,意向对象是共同的,并且可以据之进行交流,所以依然可以肯定相关的心中之物有心外对应的源头。[8] 故即使是一个被

---

[8] 关于观察及谈论同一对象之可能性的简明分析,参[美]罗伯特·索科拉夫斯基:《现象学导论》,高秉江、张建华译,武汉:武汉大学出版社,2009年,第150—151页。

静观的对象,它同其自在的状态相比,意义也有本质的不同。只是所获意象存在差别这一事实,意味着意识对世界的把握不是照镜子般的行为,它更像是艺术摄影,包含大量的加工,同一对象可以创造不同的作品。摄影可储存,对象消失了,作品依然存在,甚至还可以进行编辑、改造。这种能力,导出下面新的关系。

再次,毁于心外,活在心中。外在之物不系于心的起灭而存亡,只有人心为其所动,而非相反,所以它被看成客观对象。但客观事物本身也有它的生成毁灭,有的因自然过程,有的因人为因素。这就可能导致本来存于心外之物,后来只能存在于心中。被阳明及友人品谈过的岩中花树,虽然事后可能被人砍掉了,可阳明及其友人能记住它。留于心中之物,不会因其外在原型的消失而失去意义。阳明格竹失败的那丛竹,是其思想转折的标志,多年以后他还念念不忘将其作为思想的教训提起。原来那竹子哪儿去了,对心学的发展毫无影响。不唯此,有些原型的消失,会让留于心中之物,意义更加彰显。如果你得知亲眼见过的珍贵物品后来被毁坏,就会感到无比惋惜。孟子说:"乍见孺子将入于井,人皆有怵惕恻隐之心。"(《孟子·公孙丑上》)如果你也见过那井边的孩子,事后得知其落水身亡,你便会努力去回忆那情景、那形象,就会难过甚至自责。或许因此而一辈子记住这本来陌生的孩子。这个曾经进入心中的形象,就会因毁灭而强化你的良知。重要的事物存在于心中的意义,不仅仅是档案储存,供需要时查阅,而是参与塑造你人格的精神因素。所以它不是存在于心中,而是活在心中,获得了自身的精神生命。

最后，创自心中，用于生活。不是所有的心中之物都来自心外，或者说不是都与某一特定的个体或种类有模拟关系，它有相当一部分是心里自生的。它包括对可能性事物的想象，对某种不存在的对象的迷幻，对文字阅读的情景呈现。这些心灵造物通常都把从经验世界摄入的元素做不同方式或程度的组合，移花接木或改头换面。其中有比较离奇的，也有相对自然的。想象与迷幻的对象都是虚构的，差别在于，前者以假拟真，后者则信以为真。想象最重要的产物，当然是艺术。随着现代电子技术的发展，艺术想象的内容足以以假乱真。技术产品也一样，须先构思于心中，然后才上图纸进入制造过程，它的要求主要不在离奇，而在实用。无论艺术还是技术，都是先生于心中，再造于心外。迷幻是指经验中没法证明其存在，却幻想其为真实存在的内容，其最具代表性的标本应是神或鬼，而最时髦的则为外星人。迷幻之物既非艺术更非技术，但它也是心造之物。是心中之物，就有其意义。信神者虔诚，信有鬼者会担心半夜听到敲门声。文字阅读的情景呈现，与直接经验不一样，也是心灵的创造。不仅创作靠想象，接受也靠想象。靠这种想象的传递，阳明的"竹"与"花"在后世读者心目中，也能栩栩如生。它是心灵沟通、文化传递的基本途径。

上述四个层次，分开来看，描述相对粗疏，无法全面深入阐述每个层次的内涵，但组合起来，按其排列顺序形成的结构关系，则能够揭示问题的实质。除去无关于心的自在之物，从物由心外进入心中，到毁于心外而活在心中，再到心造之物用于生活,都可看作物因心而在的不同表现。从实到虚,再从里到外,通过心物关系变换的分析,显示物因心而获得的意义。越靠后面,心的作用越重要。虽然后者总是奠基于前者之上,但最后一层,类似于"无中生有",是人类意识创作性最重要的体现。这种创作性并非借助神秘的意念行为,而是通过自觉的物质活动,改造环境,从而创造更好的人类生活。只有与心无关之物,其意义才不彰显。或者说,它的意义对心是潜在的。知道心外无物,知道心外可能有物,与知道有物但不知为何物,三者的意义均不一样。虽然其意义均不能与上述不同层次的心中之物相比,但它对心来说,存在不同程度的关联,故其意义并非一片虚无。简言之,在这里,"心外无物"的关键字眼不是"物",而是"无"。这个"无"不是不存在,而是缺乏有意义的存在。心对所有可能的物的意义均敞开着。这一分析,与王阳明"南镇观花"的观点是一致的。

4. 从心-身到伦理

从心外之物到心中之物的分析,是对心为万物意义显现的条件或根源的一般把握,但它仍不是对心之意义的完整理解。要达成这种理解,还须借现象学的视角,对万物之灵——人自身的心物关系——再行分析。分析不仅能够揭示这种心物关系的独特性,而且有助于理解儒家伦理的起源。这对王阳明用"心外无事"或"心外无理"诠释"心外无物"的思路,是一种补充论证。

依前文界定,物指不系于心的起灭而存在的现象,故无论对你还是对我而言，任何其他人都具备物的特性，就如地球上的其他动物一样。故前文论物时，偶尔也举人或仿人的例子，如鬼怪或外星人。但人们不会把自己的同类同其他物种混为一谈，原因在于人是有心之物。而心的意义，正是通过与物的对比来把握的。故对有心之物的理解，与对其他无心之物的理解方式大不一样，它需要对心的自我理解。如果按心、物因素比重变化分析，从非生物、生物到他人及自身的排列，体现出物的特性依次减弱的倾向；反之，则是心的能量表现出从无到有、从小到大的趋势。故心物关系的分析，从外物开始后，按顺序应是他人，然后才是自身。但他人是有心之物，对他人的完整理解，得包括对他人之心的领会。而心对心的领会，实际是从对自心的理解开始的。所以论述的次序，是从自身看他人，而非相反。

人类不论自我还是他人，任何一个活生生的个体，其意识与身体的关系，就是每个自我的心物关系。这里，视角需要转向第一人称。我意识到我的存在，相当大的原因，是意识到自己身体的存在。这种身体意识可分三个层次：首先，我可像打量他人的身体一样来打量自己。我可以自然地看到我身体的一部分，如果借助镜子、相机之类的工具，我可以观察我身体的全貌，特别是我的脸。我还能听到我的声音，能用手触摸自己身体的其他部分。这与我打量他人或他人打量我是一样的。其次，在关闭外部感官的情况下，我也能意识到自己的存在。我听不到自己大声说话，但却能在心中对自己说心里话。我看不到自己的脸，即使我的脸被人换过，我也能保持对换脸前的我的认同。这种内部感觉还包括痛感与快感,等等。盲人或聋人,或失去四肢者,也能意识到自己。这种现象应称作内感知还是内在视角无关紧要。第三,我还能据自己的意图支配自己的身体动作,视听言动,意起身随。它既感知自身,也感知世界。同时对外物或外人施加作用,与世界互动。[9]这三者,都是身在心中的不同表现,不过,意义有所不同。第一点意味着,人身是肉身,与动物有共同的生物特性。第二点表明身心一体,不可分离。身在心中,但心也在身中。自我既是我的意识,也是我的身体。第三点则触及身心关系的本质,即心对身的主导性。

心学系修身之学。在身心或心身问题上,王阳明也肯定两者一体:"耳目口鼻四肢,身也。非心安能视听言动? 心欲视听言动,无耳目口鼻四肢,亦不能。故无心则无身,无身则无心。"(《传习录上》,第201条)[10]身在心中与物在心中,有本质上的不同。心物可以分离,而身心不可分离。意识不是身体,但它是生命的机能,一刻也不能离开身体而存在。心物在物理意义上的分离,使得心对物的关注是有选

---

[9] 在胡塞尔那里,身体的给予分为"内在性"(interiority)和"外在性"(exteriority)两方面。内在性是心灵对自身的内在知觉,外在性则是指能够被触摸和观看的身体,它与物有某些共同的属性。两者构成身体"主体—客体"的独特地位,同时也显示"自我性"(ipseity)和"他者性"(alterity)的双重感觉,是识别和经验其他主体的基础。参见[丹麦]丹·扎哈维:《胡塞尔现象学》,李忠伟译,上海:上海译文出版社,2007年,第106—111页。

[10] 对王阳明及宋明儒家身体观的全面讨论,参见陈立胜:《王阳明"万物一体"论:从"身一体"的立场看》,台北:台湾大学出版中心,2005年;《"身体"与"诠释":宋明儒学论集》,台北:台湾大学出版中心,2011年。

择的、可变换的。观花是观花，格竹为格竹，物的意义，随心的注意力的调整而变化。但不论注意力如何变化，即使是在朝向外物的情况下，心对身的掌控也是不间断的、随时的。即便在睡觉时做梦也然，梦中也有我的存在，差别只是当演员还是当观众而已。而睡觉时能被唤醒或者惊醒，意味着心没有完全停止关联于身的活动。[11]因此，这身心之间也不是平行互动的关系，而是心支配身，用阳明的话叫"主宰"：

> 所谓汝心，却是那能视听言动的，这个便是性，便是天理。有这个性才能生。这性之生理便谓之仁。这性之生理，发在目便会视，发在耳便会听，发在口便会言，发在四肢便会动，都只是那天理发生，以其主宰一身，故谓之心。这心之本体，原只是个天理，原无非礼，这个便是汝之真己。这个真己是躯壳的主宰。（《传习录上》，第122条）

所谓性即天理，就是天生而具的能力，人人一样。心

---

[11] 现象学家耿宁（Iso Kern）说："我们的自我意识显然还包含得更广：我不仅意识到我的（过去的、将来的、可能的）体验，而且我还意识到我的品质、我的权能或无能、我的爱好、习性以及信念等。我的身体当然也包含在其中，在其主体性的经验中，它首先是一种权能的系统（'我能够坐下来，我能够离开，我能够抓住，我能够摸，等等'）。"见［瑞士］耿宁：《心的现象：耿宁心性现象学研究文集》，倪梁康编，倪梁康、张庆熊、王庆节等译，北京：商务印书馆，2012年，第233页。这"权能的系统"就是心对身持续不间断的支配关系。

不仅主宰身，同时还通过意向作用指挥身的行为，同身外之物发生联系，把世界纳入心中："故无心则无身，无身则无心。但指其充塞处言之谓之身，指其主宰处言之谓之心，指心之发动处谓之意，指意之灵明处谓之知，指意之涉着处谓之物：只是一件。意未有悬空的，必着事物。"（《传习录下》，第201条）

如果套用"心外无物"的说法说"心外无身"，不仅是多余的，而且没把身的真实价值表达出来。每个自我，或者说每个独立的人格，都是心-身或身-心的统一体。自我保护是生命的本能，尽己之性，自然要自爱。爱自己的生命与爱自己的人格是一致的，这个生命自然是活生生的身体。儒家伦理的核心范畴为仁，而仁的根源为孝亲，也即亲亲为仁。为什么要从亲开始？须有分说。亲的意思，一般都指向双亲、亲属。但《广雅·释亲》的内容，既包括对与婚姻及血缘相关的社会关系即亲属关系的介绍，也包括对人从结胎、诞生到身体各个部位——包括外部构造与内部器官——的说明。其中亲属名目31条，而身体名目则有42条。这意味着，在古代，己身是亲的重要含义。今日讲亲身、亲自、亲眼、亲口、亲手，均沿此而来。但亲身如何演变为亲属，循《说文》解释的线索是："亲，至也。从见，亲声。"段玉裁注为："至部曰：到者至也。到其地曰至，情意恳到曰至。父母者，情之最至者也，故谓之亲。"准此，造字的原意取"眼光所向，视线与目标相切"。其引申义便是主体与对象无距离，无中介，直接相即。亲密、亲热、亲近、亲切，义由此来。相反之义，则是疏离、疏远。心身关系即无中介、无距离，对自我而言，最无距离者当是身体，故己身为亲。《庄子·齐物论》有"百骸、九窍、六藏，赅而存焉，吾谁与为亲？"之说，也是佐证。亲身之外，亲原本所指涉的对象，均是身体可密切接触者。接吻叫作"亲"。结婚称为"成亲"，就是把本来非亲非故的两人，确定为能相亲相爱的生命伴侣。而亲身之外，与我关系最亲密者，自然莫过于父母，故为"双亲"。所有亲属关系，均从血亲、姻亲衍生而来。"子生三年，然后免于父母之怀。"（《论语·阳货》）父母是我生命的来源，是我成长的养育者，与之最亲，近乎是本能。父母对子女之爱，特别是母爱，也源于子女是自己身体的派生物，是其生命的延伸。因此，亲子之爱，是人性的正常表现，也即良知：

> 惟乾问："知如何是心之本体？"先生曰："知是理之灵处。就其主宰处说，便谓之心，就其禀赋处说，便谓之性。孩提之童，无不知爱其亲，无不知敬其兄，只是这个灵能不为私欲遮隔，充拓得尽，便完全是他本体，便与天地合德。自圣人以下不能无蔽，故须格物以致其知。"（《传习录上》，第118条）

儒家讲亲亲，就是把自爱移至对父母之爱，即把亲己的感情倾注于父母双亲，否则就是"私欲遮隔"。"人须有为己之心，方能克己。能克己，方能成己。"（《传习录上》，第122条）私欲的根源，就在于肉身。它占据空间，消耗资源，有排他性，放任其习性，会导致丧失伦理。因此要克制私欲，通过正心来修身，充拓良知："心者身之主宰，目虽视，而所以视者，心也；耳虽听，而所以听者，心也；口与四肢虽言动，而所以言动者，心也。故欲修身在于体当自家心体，常令廓然大公，无有些子不正处。……此便是修身在正其心。"（《传习录下》，第317条）

儒家伦理始于此，但并不止于此。一旦眼光从自身转向双亲，便意味着我们还有面对其他人的处境或问题。就我的身体界限而言，他人也系我的身外之物。我没有能力如支配自己的身体那样支配他人，不能一闪念就让他人举起他的手。不唯此，任何人都无法完全体验他人的内在经验。就如回忆疼痛同体验疼痛有区别一样，得知他人疼痛也不等于与他人一起感受疼痛。就此而言，他人是外在于我的存在。但他人并非石头一般的物，而是有心之物，与我是同类。[12] 我从我自己的经验了解到感情或动机同表情或动作之间的联系，从而透过他人的表情或动作了解他人的感情或动机。理解表情与观看脸上肌肉运动并不一样，因为我们是同类。心智的成熟是一个成长的过程，那生命中未能"免于父母之怀"的前三年，就是人生经验的开始。故至亲之人往往是最

---

[12] 梅洛-庞蒂（Maurice Merleau-Ponty）说："有两种存在方式，也只有两种存在方式：自在的存在，也就是展现在空间里的物体的存在，和自为的存在，也就是意识的存在。然而，他人或许是我面前的一个自在，不过，他人或许自为存在，为了能被感知，他人需要我的矛盾活动，因为我既应该把他人和我区分开来，把他人放在物体的世界中，也应该把他人设想为意识，也就是设想为没有外面和没有部分的这种存在，仅仅因为这种存在就是我，因为思者和被思者在这种存在中合在一起，我才能进入这种存在。"见〔法〕莫里斯·梅洛-庞蒂：《知觉现象学》，姜志辉译，北京：商务印书馆，2001年，第440页。

早与我互动、让我了解的对象。这个过程伴随着挫折、失败而逐渐变得成熟。儒家以这种生命-生活经验为依据，揭示道德发展的基础，以及基本的伦理行为原则——推己及人，即设身处地为他人着想。只有感受过被关怀的快乐，才懂得关心别人的意义，并且从中也感受到快乐。为什么仁以孝悌为本？王阳明如是说：

> 譬之木，其始抽芽，便是木之生意发端处。抽芽然后发干，发干然后生枝生叶，然后是生生不息。若无芽，何以有干有枝叶？能抽芽，必是下面有个根在。有根方生，无根便死。无根何从抽芽？父子兄弟之爱，便是人心生意发端处，如木之抽芽。自此而仁民，而爱物，便是发干生枝生叶。墨氏兼爱无差等，将自家父子兄弟与途人一般看，便自没了发端处，不抽芽，便知得他无根，便不是生生不息，安得谓之仁？孝弟为仁之本，却是仁理从里面发生出来。（《传习录上》，第93条）

由此可知，讲爱有差等，着眼点不应是给感情分等级，而是在不愿把爱抽象化的情况下，从根源上着手培养人伦感情。心虽无限，但身是有限的，道德必须从落实对亲人的基本责任开始。反过来说，身虽有限，但心是无限的，因此，道德责任又不仅仅限于对亲人的照顾。关心的对象需要扩展至他人以至他物。老吾老，以及人之老；幼吾幼，以及人之幼。而在关心他人的诸道德情感中，最根本者莫过于恻隐。

依孟子对"乍见孺子将入于井"的分析,恻隐之心必须能够施及陌生人。当然不是任何陌生人,只是处于危难之中的人。对危难中的人存在同情心,尽管你未必具有拯危扶弱的实际能力,但它就是人性未泯的表现。[13]因此,亲亲为仁,恻隐亦仁。"须能尽人之性,然后能尽物之性。"(《传习录上》,第117条)"仁者以天地万物为一体。使有一物失所,便是吾仁有未尽处。"(《传习录上》,第89条)[14]这与孟子的亲亲、仁民、爱物,张载的"民胞物与",在推爱的逻辑上是一脉相承的。人性不是与物性断裂,而是物性的升华。就此而论,"心外无物",即是心外无事、心外无理。

5. 心灵塑造文明

从物的意义到人的伦理,接下来,便是文明的精神。每个领域或层次的探讨,都是心的作用或意识的力量的展示。道德无疑是文明的内核。道德中人与人的关系,会投射到文明的发展中。不过,它以与物的实践关系为中介,渗透到生活与生产的整个过程。这一过程中,心的作用并不局限于仁爱的伦理意识。虽然亲子关系的经验是人类的普遍经验,哪种文化丧失这种经验,哪个民族就得消亡,人类如果没有这种经验,历史就没法产生及延续,但它不是人类实际

---

[13] 参见陈少明《想象的逻辑——来自中国哲学的经典例证》(《哲学动态》,2012年第3期)第一节的讨论。
[14] 王阳明"万物一体"中仁者对人及物的各层次所体现的情感与区别,参见陈立胜:《王阳明"万物一体"论:从"身—体"的立场看》,第134—141页。

关系的全部，自然也非大多数人的唯一经验。除了关爱、同情、施舍外，历史也充满争斗、掠夺、残害，这与人的物性一面有关。身体需要物质的供养，而被消耗的物质资源是有限的。开始是基本生存资源的有限，技术发展后便是优质生活资源的有限，它是欲望不断提高要求导致的后果。在处理社会关系上，人类心智的力量，不仅表现为爱的伦理的创造，同时也表现为协作的秩序的建立。这种协作的秩序，推广开来，就是社会制度的建设。它与"物"相关，不过不是指具体的物质生产与分配过程，而是指行为规则的建立与执行，包含对规则的物化的集体想象。心力或者意识的合力推动着文明。

在《社会实在的建构》中，塞尔（John R. Searle）请读者一起想象这样的场景：

> 如果一个原始部落最初在其领地四周建造了一堵墙。这堵墙是通过纯粹的物理手段赋予功能的一个实例。我们假定，这堵墙很高很大，足以把侵犯者挡在外面而把该部落的成员围在里面。但是，假定这堵墙从一道物质的有形屏障演变成一道象征性的屏障。我们可以想象，这堵墙逐渐剥蚀损毁，以致只留下一条石头组成的线。但是让我们设想一下，这些居民和他们的邻居仍然承认这条石头线是标志着领地的边界，以至于能够影响他们的行为。例如，这些居民只有在特定的条件下才通过这条线，而外边的人，只有当这些居民认为可以接纳的，才能通过这条界线而进入领

地。现在这条石头线具有仅靠单纯的物理方法不可能实现的,而只有通过集体的意向性才能实现的功能。这堵残留下来的墙不可能像高墙和壕沟那样由于其物理性构造就能把人们挡在外边。这在非常原始的意义上是象征性的。由于一组物理性对象现在执行着某种超出自身以外的功能,那就是,作为这块领地的界线,石头线实现了与物理性的障碍物同样的功能。但石头线起这样的作用并不是由于它的物理性的构造,而是由于它被集体地规定了一种新的地位,即边界标志。[15]

这是一个堪称"众志成城"的故事。它是塞尔用其"集体意向性"观点,论述社会制度的形成过程需要以公众形成某种共同的信念为前提的虚拟案例。置于本文的脉络中,它也是心物关系对文明发展发挥作用的有趣例证。回到心物关系上,图式二"心外之物,进入心中"告诉我们,尽管在不同的条件下,或者不同的人把某物移置心中时会产生不同程度的变形,但这不妨碍一个人在不同的条件下所认定或谈论的,或不同的人意指或交谈的可以是同一事物。因此,大家都能意识到作为屏障的那堵石墙的存在及其意义。问题的另一层面是,不仅进入心中的物会变形,留在心外的物也可能变形。例如这堵墙,最极端的情况是整个崩坏,原初的模样几乎难以辨认,但它已经根深蒂固地留在大

---

[15] [美]约翰·R.塞尔:《社会实在的建构》,李步楼译,上海:上海人民出版社,2008年,第36页。

家的心目中。这是图式三所描述的"毁于心外，活在心中"的模式。当然，具体的情形对于不同的人，后果并不一样。离家多年以后，找不到孩提时代常聚集喧闹的城脚，会充满怅然；而天天面对那堵墙，看着它不知不觉地变了模样，直至近乎消失，则可能始终把墙留在心中，观念丝毫不受影响。

进一步的问题是，一面作为界线的墙，在没遭受激烈破坏的情况下，彻底崩坏需要漫长的时间。在这一过程中，界墙内外的居民可能已经经历世代的更替，年轻一代并没有目睹它当初具有物理屏障功能时的原貌，那么，他们心中的墙是从哪儿来的？答案自然是前人传达下来的。也就是说，心中之物是可以在不同的心灵之间传递的。借助于语言以及由听觉转化为视觉形象的文字，进入某人心中的事物，可以传达给其他没直接经验它的人。文字是图式四所示的"创自心中，用于生活"的事物。毫无疑问，它是人类最伟大的精神产品。即便今天音像技术极致发展，文字的作用也无法被替代。文字也是外部事物的符号，是公共记忆的载体，并且是集体图像形成的途径。心中之物没有被分享，它就是个人的意识，只能在孤立的精神空间中起作用。一旦传播分享，它就属于公共意识。公共意识一旦形成，精神的力量就会转化为集体行动的意志。

回到界线问题上来。既然界线不一定靠现实的障碍来塑造，它仅靠心中虚拟就能起作用，那么，社会生活中的其他行为规则，也可以依此设立。实际上，社会生活的规则既有物理的，也有心理的。有许多物理的保护或限制装置，伴之以军队、警察、保安、监察仪、边境线、监狱，甚至电网、地雷，等等，这类设置不管人们是否同意它的存在，其本身就具有阻止任何人越雷池一步的作用。当然，有些装置，虽然也借助于物理材料，但只是提示性的。如交通管制采取的黄白线或红绿灯，它并非实在的物理障碍，而是提示通行者有一条虚拟的界线存在。通行者心目中有此规则，它才能生效。虽然，无视它的存在的人事后会受到惩罚，而惩罚的力量是具有威慑性的，但它与直接物理意义上的限制不一样。或者说，它是硬限制与软限制的联合作用。人类社会大量的制度性规则，就属于这种类型。在此之外，人类更多的行为，既无法借物理限制，也无法用制度约束，而是靠自律。因为大量的行为并不在法律限制的范围内，但这些行为在道德上仍然有优劣之别，或者说有可以接受、不能接受，以及值得倡导、赞扬的区分。自律就是自己在心中为行为划线，这就是伦理领域。推己及人是道德的原则，但它没法规则化，不能描述为具体的行为指标，得靠内心的自觉。儒家强调修身工夫，就是要求守住自己的线，努力做到无惧外在的压力而靠良知指引行事。这些线是心中虚拟的，但要赋予它切实的规则性质。所谓切实，就是心要诚，"不诚无物"，信念不确立或不牢固就没有意义。

　　文明是什么？文明就是建设起来的良好社会秩序。秩序以制度化的规则出现，但它包含强制性、引导性，还有内在性，诸成分复合起作用。一个社会文明程度的高低，甚至可以通过对不同成分依赖的比重来衡量。如果一个社会的秩序主要靠警察与监狱来维护，其文明程度必然较低。反之，靠大家发自内心的自觉行动，则程度较高。一个社会共同体是否牢固或有力量，与此类似。即其中成员不仅应当拥有关于行为方式的共同诉求，还应拥有共同体历史来源的共同想象。集体的意向性，不仅有共时态的，如在构筑界墙那个时刻，部落成员达成的共识，还有历时态的，即这个部落的后代接力般传颂的先辈建墙庇护儿孙的故事。通过类似的故事，相关的人物、事件就进入听者心中，跨世代的共同体成员可以不断追寻它的根源，从而强化其向心力。不管它是英雄主义的还是道德主义的，都能起激励后人团结奋斗的作用。汉民族能自称炎黄子孙，一部《史记》，功不可没。多少不同世代互不谋面的同一经典阅读者，有可能在想象中回溯相同的人物与场景，从而分享生于其中的文化。这就是心中之物传递与传播的结果。[16]所有的文化，包括宗教或意识形态，都在争夺历史的解释权，原因即在此。传播就是共识的促进，就是心力的凝聚，它不仅推动共同体的形成或者文化的诞生，也维护文明的延续。一旦这种传播停止，文明就会中断。地球上有很多文明，玛雅文明、吴哥文明，其遗址显示它们曾经的辉煌并不亚于许多传世的文明。但遗物犹存，后人何在？其实不一定是他们生物意义上的后代绝种，而是心中装着自身文明故事的传人无处可寻。文明的中断，根本的原因可能就在于没有文字信息的存留，受口耳相传的限制。一旦横祸来临，种族毁灭，其曾有的成果无法在

---

[16] 参见陈少明《怀旧与怀古——从心理到文化》(《哲学研究》，2011年第10期)对历史意向性的初步论述。

世上传递，一切就烟消云散。反之，只要信息存留，人心对之再造，文明就可续建。

众志成城，文明存在于心中。它不只是存在于少数天才心中，而是存在于成千上万的享受者和传承者心中。至此，"心外无物"的心，绝非只是个体之心。于伦理，它需要推己及人，将心比心；于文明，则得薪火相传，心心相印。阳明的心外无物，最终要导向万物一体。因此不是将物排除出心外，而是纳万物于一心。"盖其心学纯明而有以全其万物一体之仁，故其精神流贯，志气通达，而无有乎人己之分、物我之间。"（《传习录中·答顾东桥书》，第142条）这个心自然不是个我之心，而是大心，万众一心之心。

余言：哲学的在场感

本文是对心学命题的一次解读，也是对阳明哲学的一种引申。阳明心学是内涵深厚的学说，"心外无物"既非其核心观念，更不是其唯一的命题。略知阳明思想的读者，对诸如心即理、致良知、知行合一、万物一体之类的表述，也多数耳熟能详。这些观点的集合，构成阳明心学的全貌。然而，阳明观点的表达，仍然带着古典哲学论说的基本特点。它不是现代学说赖以建立的理论方式，即把相关观念安排成基础与派生的概念关系，划分不同的逻辑层次，同时这些概念形成能完整覆盖其谈论领域的理论结构，而是意味着，其中任何一种观点都可以切入对其基本思想的思考。不同观点虽然特征有所不同，但在阐述时又能互相联系，在说理的推导过程中，常是循环传递的。这种论说方式与古典哲学尤其是道德哲学的实践性格相关，而给现代阅读和思考带来一定的张力，因此，经典文本的哲学解读，实质注定是诠释性的。它以诠释者对文本整体意义的理解为前提，具体的阐述方案则可以是多样的。选择"心外无物"这一命题，试图进入阳明的思想内核，是基于同样的理解。与一般诠释不同，本文是对阳明心学的现代扩展。新的论述努力以论证的形式出现，它遵循两个前提，即肯定物的独立存在与心为物之意义的根源。前者着眼于同现代经验思潮的联系，后者致力于延续心学的内在精神。对古典的诠释不能以格义为满足，论证是现代哲学的生命所在。当然，本文的目标也有自己的限制，例如，没有加入追随形上学的潮流，没有对心的形上意义做精心的推演。这种思路虽然不像本体论那样具有高屋建瓴的气派，但立足于意识经验的探讨，可以更具沟通经典与生活的作用。应该让哲学论述体现经验的在场感。一方面，是经典哲学诠释中经验生活的在场感；另一方面，则是现代哲学建构中古典文化经验的在场感。保持这种双重的在场感，是一种哲学的姿态，也系本文的努力所在。当然，没有哪种诠释的途径是唯一的，不同的努力都可以是为共同的论题所做的贡献。

（原载《中国社会科学》，2014年第1期，原题为《"心外无物"——从存在论到意义建构》）

三

说器

"形而上者谓之道,形而下者谓之器。"《易·系辞上》的这一名言,应是任何一位研习中国哲学者都耳熟能详的。但是这形上、形下之分,竟将道、器划归为似乎尊卑有分的两重世界。历代论道之文连篇累牍,汗牛充栋,单是著文以"原道"为题者,除《淮南子》外,大名鼎鼎的就有韩愈、章学诚及章太炎。[1]相比之下,器则备受冷落。即使有人偶有言器,也多是躲在道的后面,大概只有王夫之是例外。在道的意蕴几被前哲时贤道尽的情况下,本文只得反其道而行之,不论道,专说器。其实,没有器,何来道?下面的论述将表明,器之用大矣哉!

1. 器的世界

在思考器的观念之前,让我们先面对器的世界。尽管历代大家把道说得活灵活现,但在经验的世界里,人们目所视、耳所听、体所触者,毕竟多是器而非道。说可感知者多是器,而不说全是器,是因为同样可感知者,还有另一更大范畴的对象——物。道理很明显,石块不是石器,虽然石器

---

[1] 当代名家中,续写《原道》的,至少也有唐君毅和庞朴。

从石头而来。而除了石块，物还包括动物、植物以及其他静物，未必都能成器。天地山水也不能称器。当然广义的物可以包括器，器、物并列只是在狭义上的使用，而器物连用指的则是器。有两部儒家经典，给我们传达了上古时代器的丰富信息，一部是《易传》，一部是《尔雅》。

《易·系辞》的论述精到而系统。作者提出，器是通过观物取象制作而成。何谓象？"圣人有以见天下之赜，而拟诸其形容，象其物宜，是故谓之象。""见乃谓之象，形乃谓之器，制而用之谓之法，利用出入，民咸用之谓之神。""《易》有圣人之道四焉：以言者尚其辞，以动者尚其变，以制器者尚其象，以卜筮尚其占。"依此，这个象既是物之形象，也是易之卦象。卦象之象本就是物的形态的摹写或象征。用神话般的笔法，把上古史当作帝王圣贤观象制器的过程，加以高度概括：

> 古者包牺氏之王天下也，仰则观象于天，俯则观法于地，观鸟兽之文，与地之宜。近取诸身，远取诸物。于是始作八卦，以通神明之德，以类万物之情。作结绳而为罔罟，以佃以渔，盖取诸离。
>
> 包牺氏没，神农氏作。斫木为耜，揉木为耒，耒耨之利以教天下，盖取诸益。日中为市，致天下之民，聚天下之货，交易而退，各得其所，盖取诸噬嗑。
>
> 神农氏没，黄帝、尧、舜氏作。通其变，使民不倦；神而化之，使民宜之。《易》，穷则变，变则通，通则久。是以"自天佑之，吉无不利"。黄帝、尧、舜

垂衣裳而天下治，盖取诸乾、坤。刳木为舟，剡木为楫，舟楫之利以济不通；致远以利天下，盖取诸涣。服牛乘马，引重致远，以利天下，盖取诸随。重门击柝，以待暴客，盖取诸豫。断木为杵，掘地为臼，杵臼之利，万民以济，盖取诸小过。弦木为弧，剡木为矢，弧矢之利，以威天下，盖取诸睽。上古穴居而野处，后世圣人易之以宫室；上栋下宇，以待风雨，盖取诸大壮。

古之葬者，厚衣之以薪，葬之中野，不封不树，丧期无数；后世圣人易之以棺椁，盖取诸大过。

上古结绳而治，后世圣人易之以书契，百官以治，万民以察，盖取诸夬。（《易·系辞下》）

这一制器观，也是从渔牧、农耕，到工商以至文字时代的社会发展史话。《周易》有多玄妙，帝王是否真的是器的制作者，可以存而不论。但作器者必定伟大，而从大量出土的陶器、铜器中所描绘、雕刻与塑造的各种虫鱼鸟类的图像中，可以推知制器与观物取象确有深刻的联系。这是对器的起源的一种解说，而非对复杂的器物做分类描述。

说到器尤其是古器的种类，接触过考古信息者马上会想到石器、木器、陶器、竹器、铜器、铁器的说法。以制作材料的质地来划分文明的发展程度，如旧石器时代、新石器时代、青铜时代、铁器时代，的确是古史学家们不时使用的方法。不过，我们不能停留在认识的表层上。因为同一种材料可以制作不同性质的器，同一类的器可以由不同材料制作而成，而同一个时代更可以有不同材料制作的器并存。古典辞书《尔雅》就以"器"作为分类范畴。该书将所释对象分为19个大类，其第六篇就是《释器》。《释器》内容虽然只有39条，且其中个别属于对制器方法的解释，如"金谓之镂，木谓之刻，骨谓之切，象谓之磋，玉谓之琢，石谓之磨"，但它既展示出古代制器的各种材料，更列举出涵盖社会生活众多领域的器类。兹略举几例："緵罟谓之九罭；九罭，鱼罔也""鸟罟谓之罗"，这是渔猎之具。"妇人之祎谓之缡；缡，緌也。裳削幅谓之纀"，讲的是衣服。"金镞翦羽谓之鍭，骨镞不翦羽谓之志"，是武器。"彝、卣、罍，器也"，"鼎绝大谓之鼐，圜弇上谓之鼒，附耳外谓之釴，款足者谓之鬲"，是器皿之器或炊饮之具，同时也演变为祭祀或庆典用的礼器。此外，该书第五篇《释宫》，第七篇《释乐》，宫为宫室，乐指乐器，所释对象其实是器的特种类型。除木、皮之类易于腐朽的材料外，其他质地器具的存在，差不多都为现代考古所证明（连竹简都保存下来了）。春秋时代常讲"千乘之国"，表明器的数量是当时衡量一个国家规模或实力的重要指标。而"乘也者，君子之器"（《易·系辞上》)，则意味着个人对器的掌握与特定的社会地位的联系。

　　对本文而言，穷尽器的品种既非必要，也无可能。但是，从器发挥作用的角度对其进行新的分类，对具体把握器在社会生活中的意义，对进一步理解古代思想家们关于器的立场、观点，则非常有益。同时，这也是对器进行哲学反思的准备。我们的尝试是，把器分为实用性的、功能性的与象征性的三大范畴。所谓实用性的，就是《论语·卫灵公》中孔子所说的"工欲善其事，必先利其器"，及《易·系辞上》的"备物致用，立成器以为天下利"之器。《老子》言："埏埴以为器。"《墨子·节葬下》说："使百工行此，则必不能修舟车为器皿矣。"《庄子·徐无鬼》则有："百工有器械之巧则壮。"所指相同，即发展生产、方便生活的工具或用具。它包括渔猎耕作之具（渔网、鸟罟之类），炊食之具（从陶器到青铜器中有无数的出土器皿），交通运输工具（舟、车），以及为人的身体提供直接防护的衣服与宫室，等等。此外，《易·系辞下》说："弓矢者，器也。"武器既用以作战也用以狩猎，也应划入实用器具。功能性的器，主要指度量衡、货币与文字。量长度的尺、量体积的斗，以及量轻重的钧，是度量衡。古代货币先是贝壳、玉石，以后是金银，都是人加工过的器。文字最早也是通过硬质材料雕刻出来的，如甲骨文、金文，或许还有陶文，即所谓"圣人易之以书契"。功能性的器品种不多，且不能吃不能穿，不能猎不能耕，对生活的作用是间接的。但这并不意味着它不重要，现代人都能了解，没有思想的交流与物资的换算，社会生活就无法运行。象征性的器，指用以代表其他观念的器物。器物与其所代表的观念的关系，主要不是基于器的物理作用，而是联想性的。它主要是用以施行礼乐制度的器具，这些器具不一定与实用工具完全不同。有些就是从实用性的器脱胎而来，如祭祀仪式上的各种器皿，以及一些相应的服饰。

  实用性、功能性与象征性的界定，未必能穷尽器的范围，而有些器的多用性也可能难以做单一的划分，但是抓住一些大的特征做区分，可以避免泛泛而谈的缺点，更有助于我们把焦点对准最能体现古代文化性质的象征性器物——礼器。

2. 礼器：可捉摸的意义

礼器是论器的大范畴，儒家论礼的经典《礼记》就有《礼器》篇。不过，更能清晰表达礼与器的关系及其变化脉络的，则是《礼记·礼运》中的一段论述：

> 夫礼之初，始诸饮食，其燔黍捭豚，污尊而抔饮，蒉桴而土鼓，犹若可以致其敬于鬼神。及其死也，升屋而号，告曰："皋，某复。"然后饭腥而苴孰。故天望而地藏也，体魄则降，知气在上，故死者北首，生者南乡，皆从其初。

> 昔者先王，未有宫室，冬则居营窟，夏则居橧巢。未有火化，食草木之实、鸟兽之肉，饮其血，茹其毛。未有麻丝，衣其羽皮。后圣有作，然后修火之利，范金合土，以为台榭、宫室、牖户，以炮以燔，以亨以炙，以为醴酪；治其麻丝，以为布帛，以养生送死，以事鬼神上帝，皆从其朔。

> 故玄酒在室，醴醆在户，粢醍在堂，澄酒在下。陈其牺牲，备其鼎俎，列其琴瑟管磬钟鼓，修其祝嘏，以降上神与其先祖。以正君臣，以笃父子，以睦兄弟，以齐上下，夫妇有所。是谓承天之祜。

> 作其祝号，玄酒以祭，荐其血毛，腥其俎，孰其殽，与其越席，疏布以幂，衣其浣帛，醴醆以献，荐

其燔炙，君与夫人交献，以嘉魂魄，是谓合莫。然后退而合亨，体其犬豕牛羊，实其簠簋、笾豆、铏羹。祝以孝告，嘏以慈告，是谓大祥。此礼之大成也。

这段论述与上引《易·系辞》的说法互为表里，堪称经典。《系辞》的重点是器，《礼运》的主题则是礼。作者从饮食入手，概述了先民从茹毛饮血、衣葛居巢到锦衣玉食，即由粗劣原始到精致文明的生活历程。礼就是这一不断完善的生活方式的制度化。其内容不仅指衣食住行的条件，还含有养生送死、事鬼敬神的义务，更有正君臣、序上下的人伦规范。全文没有一个器字，但伴随着整个过程，均离不开各种器的发展、完善。如麻丝、布帛、台榭、宫室、牖户、鼎俎、琴瑟、管磬、钟鼓、簠簋、笾豆、铏羹，等等，哪一种不是器呢？可以说礼的完备（大成）就是器的完善。正如仪式化的礼是从日常生活中升级定制的，礼器也是从实用器具转变而来，出土的大量随葬品（礼器）包含很多食具就表明了这一点。[2] 日常用品，当其成为定制在特定的礼仪上使用，就是礼器，如"陈其牺牲，备其鼎俎，列其琴瑟管磬钟鼓，修其祝嘏，以降上神与其先祖"中所列的器具。当然，这不排除那些与日用品无多大关系的礼器，如象征君王权力的印章，以及为彪炳千秋而勒石记事所成的碑，等等。

---

[2] 这些食具包括炊具、贮存器、盛食器及饮器等。对古代中国食具、食品、烹饪技术及礼仪等关系的讨论，可参张光直：《中国古代的饮食与饮食具》，见《中国的青铜时代》，北京：生活·读书·新知三联书店，1983年。

在古代所有礼器中，最重要甚至最神圣者，大概莫过于鼎，因为连对它的询问都是极其敏感的行为。《左传·宣公三年》载：

> 楚子伐陆浑之戎，遂至于雒，观兵于周疆。定王使王孙满劳楚子。楚子问鼎之大小轻重焉。对曰："在德不在鼎。昔夏之方有德也，远方图物，贡金九牧，铸鼎象物，百物而为之备，使民知神、奸。故民入川泽、山林，不逢不若。螭魅罔两，莫能逢之。用能协于上下，以承天休。桀有昏德，鼎迁于商，载祀六百。商纣暴虐，鼎迁于周。德之休明，虽小，重也。其奸回昏乱，虽大，轻也。天祚明德，有所厎止。成王定鼎于郏鄏，卜世三十，卜年七百，天所命也。周德虽衰，天命未改。鼎之轻重，未可问也。"

楚子（楚庄公）"问鼎"是富于象征意味的故事。因为所问之鼎不是一般公侯在礼仪上常用之鼎，而是"九鼎"，是为周天子所掌控的权力的象征。楚子一方诸侯，在兵临周疆的情况下向代表周王前来劳师的特使如此发问，实是对周王室权力的挑战。王孙满的回答既义正词严又言简意赅地说明了这种重器意义之所在。鼎是权力的象征，但要合法拥有权力，关键"在德不在鼎"，若桀纣之徒，无德之辈，即使一时窃取天下公器，也会得而复失。背后照管着这一切的是天命。

权力的象征不是权力本身，这就是象征性的器同其他实用性的器的区别，它同窃得联合国的图章与偷取一枚核武器的区别一样。窃得图章并非真的夺取了权力，可偷来的武器同样是作恶的本钱。在礼乐文明中，重器只有合法地拥有，才能有相应的力量。身份、权力、礼仪以及礼器，都有相应的规定，由此形成特定的政治秩序。《广雅疏证》释鼎引九家《易》云："牛鼎受一斛，天子饰以黄金，诸侯白金。羊鼎五斗，大夫饰以铜。豚鼎三斗，士饰以铁。"《礼记·礼器》对这些规定的原则有扼要的说明。"礼，有以多为贵者"，也有以少为贵、以大为贵、以高为贵、以下为贵、以文为贵、以素为贵等五花八门的规则。破坏相关规则，就是僭礼。《左传·桓公二年》载，鲁公接受宋的贿赂，公然将宋贿送的郜大鼎陈于太庙，大臣臧哀伯便面责其君非礼：

> 夫德，俭而有度，登降有数，文物以纪之，声明以发之，以临照百官。百官于是乎戒惧而不敢易纪律。今灭德立违，而寘其赂器于太庙，以明示百官。百官象之，其又何诛焉？国家之败由官邪也，官之失德，宠赂章也。郜鼎在庙，章孰甚焉？武王克商，迁九鼎于雒邑，义士犹或非之，而况将昭违乱之赂器于太庙，其若之何？

其实，无论赂鼎还是问鼎，都发生在礼崩乐坏的时代。但从知礼守礼的君子口中，以及大量或传世或出土的文物中，还是不难想象礼的鼎盛时期那种金声玉振、一言九鼎所形容的威仪。[3]

礼器并非都是影射权势的重器,也有精致小巧而象征其他重要精神价值者,例如玉器。玉与鼎不一样,鼎是特定形态的器,虽然大多由青铜所铸,但也可由其他材料如陶制成,玉则为特定石料加工而来。璞琢而为玉。其所加工的品种非常多样,如盛器、玉玺、朋币[4]、佩饰(玉衣),以及其他造像,等等。王国维说:"古者行礼以玉,故说文曰'豊,行礼之器'。其说古矣。……盛玉以奉神人之器谓之〇,若豊,推之而奉神人之酒醴亦谓之醴,又推之而奉神人之事通谓之礼。"[5]玉器似乎天生就是礼器,这同对其质地的联想有关。《说文》对玉的定义是:"石之美有五德者。"这五德即仁、义、智、勇、絜。《礼记·聘义》借孔子之口,用类似的思路把玉与德联系起来:

> 子贡问于孔子曰:"敢问君子贵玉而贱玟者何也?为玉之寡而玟之多与?"孔子曰:"非为玟之多故贱之也、玉之寡故贵之也。夫昔者君子比德于玉焉:温润而泽,仁也;缜密以栗,知也;廉而不刿,义也;垂之如队,礼也;叩之其声清越以长,其终诎然,乐也;瑕不掩瑜、瑜不掩瑕,忠也;孚尹旁达,信也;气如

---

[3] 传世或出土之鼎甚多,如河南安阳出土的商代后母戊大方鼎,陕西眉县出土的西周大盂鼎,都系名器。
[4] 王国维《说珏朋》说:"殷之时,玉与贝皆货币也。"见《观堂集林》卷三,北京:中华书局,1984年。
[5] 王国维:《释礼》,见《观堂集林》卷六。

白虹，天也；精神见于山川，地也；圭璋特达，德也。天下莫不贵者，道也。《诗》云：'言念君子，温其如玉。'故君子贵之也。"[6]

依此解说，君子所以贵玉，是因其质地外观有"比德"之用。文中的孔子一口气比出仁、知、义、礼、乐、忠、信、天、地、德、道十一个范畴。其中前七项是主观范畴，喻君子诸种美德，而后四项是客观范畴，用于描述宇宙的普遍概念。简言之，由其光洁、美丽、坚实，及源于自然等特性，寄托君子美好的人格理想或胸怀，是玉被器重的原因。故佩玉与穿金戴银，对古人有品位雅俗之分。但具体的物理性质同特定的美德范畴的关联，则可能随不同人的联想而不同，所以《说文》所说的玉之五德，与上引孔子语录便不必一致。

作为礼器，鼎本是炊具，众多的因缘，如监制者（君王）、原料（贡金）、形态（象物）、目的（利民）等历史条件的作用，令其成为众器之首——至高权力的象征。玉则只是材料的特点，便可自由联想，从而蕴含着意义的多样性，因此，它可能有更多的不受经验、历史条件限制的更个性化的精神意蕴。可见，不仅礼器是多样的，礼器的意义构成机制也非单一的。但正是礼器的存在，不仅标示出生活的秩序，更让意义变得可以把握、可以触摸。

---

[6] 对此，《荀子·法行》《孔子家语》卷八"问玉"第三十六，有大同小异的说法。

3. 孔子观器

儒家传诗、书、礼、乐。孔子重礼，自然重器，主要是礼器之器。其自白说："俎豆之事，则尝闻之矣，军旅之事，未之学也。"（《论语·卫灵公》）俎豆系祭祀用的器皿，对"入太庙，每事问"的夫子而言，不只"尝闻之"那么简单。《论语·雍也》便记有孔子对"觚不觚"的不满。他对定制的讲究，是同坚守礼的立场相联系的。《左传·成公二年》载：

> 既，卫人赏之以邑，辞。请曲县、繁缨以朝，许之。仲尼闻之曰："惜也，不如多与之邑。唯器与名，不可以假人，君之所司也。名以出信，信以守器，器以藏礼，礼以行义，义以生利，利以平民，政之大节也。若以假人，与人政也。政亡，则国家从之，弗可止也已。"

卫国为报答新筑出兵相救之恩，在赏邑被辞的情况下，接受了对方"曲县、繁缨以朝"这种越礼的要求。孔子得知后表示惋惜，并表达"唯器与名，不可以假人"的政治观点。名号、威信同礼器（曲县、繁缨），三者相联系，统一于礼。而礼又同义、利及民心相联系，是政治的基础。礼之施行，既要守形式，但又不能只是形式。故子曰："礼云礼云！玉帛云乎哉？乐云乐云！钟鼓云乎哉？"（《论语·季氏》）老人家最后把政治是否守礼，或者说器的使用是否正当，提升到划分有道、无道的高度："天下有道，则礼乐征伐自天子

出；天下无道，则礼乐征伐自诸侯出。"(《论语·季氏》)

不过，更能体现孔子论器的特点的，是他以器论人的言论。下面是常为人道及的三则语录：

> 子曰："管仲之器小哉！"或曰："管仲俭乎？"曰："管氏有三归，官事不摄，焉得俭？""然则管仲知礼乎？"曰："邦君树塞门，管氏亦树塞门；邦君为两君之好，有反坫，管氏亦有反坫。管氏而知礼，孰不知礼？"(《论语·八佾》)

> 子曰："君子不器。"(《论语·为政》)

> 子贡问曰："赐也何如？"子曰："女，器也。"曰："何器也？"曰："瑚琏也。"(《论语·公冶长》)

首先，说管仲器小，不是因为其在礼仪上节俭，相反，是因其奢华而越礼。可见，对人是否成器的衡量，是以其行为是否知礼为准的。器之大小同人的眼界、胸怀之宽窄相关。其次，"君子不器"，莫非器大也不要？《论语集解》引用包咸曰："器者各周其用，至于君子，无所不施。"朱子《论语集注》又补充："器者各适其用而不能相通。成德之士体无不具，故用无不周，非特为一材一世而已。"依此，这个器不是礼器，而是日用器械，正如舟与车不能互代，各有各的作用与局限。而成君子不是成为某种工具，君子本身就是目的、价值。前面对实用性的器与象征性的器所做的区分，对理解它很有帮助。第三则最有意思，孔子当面评子贡，不说其器大器小或器重器轻，而是用特定的礼器"瑚琏"作喻。所喻之意孔子没点破，子贡也没再追问，大概师徒俩心知肚明。《论语集解》引包咸曰："瑚琏，黍稷之器。夏曰瑚，殷曰琏，周曰簠簋，宗庙之器贵者。"朱熹则说："器者，有用之成材。夏曰瑚，商曰琏，周曰簠簋，皆宗庙盛黍稷之器而饰以玉，器之贵重而华美者。"朱注在贵重之外增言华美，表面上抬高评价，但从子贡能言善辩，而孔子贬"巧言令色"，倡"刚毅木讷"，即不喜华而不实的作风来看，朱熹的说法藏有玄机。这是借器喻德的艺术。[7]

秦汉文献中，还流传着另一则孔子观器的故事：

> 孔子观于鲁桓公之庙，有欹器焉。孔子问于守庙者曰："此为何器？"守庙者曰："此盖为宥坐之器。"孔子曰："吾闻宥坐之器者，虚则欹，中则正，满则覆。"孔子顾谓弟子曰："注水焉！"弟子挹水而注之，中而正，满而覆，虚而欹。孔子喟然而叹曰："吁！恶有满而不覆者哉！"子路曰："敢问持满有道乎？"孔子曰："聪明圣知，守之以愚；功被天下，守之以让；勇力抚世，守之以怯；富有四海，守之以谦。此所谓挹而损之之道也。"[8]

---

[7] 西人赫伯特·芬格莱特对此也有兴趣，其《孔子：即凡而圣》第五章便是"孔子的一个比喻：神圣的礼器"。
[8] 《荀子·宥坐》。另外，《韩诗外传》之三、《说苑·敬慎》等记有相类故事，《淮南子·道应训》的说法则略有变形。

陈于庙中的这一礼器是盛水的器皿,器以欹为名是因其倾斜的姿态。孔子利用其"虚则欹,中则正,满则覆"的变化,联想发挥"挹而损之"的思想方式:任何人,当其处于某种特点突出的状态时,就要采取相应的防止其因极端而走向反面的态度或方法,这也就是儒家的执中之道。这就叫作观器有术。

孔子借器论人,其实就是用更生动的方式,鼓励弟子通过自我修养而成为君子。君子在德不在位。孔子赞赏子贡引《诗》"如切如磋,如琢如磨"说明不断提升人格修养的必要,道理就是把人的成长看作不断琢磨成器的过程。"子贡曰:'有美玉于斯,韫椟而藏诸,求善贾而沽诸?'子曰:'沽之哉!沽之哉!我待贾者也!'"(《论语·子罕》)子贡还报孔子以器(美玉),孔子也不妄自菲薄,欣然接受。成大器得发挥大作用,自然应待价而沽。后世论人多用器字,如器宇、器局、器量、器度、器能、器识、器重,等等,与孔子的强调不无关系。

4. 墨、道之器观

人间世其实就是器间世,没有人能完全离开器而生存,古今概莫能外。任何人即使不参与制器,也得操器、用器这一基本事实,促使思想家不能回避对器的思考。不仅儒家这样,先秦其他家派也如此。但历来讨论儒家器观的文章都稀少,遑论其他派别。然而,补充其他学派的观点,不仅可充实传统关于器的思想资源,同时也有助于深化对主流儒学的认识。为了减少枝蔓,本节只引述墨、道(主要是庄子)两家的观点做比较。

关于墨子,《史记》留下这么几句话:"盖墨翟,宋之大夫,善守御,为节用。或曰并孔子时,或曰在其后。"从了解其器观的兴趣看,言虽简但意足。"善守御"说其会用工具,善操器。"为节用"表明其不滥用资源,其中也包括器。有人说墨子出身工匠,或者叫小手工业者,果若如此,他便是一位制器者。虽然这种说法未必被普遍接受,但《墨子》一书确有许多墨子同工、器联系的线索。《墨子》不是墨子的个人作品,不过书中与器有关的思想同《史记》对墨子的看法一致,如《墨子·公输》就记墨子为制止楚国侵鲁的计划,而同公输斗器,展示其艺高一筹的操器本领。我们不妨以墨子之名说墨家之器观。

概括地说,墨子对器的重视,表现在两个方面。其一,重视操器之士。《尚贤》诸篇,讨论明君任贤举能对政治的重要性,屡举善器之士为例:"譬若欲众其国之善射御之士者,必将富之贵之,敬之誉之,然后国之善射御之士,将可得而众也。况又有贤良之士,厚乎德行,辩乎言谈,博乎道术者乎。此固国家之珍而社稷之佐也,亦必且富之贵之,敬之誉之,然后国家之良士,亦将可得而众也。"(《墨子·尚贤上》)在墨子看来,出身于农与工肆之人,同样可有德有能而成君主:"汤举伊尹于庖厨之中,授之政,其谋得。文王举闳夭、泰颠于置罔之中,授之政,西土服。故当是时,虽在于厚禄尊位之臣,莫不敬惧而施。虽在农与工肆之人,莫不竞劝而尚意。"(《墨子·尚贤上》)不论射御还是庖厨、置罔者,其实都是劳工。这就不难理解,为何墨家弟子多成持械操器的能手。其二,《墨子》一书最后一组文章,即《备城门》等十一篇,全部介绍如何通过城械的建设及布阵进行城镇防卫,相当部分即是如何制器的知识。用今日流行的话,叫"技术含量很高"。这些器与军事有关,原因不是墨家好战,相反,他们主张非战,但无可奈何之下,必须以战止战。

儒、墨对比很鲜明。孔子自称"吾少也贱,故多能鄙事"(《论语·子罕》),按说也能操农工之器才对,但他并未鼓励学生在这方面下功夫。弟子有成就的领域,无非是德行、言语、政事、文学等。孔门弟子也重器,但不是工具之器,而是礼器。《论语·乡党》通篇介绍日常礼仪的知识,里面涉及的器当然多是礼器。而礼器的滥用,恰恰是墨子所攻击的,《节葬》《非乐》就是代表作:"今王公大人之葬埋则异于此,必大棺中棺,革鞼三操,璧玉即具,戈剑鼎鼓壶滥,文绣素练,大鞅万领,舆马女乐皆具。曰:必捶涂,差通垄,虽凡山陵,此为辍民之事,靡民之财,不可胜计也。"(《墨子·节葬下》)"子墨子所以非乐者,非以大钟鸣鼓琴瑟竽笙之声,以为不乐也。非以刻镂华文章之色,以为不美也。非以刍豢煎炙之味,以为不甘也。非以高台厚榭邃野之居,以为不安也。""此夺民衣食之财,仁者弗为也。"(《墨子·非乐上》)无论节葬还是非乐,墨子的目的都是节用。在物质匮乏的时代,节用可以利民。孔子也真心倡导德政,但贵族的后裔对祖先钟鸣鼎食的风尚仍然念兹在兹。而那个时代的制器或操器者,却往往只是操劳者而非享受者。故《庄子·天下》说墨者"多以裘褐为衣,以屐𫏋为服,日夜不休，以自苦为极"。所以墨要非儒，因为两家的器识大不相同。

道家反器，从老子开始就很明显（以下引自王弼本《老子》）：

> 将欲取天下而为之，吾见其不得已。天下神器，不可为也，不可执也。为者败之，执者失之。是以圣人无为，故无败；无执，故无失。（第二十九章）

> 夫兵者，不祥之器，物或恶之，故有道者不处。（第三十一章）

> 天下多忌讳，而民弥贫；民多利器，国家滋昏；人多伎巧，奇物滋起；法令滋彰，盗贼多有。（第五十七章）

> 小国寡民。使有什伯之器而不用，使民重死而不远徙。虽有舟舆，无所乘之；虽有甲兵，无所陈之。使民复结绳而用之。甘其食，美其服，安其居，乐其俗。邻国相望，鸡犬之声相闻，民至老死不相往来。（第八十章）

无论神器、利器、舟舆、甲兵，统统在反之列。在老子看来，正是器的出现导致社会的混乱与道德的堕落。

庄子反器的思想与老子一脉相承，但更微妙有趣：

> 楚威王闻庄周贤，使使厚币迎之，许以为相。庄周笑谓楚使者曰："千金，重利；卿相，尊位也。子独不见郊祭之牺牛乎？养食之数岁，衣以文绣，以入大庙。当是之时，虽欲为孤豚，岂可得乎？子亟去，无污我。我宁游戏污渎之中自快，无为有国者所羁，终身不仕，以快吾志焉。"（《史记·老子韩非列传》）

楚王对庄子本甚器重，但庄子的比喻，首先把"衣以文绣"的牺牛当作无意义的牺牲品，其实是对祭礼之器的亵渎，同时又把相位看成同牺牛一样被人为其他目的而操弄的工具，这是对权势的嘲弄。这样的人，结果自然是"王公大人不能器之"，其实也无法"器之"。

《庄子·天地》同样记有一则关于器的故事：

> 子贡南游于楚，反于晋，过汉阴，见一丈人方将为圃畦，凿隧而入井，抱瓮而出灌，搰搰然用力甚多而见功寡。子贡曰："有械于此，一日浸百畦，用力甚寡而见功多，夫子不欲乎？"为圃者仰而视之曰："奈何？"曰："凿木为机，后重前轻，挈水若抽，数如泆汤，其名为槔。"为圃者忿然作色而笑曰："吾闻之吾师，有机械者必有机事，有机事者必有机心。机心存于胸中则纯白不备。纯白不备则神生不定，神生不定者，道之所不载也。吾非不知，羞而不为也。"子贡瞒然惭，俯而不对。有间，为圃者曰："子奚为者邪？"曰："孔丘之徒也。"为圃者曰："子非夫博学以拟圣，

三 说器

于于以盖众，独弦哀歌以卖名声于天下者乎？汝方将忘汝神气，堕汝形骸，而庶几乎！而身之不能治，而何暇治天下乎！子往矣，无乏吾事。"

取水浇灌之器不是礼器，而是农具。作者借为圃者之口，对机械化的追求展开批判，认定机械是机事、机心的诱因。他关心的不是工作的效率，而是精神的品质。有意思的是，被教训的对象不是别人，而是孔子的学生子贡。依文献所载，子贡能言善辩，足智多谋，官至大夫且富可敌国，这种成功人士，正是富于机心的人物。而且子贡还被孔子以"器"称许。以子贡为靶子，作者将矛头同时指向孔子。

有意思的是，庄子虽不重器，却非常重技。"庖丁为文惠君解牛，手之所触，肩之所倚，足之所履，膝之所踦，砉然响然，奏刀騞然，莫不中音，合于桑林之舞，乃中经首之会。"庖丁强调，其解牛之技比器（刀）更关键：

> 良庖岁更刀，割也；族庖月更刀，折也；今臣之刀十九年矣，所解数千牛矣，而刀刃若新发于硎。彼节者有间而刀刃者无厚，以无厚入有间，恢恢乎其于游刃必有余地矣。是以十九年而刀刃若新发于硎。虽然，每至于族，吾见其难为，怵然为戒，视为止，行为迟，动刀甚微，謋然已解，如土委地。提刀而立，为之而四顾，为之踌躇满志，善刀而藏之。（《庄子·养生主》）

此外，因技艺精湛而受赞赏的还有斫轮有术的轮扁，运斤成风的匠人："斫轮，徐则甘而不固，疾则苦而不入，不徐不疾，得之于手而应于心，口不能言，有数存乎其间。"（《庄子·天道》）"郢人垩慢其鼻端若蝇翼，使匠人斫之。匠石运斤成风，听而斫之，尽垩而鼻不伤，郢人立不失容。"（《庄子·徐无鬼》）

墨子是公认有技术头脑的人，其本领体现在造器与用器的知识与能力上。《墨经》显示其比百家掌握更多的自然知识。《庄子》中这些奇人使用的器，无论瓮、刀、斧，还是轮，都是再简易不过的工具。对这种神乎其技的推崇，恰好是轻器的表现。庄子与老子一样，既反礼器，又轻工器，自然是以简朴单纯的生活方式为理想。如果社会不能回到小国寡民甚至"至德之世"，那就个体自行选择，过隐者的生活。换句话说，返璞归真即是主张弃器的生活，尽管实际上起码的劳动工具还是离不开的。此外，这种离群避世的隐者，还得有特异的本领。

5. 经典的道器论

在《易·系辞》之前，中国古典思想已经分别有丰富的道的观念与器的观念。尤其是道的观念，百家竞相为之立说，道家更将其推至思辨的深度。器的观念不仅同器的制作与应用相联系，同时儒家对器的象征意义的重视，以及观器论人的方法，使器的概念超越了经验描述的范围。但是，只有到《易·系辞》，将器与道相提并论，把可见的东西与不可见的思想对象配对成双，如此言器，才是哲学的突破。

三 说器

王弼本富于哲思，可惜其《周易注》中没留下关于《系辞》的文字。不过以王弼崇无轻有的思想推测，他也会是个重道轻器者。至唐代，孔颖达《周易正义》才对道、器做出更具哲学意味的诠释：

> "是故形而上者谓之道，形而下者谓之器"者，道是无体之名，形是有质之称。凡有从无而生，形由道而立，是先道而后形，是道在形之上，形在道之下。故自形外已上者谓之道也，自形内而下者谓之器也。形虽处道器两畔之际，形在器，不在道也。既有形质，可为器用，故云"形而下者谓之器"也。

依字面意义，形是道与器的分界。但《系辞》有"形乃谓之器"之说，故谓"形在器，不在道也"。这一诠释真正有意义的增补之处在于："凡有从无而生，形由道而立，是先道而后形。"这是把道器关系理解为有无关系以及先后关系，但有引《老》入《易》的嫌疑，容易导向轻器以及弃器这种与《易传》相反的立场。或许这样的偏颇属于深刻的片面。

同样是唐代的韩愈，其名文《原道》，则可以看作对轻器或弃器之道的纠弹：

> 古之时，人之害多矣。有圣人者立，然后教之以相生相养之道。为之君，为之师。驱其虫蛇禽兽，而处之中土。寒然后为之衣，饥然后为之食。木处而颠，

土处而病也，然后为之宫室。为之工，以赡其器用。为之贾，以通其有无。为之医药，以济其夭死。为之葬埋祭祀，以长其恩爱。为之礼，以次其先后。为之乐，以宣其湮郁。为之政，以率其怠倦。为之刑，以锄其强梗。相欺也，为之符、玺、斗斛、权衡以信之。相夺也，为之城郭甲兵以守之。害至而为之备，患生而为之防。

依韩愈，圣人的伟大不在于抽象的宣道，而是制器以体道。此即所谓："博爱之谓仁，行而宜之之谓义，由是而之焉之谓道，足乎己无待于外之谓德。……其文诗书易春秋，其法礼乐刑政，其民士农工贾，其位君臣父子师友宾主昆弟夫妇，其服麻丝，其居宫室，其食粟米果蔬鱼肉。其为道易明，而其为教易行也。"这是站在经典的立场上，强调传统的道不离器才是儒家倡导的生活方式，从而同佛、老划清界限。

韩愈在哲学上没建树，也未形成以器为范畴的论述。宋儒虽接过韩愈拒二氏、卫道统的旗帜，但其以心或以理为中心观念同佛、老相关精神观念相对抗的策略，导致其即使论器，也只能是谈道的影子而已。只有明末清初经历天崩地裂的王夫之，才对道器关系有新的意识，变道-器为器-道。王氏也是通过对《易·系辞》的诠释来表达其重器的观点的，针对上道下器的说法，他说"上下无殊畛，而道器无易体"，断定"天下惟器而已矣。道者器之道，器者不可谓之道之器也"。其申论说：

无其道则无其器,人类能言之。虽然,苟有器矣,岂患无道哉?君子之所不知,而圣人知之,圣人之所不能,而匹夫匹妇能之。人或昧于其道者,其器不成,不成非无器也。

无其器则无其道,人鲜能言之,而固其诚然者也。洪荒无揖让之道,唐、虞无吊伐之道,汉、唐无今日之道,则今日无他年之道者多矣。未有弓矢而无射道,未有车马而无御道,未有牢醴璧币、钟磬管弦而无礼乐之道。则未有子而无父道,未有弟而无兄道,道之可有而且无者多矣。故无其器则无其道,诚然之言也,而人特未之察耳。

故古之圣人,能治器而不能治道。治器者则谓之道,道得则谓之德,器成则谓之行,器用之广则谓之变通,器效之著则谓之事业。

王夫之甚至把《周易》的象爻辞全部理解为围绕着器而展开的知识价值系统。"故圣人者,善治器而已矣。""君子之道,尽夫器而已矣。""老氏瞀于此,而曰道在虚,虚亦器之虚也。释氏瞀于此,而曰道在寂,寂亦器之寂也。"[9]其重器的思想立场,同韩愈的《原道》十分一致,也是出于拒佛老、维护古典儒家的价值体系。但王氏有深刻的思辨能力,为避免宋学蹈虚的覆辙,他强调并深化了器的哲学意义,把它从道的背景变成前台主角。

---

[9] (明)王夫之:《周易外传》,北京:中华书局,1977年,第202—204页。

船山之后，清代章学诚以"六经皆器"的说法，再次表达了重器的观点："《易》曰：形而上者谓之道，形而下者谓之器。道不离器，犹影不离形。后世服夫子之教者自六经，以谓六经载道之书也，而不知六经皆器也。""夫子述六经以训后世，亦谓先圣先王之道不可见，六经即其器之可见者也。后人不见先王，当据可守之器而思不可见之道，故表彰先王政教与夫官司典守以示人，而不自著为说，以致离器言道也。""夫天下岂有离器言道，离形存影者哉？彼舍天下事物、人伦日用，而守六籍以言道，则固不可与言夫道矣。"（《文史通义·原道中》）其"六经皆史"说，其实就是"六经皆器"论的翻版。

从器在思想史上沉浮的命运，我们可以观察到一个基本的走向，就是它的被器重，是同思想史上重经验、重实践、重制度、重经济等由虚指向实的倾向一致的。越靠近近代，这一特征就越明显。但是，正如前文所分析的，不同的器类在整个社会生活及文化价值中所处的位置是不一样的，重不同的器，同样意味着不同的价值取向。但是，重器的思想家们并没有对此展开分析，即使是最具哲学想象力的王夫之，虽然有道随器变的历史感，但同样眉毛胡子一把抓，对实用（弓矢车马）、功能（璧币）、象征（钟磬管弦）等不同器类，以至道德关系，混沌不分。这阻碍了更有深度的哲学思想的提出，同时也导致近代人对器的观念的误解。

1922年，梁启超写《五十年中国进化概论》，回顾近代中国社会文化的变迁。他把这一变迁看作中国人在西方的压力或影响下，自觉反思自己的传统，从而自强不息的过程。这一过程分三个阶段，分别用器物、制度与文化三个词来标示。梁氏把器变成"器物"这个复合词，并用于指称洋务运动期间为经世致用、富国强兵而开创的近代制造业。依此，魏源的名言"师夷之长技以制夷"，实可换作"师夷之长器以制夷"。器的这种用法同晚近由重功利而重器的思潮有一脉相承之处。但是一旦把器物同制度、文化分割开来，其内涵同儒家传统中器的意义也就大不一样了，因为无论是王夫之还是章学诚，所论之器恰好都是包括制度（政教）与文化（礼乐）的。器的实用含义的突出，正是历史的现代化走向的一个注脚。然而，这有时也遮盖或压缩了我们观察历史文化的视线，最有趣的就是哲学史教科书，把王夫之的重器当作唯物主义的观点加以推崇，仿佛"天下惟器"就是"天下唯物"的证言，全然漠视礼器在古典社会生活中的精神意义。

6. 新器观

该是对器的观念再做反思的时候了。

事实上，物器观只是从实用性的角度对器的概括，但不同的器类有不同的意义，或者说不同的器有不同的道。就道而言，实用性的器体现人类对自然知识的掌握，以及根据自身的需要运用这些知识的能力，也就是通常所说的科技知识。功能性的器是人类沟通的工具，包括文字与货币。文字是沟通意愿、知识与信念的，货币是交换财富的。没有沟通与交换，共同体就不能形成，社会就不存在，更谈不上发展。而象征性的器，则是体现观念价值——包括道德、宗教及审美——的符号。只重器的实用性，就会出现重农轻商的思想；只重器的象征性，就会产生脱离实际、追求形式化的倾向。现代科学中自然科学、社会科学及人文科学的发展，对不同器类的道的认识有深化作用。实用性、功能性与象征性三大器类，就我们现有的知识而言，在所有的文明中都是并存的，是同一系统中的不同组成部分。人类社会是依器而存的，正是器的存在及运用方式，把社会生活结构化了。一个人的身份、地位、权利、义务、道德、知识、信念、习惯，等等，都同掌握器的机会、态度、种类以及能力密切相关。孔子说："天下有道，则礼乐征伐自天子出；天下无道，则礼乐征伐自诸侯出。"那是因为他相信周代文明的器系统在总体上是合理的。从启蒙的立场看，有道无道的关键可能就在于器系统的结构是否平衡，不是指责"觚不觚"或防止有人越俎代庖的问题，而是如何保证匹夫匹妇平等地拥有"问鼎"的权利。

王夫之说："无其器则无其道……洪荒无揖让之道，唐、虞无吊伐之道，汉、唐无今日之道，则今日无他年之道者多矣。"船山一反传统"道不变器变"，或"道变器变"的观点，提出"器变而道变"的观点。如果循三大器类的划分来观察，就会发现这器与道关系的变与不变，不能一概而论，而各有各的规则。简言之，实用之器是器道互变，功能之器是器变道不变，而象征之器是器不变而道变。当我们在远古的祖先第一次捡起一块石头投向猎物、砍伐树木或者挖掘泥土时，这块石头就变成了石器。随后器的规模不断增大，其发展方向包括两方面：一是品种的增加，如从狩猎、牧耕、饮食、衣着、居住到运输的种种器具；一是水平的提高，如器皿从陶制变成青铜制，或运输工具从马车发展到飞船，等等。原始的器具只是物理属性的直接利用，再进一步是观象制器的简单模仿，复杂的器具则是先掌握了相关的知识后才能制作使用。而新知识的增长又与对固有的器的运用有关，如技术实验。因此，实用之器中，器与道是互动的。由于实用性器具的使用习惯是新器换旧器，这种器道互动就是一个不断向高级水平发展的过程。功能之器不然，器可以变，道则是不变的。文字可以刻（或写）在不同的材料，如陶片、甲骨、青铜、竹帛、玉石、纸张，或者液晶屏幕上，字体可以有篆、隶、楷、行、草，或繁或简的不同，但是文字的基本功能几乎是不变的，所以我们可以用今文翻译古文，甚至从古代经典中寻找范文。货币也类似，其材料可以有贝壳、玉、金银、纸张的变化，但作为储备与交换财富的符号，其功能从古到今是不变的。如果以有形及制作两点定义器，无论文字还是货币都有把器隐蔽起来的趋势，文字可以变成电脑系统中的计算符号，货币则是银行或互联网中一串串流动的数字，越来越缺少器的意义。但不论作为载体的器是硬是软，是明是隐，文字与货币作为人类沟通的手段是不变的。象征性的器只要保存下来，就能体现其价值。但是，它体现的价值，却未必是原初制作的意图所在。大到长城、故宫，小到帝王的印章，祭礼上的酒具，今日不是作为文物被保护，就是作为古玩被收藏。但它不再起军事、政治或宗教的作用，其价值已经转换。我们说它器不变而道变。从实用的角度看，器有新旧之分，人情上是喜新厌旧。

可就象征意义而言，器有古今之别，识器者往往厚古而薄今。

从对象征性器类的观察便可知，很少有器所呈现的器类意义是单一的。如果不是在制作的时候灌注了多种观念，也会在历史的风霜中附着上新的含义。我们仍然以鼎为例，它是古器中的珍器，礼器中的重器。鼎既于史有载，又有物为证。《说文》："鼎三足两耳，和五味之宝器也。象析木以炊。"段玉裁注说"三足两耳谓器形"，字的下部是"一木析为二之形，炊鼎必用薪，故像之"。形状、性质，以及用法，都很清楚，它原本就是一炊具，即一实用器皿。"夫礼之初，始诸饮食。"民以食为天，由于炊具是服务于吃的，所以从人用过渡到神用，"陈其牺牲，备其鼎俎，列其琴瑟管磬钟鼓，修其祝嘏，以降上神与其先祖"（《礼记·礼运》）。敬神的礼仪越典重，神的福荫就越长厚，握大权者自然要掌大鼎。故王孙满对答"问鼎"时说，"昔夏之方有德也，远方图物，贡金九牧，铸鼎象物"。同时，铸鼎象物后"百物而为之备，使民知神、奸。故民入川泽、山林，不逢不若。螭魅罔两，莫能逢之。用能协于上下，以承天休"。从而掌鼎就意味着握有君临天下、号令诸侯的权力。所以它铸于夏，迁于商，最后存于周。[10] 九鼎实相如何，我们不知道，但商、周两代鼎之存在，则有出土文物为证。实际上，九鼎不是唯一做礼器用的鼎，鼎是礼器中的一大系统。《广雅疏证》释鼎引九家《易》云："牛鼎受一斛，天子饰以黄金，诸侯

---

[10] 见《左传·宣公三年》的叙述。

白金。羊鼎五斗,大夫饰以铜。豚鼎三斗,士饰以铁。"可见鼎之大小同权力身份级别相关。这神圣、权威的象征意义是从实用意义衍生出来的。此外,"铸鼎象物",有足有耳自是动物,这牛鼎、羊鼎、豚鼎大概就是所象之物的例子,虽然它可能同祈食的愿望相关联,但形态生动加之饰以其他金属,就有审美的观念进入其中了。不仅如此,鼎的大小制式是以计算容量的度量单位确定的,后来的鼎还有铭文,如所谓"铸刑鼎",这意味着它还可以有功能性的意义存在。

从对鼎的分析可见器的意义不是单一的,但却可能是变迁的。长城本系御敌设施,失却其军事作用后,则成国家安全强盛的象征。房屋本是居住用的,故宫则曾是王权的体现,今日又为历史文化灿烂悠久的见证。王国维用"古雅"来界定古器的这种价值:

> 吾人所断为古雅者,实由吾人今日之位置断之。古代之遗物,无不雅于近世之制作,古代之文学虽至拙劣,自吾人读之无不古雅者,若自古人之眼观之殆不然矣。故古雅之判断,后天的也,经验的也,故亦特别的也,偶然的也。此由古代表出第一形式之道,与近世大异,故吾人睹其遗迹,不觉有遗世之感随之,然在当日则不能,若优美及宏壮则固无此时间上之限制也。[11]

---

[11] 王国维:《古雅在美学上之位置》,见《静庵文集续编》,《王国维遗书》第三册,第614—623页。

因此，即使其他的价值都消失了，古器因古而带来的价值却在增益之中。不唯此，以仿古形式制作的器，同样能传递被模仿的形式所蕴含的意味。中国政府为联合国成立五十周年所送的礼品，就是一方新铸的铜鼎。望着联合国总部大楼中的这一中国礼器，了解中国文化的人会想到什么呢？是中国人宣示对自己历史文化的感情？是对自身走向富强的自信？是以联合国为天下公器的理想？还是问鼎天下的新雄心？总之，象征性器类是器不变道可变的。

不过，厚古不必贱今。制器是一个过程，对传统器道关系的新分析，得有助于对当代制器事业的重新观照。现代社会的趋势是，由于政治的民主化与公开化，以及日常生活的世俗化（脱魅），与权力、等级及神圣的观念相关的象征性器物，范围在不断缩小。大部分可称作重器的是历史的遗存，而非新造。为政治需要所造的新器，其意义未必牢固，其命运弄不好会如萨达姆的塑像。艺术品可能除外。功能性的器则因技术与制度的发展，而有隐身甚至消失的前景。唯独实用性的器以更大的规模、更多的种类、更快的速度在生产着。但是，实用性器具并非只有实用的功能，其造型及装饰的形式，依然有实用以外的象征意义。因此，关心当代制器事业的象征性意义（包括取向与力量），特别是公器的制作与使用，同样是对器进行思考的使命。公器的概念得重新界定，公器相对于私器而言，与公共生活有关的器物就是公器。这里有两个层次的问题，一是公共物品问题，特别是有文化或政治象征意义的建筑的问题。其中有些是纯礼器，如城市雕塑、剧院、博物馆等，没有公私混淆的问题。另一些是拥有实用功能的器物（如中南海中的宫室），要防止它从公器变成私器，即变成公众不能接近的政府财产。同时，新建的公器有一个如何通过必要的决策程序使它在被接受方面更具公共性的问题。公共物品问题原则上容易一致，问题在于第二个层次，即一些私人拥有而对公众有影响的物品，如许多重要的建筑，是私器还是公器。这关系到两种价值形态的区分，从实用的意义看，它是排他性的、会损耗的价值，只能由特定的人或集团占有，是私有的。而从其展示在公共场合、令公众不得不面对的状态看，其象征意义包括审美或其他政治文化价值，则是公共的。一座建筑究竟是丑陋还是典雅，对公众精神生活的影响非常不一样。所以，就其存在形式来说，应该由公共程序监管。否则，我们的生活中将充满由暴发户或无知政客强加给我们的丑陋景观。

孔子希望君子是大器的人。现代社会以训练人的技能为教育的目标，即使有成就者，也是各式各样的专家。各种工具式的人，当然不可能成大器。所谓大器，就是器量大、器识远，造就这样的人当然需要多方面的精神教养。其中有一项，就是对历史文明有一定的学养。王国维认为，从器的理解与观赏训练入手，也是重要的途径。王氏谈古雅对教育的意义时说：

> 至论其实践方面，则以古雅之能力，能由修养得之，故可谓美育普及之津梁。虽中智以下之人，不能创造优美及宏壮之物者，亦由得修养而有古雅之创造力。又虽不能喻优美及宏壮之价值者，亦得于优美宏

壮中之古雅之原质,或于古雅之制作物中,得其直接之慰藉。故古雅之价值,自美学上观之,诚不能及优美及宏壮,然其自教育众庶之效果言,则虽谓其范围较大,成效较著可也。[12]

如此熏陶,人定然不俗,而俗正是大器的敌人。以识雅器而有雅量,无论古今,都是君子的品格所在。一个优雅的社会,由此而有希望。

(原载《哲学研究》,2005年第7期)

---

[12] 王国维:《古雅在美学上之位置》。

四

道器形上学新论[*]

"形而上学"(简称"形上学")是个久假不归的重磅词。这个词原本有中文的经典出处,但在它被用来与西文的metaphysics配对翻译之后,一会儿是研究存在(being)性质的学问,一会儿是孤立、静止、片面的思想方法的代名词,最近还被用来当作断定中国传统没有哲学(philosophy)或哲学不够正宗的依据。了解这个词被"借出"后的是非得失或恩怨情仇,堪比研究一部西方哲学在中国的接受史。但本文不准备承担这一任务,而是打算把它悬搁起来,或者说让"形而上学"与metaphysics暂时脱钩,以便回到它的本义上。"形而上者谓之道","形而上"在历史上的首次出场,就是与中国哲学最核心的范畴"道"搭戏而来的。在中文语脉中掌握它的要义及演变,同时揭示其内涵与古典中国文化经验的内在联系,对今日做中国哲学来说,是更值得努力的工作。虽然,这个"形而上"的对象究竟是什么,我们不敢妄称知"道"。但是,它如何呈现在我们的思想传统中,则

---

* 本文系作者在北京大学"严复学术讲座"(第13届,2021年12月8日)所做同名报告基础上改写而成,感谢主办机构的邀请。"新论"相对于旧作《说器》(《哲学研究》,2005年第7期)而言。

可以尝试通过反思来探索。意义就存在于隐蔽的精神机制之中。

1. 观器

"道"不只是哲学概念,诸子百家都言"道"。《庄子·天下》就感慨"道术将为天下裂",因此,"道"也是古典思想文化的核心词语。近代章太炎《原道》,就以为诸子言道,多指治国理政的方略,或者道术。[1] 实际上,只有道家特别是老子,还有《易传》所言之"道",才具哲学的意味,因为其"道"已成为反思的对象,故老子说它视之不见,听之不闻,博之不得,《易传》则称它为"形而上者"。两者套路相近,但后者透露出与历史文化关联深厚的信息。"形而上者谓之道,形而下者谓之器",道器匹配,由此入手,可以打开进入古典文化世界的思想门径。

道若隐若现,器则触目皆是,问道莫若先观器。《说文解字》说"器"字"象器之口,犬所以守之",大概指起源于器皿之意。有若干儒家经典,集中保存了三代关于器的基本信息。以《易·系辞》、《礼记·礼运》和《尔雅》为例,《系辞》概述了从"观物取象"到"观象制器"的原理:"圣人有以见天下之赜,而拟诸其形容,象其物宜,是故谓之象。""见乃谓之象,形乃谓之器,制而用之谓之法,利用出入,民咸用之谓之神。"同时,借对《易经》卦象功能的揭示,

---

[1] 以道为术的集中见解,可参张舜徽:《周秦道论发微》,北京:中华书局,1982年。

概括描述了器的发明史。从"古者包牺氏之王天下"到"神农氏作",再到"神农氏没,黄帝、尧、舜氏作",即从狩猎到农耕及早期工商时代各种器物的产生或应用。内容包括生产工具与生活用具,前者如"作结绳而为罔罟""斫木为耜,揉木为耒""服牛乘马,引重致远""弦木为弧,剡木为矢""断木为杵,掘地为臼",后者如"垂衣裳""易之以宫室",等等。《礼运》则论述从"夫礼之初"到"礼之大成"的整个过程与社会、精神生活发展的关系,同时展示对各种器具及其应用的描写。如祭祀活动中,酒食的陈列和告祝的对象、内容,以及期盼的社会效果。这些器具称作礼器,包括如麻丝、布帛、台榭、宫室、牖户、鼎俎、簠簋、笾豆、铏羹等由日常生活用具移用而来的器物,也有特别为礼仪制作的琴瑟、管磬、钟鼓等。《尔雅》作为古典辞书,除专门的《释器》外,还有专篇的《释宫》和《释乐》。简言之,器的制作与运用,覆盖着物质、社会和精神(宗教与艺术)等人类生活的各个领域。器是人类力量(物质与精神)的见证。

器为有形之物,但与一般自然物不同,器是人为达到特定的目的而制作或利用的物品。上述文献展示的器物可分两大类:一类是实用物,即利用材料的物理特性制作的生活与生产用具,它直接满足人们对物质生活的需要,是社会生活甚至文明发展的基础。另一类是象征物,它是用以表达观念与社会行为的器具。象征物的价值不在于其材料特性,而在于被赋予的某种非物理的精神意义。人可通过对其做特定的操作(设置或展示)来表达自己的行为意愿。礼器是其中之大宗，它既可用于致敬鬼神，也可用于规范人伦，如别贵贱或辨主客。礼器可以从实用物转手，也可以特制，如各种旗帜、佩饰及乐器，包括权力的象征，如古代的九鼎或帝王的服饰、玉玺。此外，还有另一些似乎也是象征物，但与一般礼器功能很不一样的器类，这就是货币与文字。

《系辞》说，"日中为市，致天下之民，聚天下之货，交易而退，各得其所"。这是对早期商品交易的描写。其中的"货"即货物或商品，本为日常用品，一旦以物易物，物就变成"货"，交易时其作为用物的使用价值便转变为作为商品的交换价值。虽然使用价值是其交换价值的基础，但货的意义在后者。后来便发展出用于代表一般交换价值的特殊商品"货币"。货币的作用包括价值的计算、储存与交换等。它就是象征物，即表示财富的符号。但它不仅代表财富（不是某种具体的财物），同时还通过交换提供财富在社会间流动的机会。原始的货币有贝壳、玉石，后来是黄金白银。把它们当作"器"，虽然其"器用"很特别，但很好理解。而且，一开始这"物"还有一定的材料价值，变成纸币后，材料价值与交换价值便完全不对称。当人们看到货币时，并非看到金银或钞票，而是直观到财富，发财致富直接就是赚钱。结果是，货币僭越价值，手段取代目的。现在又有数字货币，只有"象"而没有"形"，连物质形态的材料都不需要。这意味着，随着技术的发展，价值对载体的需要变得可有可无。货币只是财富或社会经济价值的符号。

不若钱币，文字很少被人当作一种"器"。但是《系辞》说，"上古结绳而治，后世圣人易之以书契，百官以治，万民以察"。结绳就是在绳子上打结,用于提示某种事实。"仓颉之初作书,盖依类象形,故谓之文。其后形声相益,即谓之字。文者,物象之本;字者,言孳乳而浸多也。著于竹帛谓之书。"(《说文解字序》)"书"原本应是刻画出来的某种符号。"契"是两片骑缝上刻有记号的竹子的拼合。故书契可能是用于比对契合(或符合)的符号,它携带着让多人能够共同确认的信息,类似于兵符。今天已知道,汉字的前身是更早的甲骨文。那些刻在动物骨骸上的类象形符号,其传达意思的复杂性,远非结绳可比。象形为文,声读成字,刻写成书。在特定的固体材料上镂刻某种符号,并以其作为某种信息的载体,完全符合制作器物的定义,只是它不是实用品而是象征物而已。那么,通常我们为何不把文字视为器呢?原因在于,作为载体的材料从石壁、木板,到甲骨、竹帛,再到纸张,甚至银幕、荧屏,不断变换,让人感到文字是脱离物质材料而存在的。虽然字义不能离开字形,但阅读现象学揭示,我们的阅读体验是,当眼睛读到文字符号时,意识注意的不是字形,而是直接指向字义,包括被字义唤起的意象或观念。[2]而且,阅读以意群组合的方式进行,而不是先辨识一个个的字形,然后再串联起来认识。除非你不是阅读文章,而是欣赏书法。[3]同时,文字可以转化为声音,

---

[2] [波兰]罗曼·英加登:《对文学的艺术作品的认识》,陈燕谷、晓未译,北京:中国文联出版社,1988年,第16—21页。
[3] 海德格尔曾引述日常的观点:"相反,当我们把数字'5'也叫做物的时候一定会犹豫不决,人们不能抓到数字,既不能看到也无法听到。同样,'天气真糟糕'这句话也不应该被当作一个物,单独的一个词'房子'更不是物。我们直接把'房子'这个物和指称这个物的(转下页)

当阅读转化为朗读时，听者不需要文字而是借助语音，便可获得相应的意义。字的形质一旦被忽略，作为"器"的形象就容易被漠视。当然，与日用器具相比，文字从器到义，需要以字形作为中介。此即文字呈现在材料上，而字义寄寓于字形中。这情形，颇类于从钞票直观到财富，对钞票的质地与图案常常不放在眼里，两者结构是一致的。

如果要归类，文字与货币，关系最密切。一开始，两者对材料的选择都有一定的要求，文字所附着的材料，需要合适的质地，货币则要求相对稀缺的物品。但两者的发展过程表明，材料只是临时的载体，意义在于其符号价值。不过，货币的意义单一或者抽象，它把所有的财富或物质的使用价值均折算为"价值"，把财富均质化，并以价格标示出来。其信息内容的区别，只靠文字中的数字便能显示。它可以储存，也可用来处理财富交换与流通。文字则是信息最基本的载体，其负载的内容丰富复杂。不仅思想，甚至物质都得借助它才能交换或流通。货币的数字也属于文字。与实用物的价值受制于人的生物需求不同，象征物的功能是社会形成的。之所以称象征物，是因为它起源于"象征"的思维机制。[4]如"观物取象"和"观象制器"，包括象形文字，一

（接上页）词区分开来，还有那些我们在某种场合保留或背离的立场或看法，我们也不把它们称为物。"见［德］马丁·海德格尔：《物的追问》，赵卫国译，上海：上海译文出版社，2016年，第4页。正常情况下，没有人会因为字有形而视其为物，如"5""房子"也然。但"房子"这个词作为有形之字，与其所指称对象的物，是不同层次的"物"。海德格尔对此未能加以区分。

[4] 参见陈少明：《作为精神现象之"物"》，《孔学堂》，2021年第4期。

开始都是可以直观的，意义复杂化或影响扩大以后就靠约定。有些约定依习俗，有些则靠制度化。部分象征最终演变为需要定义的符号。礼器、货币与文字，都在不同程度上存在着这种情况。

更特殊的器，不是物，而是人。拟人为器，并非新观点，而是从孔子开始的。《论语·八佾》中，孔子批评"管仲之器小哉！"《公冶长》中则把子贡比喻为有类于"瑚琏"的礼器。然而在《为政》中，孔子又声言"君子不器"。夫子重器，主要是礼器。其关于人的观点，往往依礼的立场，评价对象所起的作用或所处的位置。循此思路，每个人首先有自立的身体，即形。虽然生育不是制作，但对人的养育是一个寄托着希望的过程。不但父母有培养子女成才的理想，社会与文化也有施加其影响的价值标准。所谓成才，即是成器。其他生物再重要，如果不与人的生活产生关联，都不会独立列入器的范围，因为它们没有人所寄托的理想。器需要保养维修，所以人不但要培养，还要修养。修养不只是修心，还要修身。[5] 身不仅是心的载体，也是礼的承担者。有个专门词叫"躬"，指礼仪式的身体，如"鞠躬"或"躬行"之"躬"。要讲究容颜（所谓"色难"）甚至涵养气象。器是制作（或培养）出来的，但投入运用才显示其意义。然而，人有自我，而非人之器物则没有。自我包含形之神，或身之

---

[5] 参阅陈立胜：《轴心时期的突破——"身"何以成为"修"的对象？》，见《从"修身"到"工夫"：儒家"内圣学"的开显与转折》，台北：台湾大学出版中心，2021年，第67—72页。

心。自然器具是由人使用的，人则不然，人既受他人的支配，也可能支配他人，更要自我支配。成器是社会的观点，成己则是自我的要求。自我的要求既有接受社会要求或同社会要求妥协的一面，也有生命体的内在表达。后者除饱暖情欲外，还有身体机能的展示，如歌咏、舞蹈或运动。此外，更重要的是，这个作为自我的"神"（或"心"）在支配、利用物的同时，还产生一套相关程序及其理想的观念。

这样排列下来，器物世界可分五个层次，分别为自然物（器物的资源或"物欲"的对象）、日用物（生产与生活用品）、象征物（礼器、艺术品与文物）、功能物（从象征物中派生的物，如货币、文字）与人物。人物几乎是不为人注意的器。人作为器，既在整个器物系统之中，又在器物系统之外。人是器的组成部分，但器也为人所设。"君子不器"，人还有超然器外的抱负，是唯一会否定自身为器之"大器"。观器虽未必见道，但探其形之大略，则庶几找到进入文明之门的路径。

2. 即器言道

道器相连，从道的观点看器，器可能就是道坚实的身躯；但从器的立场观道，则道是器曲折的投影。器之道，即器的各种作用、用法和秩序。先讲基础的器，实用器具。每一种器具都有特定的作用，衣裳可以保暖（或遮羞），车舟用以致远，宫室适于居住，刀枪用于战斗。更早的石块，基于形状或大小的不同，可以当作武器、刀具，甚至椅桌。器与自然物的差别，在于我们赋予它一定的用途。这种用途或者目的，不是在制造时预先设计的，就是在选用时打量盘算的。早期的用品，特别是那些制作成分不高的简易器物，如石器，或者盛具、衣衫，作用是一目了然的。器的制作（或选择）与使用，可以由同一个人直接操作。即使是结构稍复杂点的车马，由于古代技术变化缓慢，即便局部有所变化，人们也能触类旁通加以利用。车用马拉，或者用牛、用骡，甚至用人，都不妨碍大家把其当车用。也就是说，很多实用器具从器形就可以直观到其器用。因此，道器相即，不必离器言道。借另一种说法，叫体用不二，或显微无间。

然而，在技术进步之后，更复杂的器具出现，制作者与使用者，便不是同一个人了。器的目的，首先存在于制作者的构想中，通过设计制作才成为器内在的用途。而这种作用是潜在的，只有通过正确的使用，这种内在作用即器之道才能得到实现。虽然常人都知道马车、牛车，但对诸葛亮的木牛流马就未必知道。掌握其驾驶技术的士兵，就能御器致用，不能掌握者，即使拥器也未见得知"道"。随着科技的发展，更分离出两套技术，一套是设计制造，一套是使用操作。制造者考虑如何操作，操作者则不必知道如何制造。由于器的作用是通过操作体现的，有可能存在使用者不懂或错误操作的情形，这就是器、道分离的现象。当然，这不等于说，原始的器具就没有操作的差别。想想《庄子》中解牛的庖丁就知道。庖丁解牛的那把刀，原本平淡无奇。使用类似的刀，有人一月一换，有人一年一更，庖丁一把刀愣是用了十九年，还完好无缺，宛如新刀。原因在于他比别人技高一筹。庄子笔下这类神乎其技的人，如挥斧斫垩的匠人，操舟若神的津人，堂下斫轮的轮扁，用器都极简单或普通。庖丁的答案是"臣之所好者道也，进乎技矣"。操作要领是"以神遇而不以目视，官知止而神欲行。依乎天理，批大郤，导大窾，因其固然"。这个"天理"也就是"道"。这样看来，还得区分两种操作技术，一种是知识复杂，但动作简单，典型者如算盘的使用；一种是知识简单，但动作微妙，需要全身心综合运用，如解牛。一般来说，现代技术的发展，导致现代器械的操作越来越偏向前一类型。但不意味着后一类技术会被淘汰，技艺性的能力在艺术、体育等大众热爱的事业中绝对不可或缺。重要的还在于，这种通过技的运用体现的道，意味着道不是一种抽象观念，而是实践过程。[6]用器之道，从人类支配、征服自然开始。

用器之后，再讲礼器。礼的意义，就是树立权威，维护秩序。《中庸》描述礼器、礼仪与礼义三者的关系：

> 春秋，修其祖庙，陈其宗器，设其裳衣，荐其时食。宗庙之礼，所以序昭穆也；序爵，所以辨贵贱也；序事，所以辨贤也；旅酬下为上，所以逮贱也；燕毛，所以序齿也。践其位，行其礼，奏其乐，敬其所尊，爱其所亲，事死如事生，事亡如事存，孝之至也。郊社之礼，所以事上帝也，宗庙之礼，所以祀乎其先也。明乎郊社之礼、禘尝之义，治国其如示诸掌乎。

---

[6] 参庞朴：《解牛之解》，见《当代学者自选文库：庞朴卷》，合肥：安徽教育出版社，1999年。

荀子的概括更简洁:"上事天,下事地,尊先祖而隆君师。是礼之三本也。"(《荀子·礼论》)这"三本"即权威,包括宗教的、血缘的与政治的。秩序则是等差有别:"君子既得其养,又好其别。曷谓别?曰:贵贱有等,长幼有差,贫富轻重皆有称者也。"(《荀子·礼论》)"三本"是礼之权威的根源,"养"与"别"是礼的功能。《礼运》的"夫礼之初,始诸饮食",说的就是"养"。不过不限于饮食,衣衫、宫室也是养的条件。食也有从茹毛饮血到熟肴甘醴的变迁。《中庸》的"设其裳衣,荐其时食"是"养",而"序昭穆"或"序爵""序事""序齿"则是"别"。"事死如事生,事亡如事存。"《礼运》也表明,从"养生送死"到"事鬼神上帝",都有成熟配套的制度安排。目的便是"以正君臣,以笃父子,以睦兄弟,以齐上下,夫妇有所"。"别"就是等差安排,也即"序"。所以,孔子对季氏"八佾舞于庭"难以容忍,因不守礼而责"管仲之器小哉",斥提议缩短"三年祭"的宰我"不仁",都是基于尊礼的立场。

祭礼上,"故玄酒在室,醴酸在户,粢醍在堂,澄酒在下。陈其牺牲,备其鼎俎,列其琴瑟管磬钟鼓,修其祝嘏,以降上神与其先祖"(《礼记·礼运》)。祭器是特定的重要礼器,其中很多盛放食物的器皿,是借用或复制日常食具而来的。但其作用,并不通过饮食过程体现,而是在祭仪上展示。祭器的使用过程,除"陈其宗器,设其裳衣,荐其时食"外,祭拜者的身份与位置,祝告文辞,还有音乐的选择,也特别重要。所谓"践其位,行其礼,奏其乐",就是祭祀行为。这种情况下,人就是礼器系统的一部分,意义就在这个程序中。程序是礼仪的要求，它可能有一个发展的过程，但又是相对定型，在一个共同体内一起遵守的。孔夫子入太庙要"每事问"，问的就是这些复杂的规程。他说："俎豆之事，则尝闻之矣；军旅之事，未之学也。"(《论语·卫灵公》)"俎豆"指的就是礼器。孔子的礼乐知识是通过问或闻，即学习得来的，不是自行主张的。礼需要学习和训练。整个祭祀活动中，最重要的是拜祭的对象。与其他各种器的展示不一样，它是不现身的。神对祭品的享用，常人也看不到。但是，"祭如在，祭神如神在。子曰：'吾不与祭，如不祭'"(《论语·八佾》)。道场一开始，神灵就自然在。因此，祭之道，就在于从可见的活动中看到不可见的神。祭礼、丧礼相类，《礼记·问丧》有"辟踊哭泣，哀以送之，送形而往，迎精而反"，意味着故者的"形"即将消逝，返留回来的只是脱离形体的"精气"。生命是身心统一体，在生曰心，逝后称精或神。日后，其精（或神），就借祭场而莅临。这就是祭的意义，或祭之道。当然，也存在追求"俎豆"与"军旅"结合者，秦始皇陵中秘藏的兵马俑军团就是历史的见证。

《礼运》提到祭礼上酒的种类很多，"玄酒在室，醴醆在户，粢醍在堂，澄酒在下"。故酒具自然少不了，虽然没有具体的描写。酒不是生存必备的食品，它耗费粮食，对精神能产生刺激，属奢侈品，是有身份的人才能享受的。与之相应，酒具也与尊贵相联系。《礼记·王制》说"五十而爵"，爵原本就是酒杯，是上了年纪的人在乡饮酒礼上的待遇，是被尊重的表现。爵位或爵禄由此而来。[7]而尊重的尊原本也是酒器，尊贵或者尊敬，也与此关联。体现高品质生活的酒具，成为尊贵的象征，因此进入礼器的行列，它既能服侍生者，也可关怀逝者。一般用品未必有此资格，文献中就鲜见把农具当礼器的现象。不过，成为最重要礼器的用具还不是爵或尊，而是大型的钟与鼎。钟鸣鼎食，钟鼎同列，但"大名鼎鼎""一言九鼎"之"鼎"更被器重。《周易》鼎卦："巽木于下者为鼎，象析木以炊也。"这是说鼎原本为炊具。《汉书·五行志中》则说："鼎者，宗庙之宝器也。"传说中，九鼎成了三代王权的象征。《左传·宣公三年》所载的"问鼎"事件，就把鼎与王权盛衰的关系，从鼎盛到鼎革的变迁与缘由说得十分透彻。

一件或一种器物，可以从日常食具，到财富的体现，再到权势的标识，以及敬神的祭器，甚至化身王权的象征。此外，还有成为艺术品及文物的可能。艺术性与器的其他作用或功能是可以共存的，器形及纹饰的选择或设计，一开始可能服务于器的基础作用或功能，如上述被问之"鼎"，"铸鼎象物，百物而为之备，使民知神、奸"（《左传·宣公三年》）。其中"象物"之举，原本是认知神、奸的图标。但采取象征的思维方式，与艺术途径相同。一旦脱离其原初的思

---

[7] 参阅步克：《先秦礼书所见"五十养于乡""五十而后爵"新解——父老体制与爵制起源》，北京大学人文社会科学研究院，"文研讲座"第221期（2021年10月3日）纪要。

想背景，图案或纹饰就会成为艺术形式。[8]事实上，青铜器也发展出独立的艺术形式，如著名的马踏飞燕。如果这些或用具、或礼器的器物传之后世，其功能就转变成文物。艺术的制作及文物的专业鉴定与普通鉴赏同样是可以分离的，鉴赏就类似于用具或仪式上操作的技术，是艺术或文物实现其价值的最终步骤。器物的基本器形不变，但用途及意义则可不断跃升。这意味着，道的形态从实用到象征，从社会功能到精神价值，意义是多层次及变化的。其多样性既是共时态的，也是历时态的。即使是用具之器，也可以起不同的作用，例如一块石头，可以是武器、座位和建筑材料。这意味着器在实用的层次上，功能也是可以转化的。放眼中国文明，最大的器，莫过于长城，从秦汉到明清，万里绵延，它是"边墙"兼防御工事，后来成为卫国意志的象征，今日则为世界文化遗产。这并非错置或将就的结果，而是存在内在可理解的行为逻辑。器物是具体的、丰富的，但非杂乱无章的。从其发展与变迁轨迹，可以透视物质生活、社会生活、政治生活以及宗教或精神生活诸多意义的有序叠加。文明就奠基在器物上。即器言道，就是从器的使用中理解其作用或

---

[8] 西美尔说："对象从实用价值到美学价值的整体发展是一个客观化的过程。当我称一个对象为美时，较之它仅仅是有用的，它的性质与重要性都变得更为独立于主体的安排与需要。只要客体仅仅是有用的，它们就是内在可交换的，并且每一件都能够被别的有同样用处的任何东西所代替。但是当它们是美时，它们就拥有了唯一的个别存在，并且一者的价值不能够被另一者代替，即使它可能以它自己的方式表现得跟另一者一样美。"见［德］西美尔：《货币哲学》，陈戎女等译，北京：华夏出版社，2002年，第17页，引文略有改动。

意义及其变迁。

3. 问道

虽然道器相即,但道不等于器,甚至有离器独立的趋势。分析、描述这种趋势,有助于把握"道"逐步观念化的轨迹。孔颖达对于道器的区别,有一则很经典的表述:

> "是故形而上者谓之道,形而下者谓之器"者,道是无体之名,形是有质之称。凡有从无而生,形由道而立,是先道而后形,是道在形之上,形在道之下。故自形外已上者谓之道也,自形内而下者谓之器也。形虽处道器两畔之际,形在器,不在道也。既有形质,可为器用,故云"形而下者谓之器"也。(孔颖达:《周易正义》)

简言之,道无体而器有形。为什么用上下表示无有?大概是来自《系辞》"在天成象,在地成形,变化见矣"的观点。天在上,地在下。天之象不是实体,是视觉现象,所以无形。相对而言,器置于天下即大地,故有形。器之形呈现在三维空间中,不仅容易观察,甚至还能触摸。撇开孔颖达"道本器末"的观点不论,我们首先面对的是看得见的器。器之道,包括作用、用法、价值或意义,不是另外的实体,它得通过不同的器来体现。而其体现程度的差别,就形成不同的"能见度"。一般来说,日常用物的作用最容易观察到。椅子可坐,衣服可穿,刀枪可以攻击敌人,一看便知道。复杂一点，如单车，虽然有人不会骑，但看到别人使用后，就知道它的用途。更复杂的机械也如此，只要有人操作，作用就显示出来。你不需要有复杂的观念或知识，也不必有与大家协调一致的观点，便能看出其端倪。但是，那些具有社会意义的器物，如各种礼器，如果你不了解相应的文化背景，是没法看出它的意义的，即使观看其操作过程也如此。需要相应的风俗或制度的知识，才能理解使用器具的行为与意义。用具的作用是可以观察的物理现象，象征物的意义则不能直观，需要思考。依塞尔的观点，他给制度性的"物"提出了一个"构成性规则"：X在C中算作Y。以货币为例，即在特定的经济制度中，那叠花花绿绿的纸片，应该"看"作货币。没有制度背景及其知识，眼睛看到的只能是图片。钞票只因附着在货币制度上，其价值才得以实现。[9] 但制度是人、事、物互相联系的行为体系。其规则虽然不像物理规律那样客观，却也不是任何个人任意决定的结果，而是具有社会的规范性。货币的使用规则就是它的道，它的"能见度"显然低于日常用具。因为它不是看一两眼就能明白的，需要有理解的过程。不过，更难客观化的可能是精神性的事物的意义。如古器或文物，其价值在于其出处或经历与历史的关联。但这些器物本身不一定携带相关的历史信息，即便有所标示，没有相关知识或者缺乏历史感的人，也没法感受其价值，即看不出任何奥妙来。祭祀场面中，盛满食物的器皿，是为神祇或亡灵的享用准备的。只

---

[9] [美]约翰·R.塞尔：《社会实在的建构》，第34—45页。

有拜祭对象在场，意义才能实现。但是，《中庸》说："鬼神之为德，其盛矣乎！视之而弗见，听之而弗闻，体物而不可遗。使天下之人齐明盛服，以承祭祀。洋洋乎！如在其上，如在其左右。"即是说，祭祀场合中，拜祭对象的"能见度"几乎是零，只有靠"事死如事生，事亡如事存"，或孔子的"祭如在，祭神如神在"的信念来保证。因此，虽然道不离器，但因器类的不同，其能直观的程度存在从显到隐的变化。把它作为对象来描述，就是从有到无的现象或过程。所以，《中庸》也说："道也者，不可须臾离也，可离非道也。是故君子戒慎乎其所不睹，恐惧乎其所不闻。莫见乎隐，莫显乎微，故君子慎其独也。"绝不能因其看不到，就当其不存在。

从道器合一，到道行于诸器之间，再到道可离器独立，道的存在便需要提醒与警示。除了以某种仪式展示外，对于不能直观其价值或意义的器物，要把价值或意义传达出来，其途径就是通过语言文字进行标示，即起"名"。将其铭刻在器物上，即器铭。儒家就既重器，也重名。孔子说："唯器与名，不可以假人，君之所司也，名以出信，信以守器，器以藏礼，礼以行义，义以生利，利以平民，政之大节也。"（《左传·成公二年》）对此，阮元的解释是：

> 器者所以藏礼，故孔子曰："唯器与名，不可以假人。"先王之制器也，齐其度量，同其文字，别其尊卑，用之于朝觐燕飨，则见天子之尊，锡命之宠，虽有强国，不敢问鼎之轻重焉。用之于祭祀饮射，则见

功德之美，勋赏之名，孝子孝孙，永享其祖考而宝用之焉。且天子诸侯卿大夫，非有德位，保其富贵，则不能制其器；非有问学，通其文词，则不能铭其器。[10]

名是名分，界定权力与责任，器是权位的象征，名器匹配，便能循礼行道。楚子"问鼎"，暴露出他对名器关系的无知："楚子伐陆浑之戎，遂至于雒……定王使王孙满劳楚子。楚子问鼎之大小轻重焉。对曰：'在德不在鼎。昔夏之方有德也，远方图物，贡金九牧，铸鼎象物，百物而为之备，使民知神、奸。……桀有昏德，鼎迁于商……商纣暴虐，鼎迁于周。德之休明，虽小，重也。其奸回昏乱，虽大，轻也。天祚明德，有所厎止。成王定鼎于郏鄏，卜世三十，卜年七百，天所命也。周德虽衰，天命未改。鼎之轻重，未可问也。'"（《左传·宣公三年》）楚子问"大小轻重"，关心的是器之形，而非器之道，以为据器就拥有权力。王孙满义正词严，告诉他权力之道"在德不在鼎"，见器而不知"道"，是没有器识的表现。

用鼎是一套制度，制鼎与拥鼎是需要资格及有等级的区分的。除传说中的九鼎，《广雅疏证》释鼎还提及有牛鼎、羊鼎和豚鼎之分："牛鼎受一斛，天子饰以黄金，诸侯白金。羊鼎五斗，大夫饰以铜。豚鼎三斗，士饰以铁。"大小与用料是级别的呈现。鼎被器重，除了象征权力的原因，

---

[10]（清）阮元：《商周铜器说上》，见《揅经室集》上，北京：中华书局，1993年，第632页。

还有纪念、赏功、赠礼等的需求。不同的鼎有不同的用途，需要命名甚至需要有叙述缘由、表彰荣誉的铭文。如商王为祭祀其母定制的，刻有"后母戊"三字的大方鼎。又如刻有近五百字铭文，记述周王重用毛公治国理政事迹的毛公鼎。还有记载中春秋时晋国的铸刑鼎。《礼记·祭统》中云："夫鼎有铭。铭者，自名也，自名以称扬其先祖之美，而明著之后世者也。"郑玄注："铭，谓书之刻之以识事者也。自名，谓称扬其先祖之德，著己名于下。"一个鼎，单凭原料、器形和工艺，不足以将其复杂的意义传达出来，特别是跨世代流传之后，可能无人识其铸造的真相，只有文字铭刻其名或事情缘由，其价值才能呈现出来。在技术的层次上，名与器的结合，是"道"从不可见变成可见的重要途径。没有铭文，汤之盘"苟日新，日日新，又日新"的训言就不能复现。铜器如此，石器亦然。李斯为秦始皇歌功颂德所立的"峄山碑"，虽然碑石没了，但碑文被拓下并流传下来。这意味着，这种记载史事、宣示观念的"道"，也可以脱离原器，或转附于其他器物，最终独立成文，即意义通过文字的书写或刊刻而得以传世。

前面提及，字是一种"器"，它的器道关系由两个层次叠加而成。一个是物（材料）与字（形迹），一个是字形与字义。把字刻在甲骨上与刻在金属或石料上，都可以看作它的不同形式。关键还在于字形与字义的关系，字有形，是表达文的符号，同时字还有义，是其无形之道。因为文也可以从视觉形象（字）转换为听觉形象（言），即语音，"字-义"与"言-意"的结构是对称的。由于字的发明一开始是用简易图像表示不在眼前的事物，进一步简化发展成文字后，书写与保存相对简单的文字可以携载那些指涉庞大物理事件以及复杂思想内容的信息，大幅度提升、扩展了有限器物所象征的意义。同时，文字的传递相比于语言的传递，有更精确与长久的优点，这也让文字成了思想文化传承的根本途径。树碑是为了立传，几乎所有的碑都刻有文字。武则天的"无字碑"是个例外。不过，把它同她为唐高宗所立的写满五千字颂词的"述圣碑"相对照，这座"无字碑"的形制与纹饰之辉煌，并不逊色。这或许透露出立碑者对道器关系的理解有更"形而上"的品位，它可能得联系魏晋时代的"无弦琴"才能领悟。大概字与弦一样，都是"迹"，而非"所以迹"，前者是器而后者是道，刻意著"迹"反而是对"道"的遮蔽。[11]

回到孔子的正名观："名不正则言不顺，言不顺则事不成。事不成则礼乐不兴，礼乐不兴则刑罚不中。"(《论语·子路》) 名言相联系，名虽是称呼，但它包含名分的规定。特定的名分与言行必须匹配，才能名正言顺。这个名主要是社会身份或关系如君臣、父子。但还有另外一类名，它不是在制度秩序中定位对象的符号，而是命名者理想或信念的一种表达。因此，中国传统中大量儒家或道家所崇尚的道德术语成为人名的基本字库。儒家传统把人当作器，器与物

---

[11] 南朝梁萧统《陶靖节传》载："渊明不解音律，而蓄无弦琴一张，每酒适，辄抚弄以寄其意。"明代洪应明《菜根谭》："人解读有字书，不解读无字书；知弹有弦琴，不知弹无弦琴。以迹用不以神用，何以得琴书之趣？"

不同之处，在于器有制作目的，合于目的才能叫成器。目的就是人成器之道。父母或师长给子女、晚辈起名字，就寄托着对孩子人格或功业的希望。而那些有文化者给本人起的字号，更是对自己人生理想的期盼或鞭策。此即自我定位，或所谓明志。真诚者就以之为终生修身的目标。很多思想家的字号，如朱子称"紫阳"，陆九渊号"象山"，都是内涵丰富或深邃的思想符号。[12]当然，命名明志还有多种途径，给身边的事物——例如宫室，特别是书斋，甚至刀剑或文房四宝——起名，也是一种寄托。所以刘勰也说："铭者，名也。观器必也正名，审用贵乎盛德。"（《文心雕龙·铭箴》）

"盖文字者，经艺之本，王政之始，前人所以垂后，后人所以识古。故曰：'本立而道生'，'知天下之至啧而不可乱也'。"（《说文解字序》）无论是名还是文，正是文字的发明和运用，让"道"不局限于对物的物理利用，而能发展出一套相互协作配套的器用制度，同时具备对历史与未来进行回顾与想象的条件，最终发展出超越物理条件的思想价值或意义结构。文明之道从文字开始。

4. 救道：经世与玄思

器是具体或一件件的，也是分层次或可交叉分类的，整体的器是一个协调作用的人–器系统。道亦然，最广泛的道叫"天下之道"，是人与物相互嵌合的制度安排。它涉及

---

[12] 参郑泽绵：《从朱子与陆象山的字号看儒禅之代兴——经典世界中如何察名》，《中山大学学报（社会科学版）》，2022年第1期。

对器物的掌控、分配、操作与享用等复杂的关系。由此，每个人也视其出身、能力与努力被安置到特定的岗位上，这就是职位与阶级的形成。一开始可以是个自然形成的过程，慢慢会出现有能力的人，占据重要的位置，成为大人物。然后，这些大人物会按照自己的意愿调整制度结构。周公的"制礼作乐"，可以视作这类计划中最重要及最成功的实践。如果社会上大多数人在这种制度安排中不同程度地获益，且各自的利益相对平衡，社会就可以礼乐升平，或叫"天下有道"。假如运转过程中平衡被打破，名、器、位错乱，从而影响整个治理秩序，那就是礼崩乐坏，"天下无道"。孔子说：

> 天下有道，则礼乐征伐自天子出；天下无道，则礼乐征伐自诸侯出。自诸侯出，盖十世希不失矣；自大夫出，五世希不失矣；陪臣执国命，三世希不失矣。天下有道，则政不在大夫。天下有道，则庶人不议。（《论语·季氏》）

在孔子心目中，有道无道就是依据运用礼器的权力秩序是否正常来判断的。清代阮元的《商周铜器说》便是从政治角度论述器道关系的文字。文中提及鼎的转移，存在赐、赂与取三种途径。其中，"赐"是赏赐，"赂"是收买，而"取"是掠夺。除赐外，赂与取都是严重非礼的行为。这种现象，春秋后期屡见不鲜。"有以小事大而赂以重器者，齐侯赂晋以地而先以纪甗，鲁公赂晋卿以寿梦之鼎，郑赂晋以襄钟，齐人赂晋以宗器，陈侯赂郑以宗器，燕人赂齐以犀耳，徐人赂齐以甲父鼎，郑伯纳晋以钟镈是也。有以大伐小而取为重器者，鲁取郓钟以为公盘，齐攻鲁以求岑鼎是也。"[13]《左传·桓公二年》便记有臧哀伯指斥鲁公把宋贿赂的郜大鼎陈于太庙系"失德""违乱"的行为。当象征名分的器变成可以争夺的对象后，人们已经见"器"不见"道"。而失道之器其实只是废器甚至乱器。孔子作《春秋》，就是基于救道的热情：

> 世道衰微，邪说暴行有作，臣弑其君者有之，子弑其父者有之，孔子惧，作《春秋》。(《孟子·滕文公下》)

> 太史公曰："余闻董生曰：'周道衰废，孔子为鲁司寇，诸侯害之，大夫壅之。孔子知言之不用，道之不行也，是非二百四十二年之中，以为天下仪表，贬天子，退诸侯，讨大夫，以达王事而已矣。'子曰：'我欲载之空言，不如见之于行事之深切著明也。'夫《春秋》，上明三王之道，下辨人事之纪，别嫌疑，明是非，定犹豫，善善恶恶，贤贤贱不肖，存亡国，继绝世，补敝起废，王道之大者也。"(《史记·太史公自序》)

道废不是因为器亡，而是支配政治权力的礼器秩序的混乱甚至丧失。以守护礼义为使命的孔子编修经典，便是试

---

[13]（清）阮元：《商周铜器说下》，见《揅经室集》上，第633—634页。

图通过对历史经验的评述，恢复道的本来面目。章学诚认为，六经本身就是"器"：

> 道不离器，犹影不离形。后世服夫子之教者自六经，以谓六经载道之书也，而不知六经皆器也。……夫子述六经以训后世，亦谓先圣先王之道不可见，六经即其器之可见者也。后人不见先王，当据可守之器而思不可见之道，故表彰先王政教，与夫官司典守以示人，而不自著为说，以致离器言道也。夫子自述《春秋》之所以作，则云"我欲托之空言，不如见诸行事之深切著明"。则政教典章、人伦日用之外，更无别出著述之道，亦已明矣。[14]

对于章学诚的"六经皆器"论，需要引申我们的道器观来理解。道器是相对的，以钟鼎为器，则器铭为道。以铭刻的字形为器，则字义为道。但字义也有类型的不同。一开始，特别是象形文字阶段，字基本是指称经验中的事物，即有形可象的人、事、物。慢慢地，这些具体名词或动词，有了抽象含义，变成形容词或抽象名词。此即章太炎所说的，字义从表实到表德、表业的转化："语言者，不冯虚起。呼马而马，呼牛而牛，此必非恣意妄称也，诸言语皆有根。先征之有形之物，则可睹矣。……一实之名，必与其德若，与

---

[14]（清）章学诚：《原道中》，见（清）章学诚著，仓修良编注：《文史通义新编新注》，杭州：浙江古籍出版社，2005年，第101页。

其业相丽。故物名必有由起。"[15]这样，由字组成的文，便既能描述过去的事物，也能表达超越事物的思考。用经典学术的分类讲，侧重前者言经世，侧重后者谈义理。用道器关系表达，则经世为器，义理为道。孔子所言之道属于实践智慧，它扎根于历史文化之中。"见诸行事之深切著明"，即用周文来规范用器的行为。通过"贬天子，退诸侯，讨大夫，以达王事"，就是把是非、善恶、贤与不肖的观念表现出来，起到孟子所说的"乱臣贼子惧"的作用。这是孔子履行的救道使命。

道家与儒家的救道战略形成鲜明的对比。礼崩乐坏，丧德失道是孔、老共同面对的局面，但两者对症状的诊断不同，从而药方也不一样。作为"周守藏室之史"，"老子修道德，其学以自隐无名为务。居周久之，见周之衰，乃遂去"（《史记·老子韩非列传》）。[16]面对乱世，孔子认为，需要拨乱反正，回归周礼规范的秩序，恢复天下有道的局面；而老子则认为，问题在于人们对权势与财富的贪婪，陷溺太深，故器乱而道蔽。在道器错乱的局面中，当务之急不是徒劳地整顿器用的秩序，而是把道拯救出来，这才是长治久安的正途。出路在于道器脱钩，弃器扬道。故《老子》反复强调："天下神器，不可为也。"（第二十九章）"夫兵者，不祥之器，物或恶之，故有道者不处。"（第三十一章）"民多利器，国家滋昏；人多伎巧，奇物滋起。"（第五十七章）其最

---

[15] 章太炎：《语言缘起说》，见《国故论衡》，上海：上海古籍出版社，2011年，第31—32页。
[16] 年代上老子在孔子之前，但由于《老子》有一个成书的过程，传世文本的思想包括后期加入的内容，因此，本文将孔、老做平行的对比。

理想的社会是:"小国寡民。使有什伯之器而不用,使民重死而不远徙。虽有舟舆,无所乘之;虽有甲兵,无所陈之。使民复结绳而用之。"(第八十章)老子有器而不用,干脆连文字都想放弃。这种"反器"的思想,在《庄子》中也有回响,如《天地》中为圃者对抽水机械的拒绝:"有机械者必有机事,有机事者必有机心。机心存于胸中则纯白不备。纯白不备则神生不定,神生不定者,道之所不载也。"这也是对老子重道轻器的呼应。投射在现实中,老子把处世置于经世之先,其方略便是遵循"反者道之动"的原则,人先己后,知雄守雌,若水若愚,谦虚濡弱……总之,是一系列不仅与儒家,也与世俗相反的价值取向。

因此,救道就是摆脱器的纠缠,在思想上提高道的位阶,给道重新定位。老子的道,是离器、无形、非名之道:"道可道,非常道;名可名,非常名。"(《老子》,第一章)"视之不见名曰夷,听之不闻名曰希,搏之不得名曰微。此三者不可致诘,故混而为一。其上不皦,其下不昧。绳绳兮不可名,复归于无物,是谓无状之状,无物之象,是谓惚恍。"(《老子》,第十四章)"大方无隅,大器晚成,大音希声,大象无形,道隐无名。"(《老子》,第四十一章)在道的"能见度"的分析中,道的可感性的下降,与其同器物以至经验事实直接关联度的减弱是相联系的。演变的最终结果,不仅是将道诉诸文字,甚至是将道寄托在不可做经验描述的抽象观念上。《老子》五千言,几乎没一字涉及任何具体的时间、地点、人物、事件。故说"吾不知其名,字之曰道"(《老子》,第二十五章)。"道"这个高度抽象的概念,原本也是从器演变而来。从文字上看,"道"原本是走路,后来成了路。路便是器,其用途是通向目的地,目的从具体变为抽象后,道也成为抽象的手段,成为方法或原则。方法或原则进一步抽象化,便成为不可捉摸、难以言说的"道"。因此,老子的道成为最玄虚的概念。

孔、老两种不同的救道方略,都是以退为进。老子是"见周之衰,遂退",是"功成身退"。孔子则是知"时之不用,道之不行",才退而修《春秋》。孔子知其不可,但积极编修经典,仍然关怀世道人心;老子则不得已,为了过关西去,留下那五千言,作为买路钱,是看破人心世道。一个是经世之道,一个是玄思之道,在中国文化中,分别成就了史学与哲学。

5. 形上学的衍生

老子认为,世道乖离的问题,在于人们心目中只有器而没有道,充满对财富、权势的占有欲。治这种病根的途径,不是即器言道,而是轻器重道,甚至弃器扬道。有形为器,无形为道。"道"视之不见,听之不闻,搏之不得,就是"无"。"无"是一个关键词。"无"不仅与"有"相反相成——"埏埴以为器,当其无,有器之用"(《老子》,第十一章),而且"无"是"有"的根本——"天下万物生于有,有生于无"(《老子》,第四十章)。庄子心领神会,把"无"理解为以道观物的态度:"古之人,其知有所至矣。恶乎至?有以为未始有物者,至矣,尽矣,不可以加矣!其次以为有物矣,而未始有封也。其次以为有封焉,而未始有是非也。是非之彰也，道之所以亏也。"（《庄子·齐物论》）至魏晋王弼，就把"无"的态度进一步转变为认知的结果："夫物之所以生，功之所以成，必生乎无形，由乎无名。无形无名者，万物之宗也。"（《老子微旨例略》）因为形是具体的，属于"有"（或存在）的领域，但任何特定的现象都不能成为事物的普遍基础。故作为基础的性质不能是某一具体的特征，其最基本的特征只能是抽象的"有"，类似于庄子说的"以为有物矣，而未始有封也"。有物而不能区分识别，等于"无"。王弼以为，"无"才能成其大，贯通无碍而至于"道"。道器问题便转化为无有问题，"道器形上学"衍生出"无有形上学"。

玄学之"无"与佛教的"空"有合流的趋势，所以韩愈《原道》强调，如果没有儒家的仁义及相应的生活方式加以充实，道家的道德就只是虚名，因此要求与佛、老划清界限。宋明理学在韩愈反虚无主义的方向上推进，针对玄学以无为本、以无为道的主张，张载提出"以气为本"的观点："知太虚即气，则无'无'。"（《正蒙·太和》）形与不形，是明与幽，即见与不见，而非有与无的问题。王夫之称赞张载："言幽明而不言有无，张子至矣。谓有生于无，无生于有，皆戏论。……幽明者，阖辟之影也。故曰是知幽明之故。""吾目之所不见，不可谓之无色；吾耳之所不闻，不可谓之无声；吾心之所未思，不可谓之无理。以其不见不闻不思也而谓之隐，而天下之色有定形、声有定响、理有定则也，何尝以吾见闻思虑之不至，为之藏匿于无何有之乡哉！"（《思问录·内篇》）船山反对把不见、不思等同于不在。实际上,朱熹的理学已经整合气学的观点:"天地之间,有理有气。理也者,形而上之道也,生物之本也。气也者,形而下之器也,生物之具也。是以人物之生,必禀此理然后有性,必禀此气然后有形。其性其形虽不外乎一身,然其道器之间,分际甚明,不可乱也。"(《答黄道夫》)这是以气释器、用理言道。由于气非固体且透明的特质,它可以化解王弼关于任何物的具体性均不具普遍性的难题。而理则把道的秩序感表现得更细致,加上以"天"饰"理",修辞上更加强了其普遍性的倾向。将理气与无有、道器比较巧妙的对位联系起来,"无有形上学"就被扭转为"理气形上学"。宋代道学被称为"理学",确有道理。

把宋儒的理气论同亚里士多德的四因说相比较,气类似于质料因,理则兼有形式、动力与目的三因。如果在道器、无有和理气三个模式中挑选,可能理气形上学的功能最接近于亚氏的形而上学。不过,理学也还不是研究所谓"物之物性"的知识问题,而是试图确定从社会到人生的规范根据。虽然"理气"衍生自"无有",但前者具有超过后者而接续"道器形上学"的意图,至少宋儒的道统是接续孔子的。然而,对照道器之"器"与理气之"气"就知道,两者虽然都肯定"有",但器有形,而气则聚散不定。每一件或每一类器都有其作用或意义,是不同层次或类别的道的承载者,而气是没有分别的,它只是无特征的抽象材料。把器物还原为物质要素是人类根深蒂固的世界观,无论是古希腊的四大元素还是中国的五行均如此。逻辑上,气比五行更基本或更彻底,是思维的推进。但气与器的关系,类似原材料与产品的区别，原材料不是产品。气的意义在于说明所有事物都是实有而非虚假的，但没有说明事物的区别。依然类似庄子的"以为有物矣，而未始有封也"。其实，没有具体形态的物，等于不是物，故庄子把它的位置同"无物"挨在一起。虽然理学家把区分的功能交给"理"，有"理一分殊"之说，但是，这个"如有物焉，得于天而具于心"[17]的"理"，如何塑造不同的器物及具体的人伦关系，则是有争议的。

海德格尔在探讨西方"存在形上学"的基本问题时，以"物的追问"作为焦点。他认为从古希腊以来的西方传统，一直围绕着"物之物性"的定义问题打转。而问题在于，我们对"物"的经验具有多样性，以及对"物"的捕捉被历史性所规定，这导致对之做抽象的概念理解，成果注定很贫乏。反观道器形上学，虽然器物连用，物中含器，器不离物，但它把焦点放在器上，因为器是人基于特定的目的而制作或选用的物品，具有人的因素。而对器物功能在共时态与历时态两个维度上的分析，正好是对其形象多样性与历史性的有力揭示。存在形上学以物的抽象为基础的真理问题，对道器形上学来说，则变成即器言道，展示道的具体性与丰富性的过程。表面上，两者的区别在于对象的选择，即物与器层次的不同，实际上，这种区别植根于两种思想态度的差

---

[17] 戴震："宋儒合仁、义、礼而统谓之理，视之'如有物焉，得于天而具于心'，因此以有为'形而上'，为'冲漠无朕'；以人伦日用为'形而下'，为'万象纷罗'。盖由老、庄、释氏之舍人伦日用而别有所谓道，遂转之以言天理。"见《孟子字义疏证》，北京：中华书局，1982年，第45—46页。

别。存在形上学的旨趣是认知的,而道器形上学的关怀是实践的。认知能以普遍之物为对象,而实践必须首先理解、掌握生活的器具。海德格尔引柏拉图《泰阿泰德》中泰勒斯在研究天象时掉进井中的段子,借女仆的话嘲讽哲学家:"当他想要把所有的热情都用于对天空中的物的探究上的时候,摆在眼前和脚下的东西就已经对他隐藏起来了。"[18]道器形上学可以避免这样的"哲学病"。回过头看,那些断言中国的形而上学不是西方形而上学的人士,观点也许是对的。可惜他们疏于对中国道器传统的理解,否则其观点可能会更深刻些。

回观中国,明末清初的王夫之,非常关注道器结构的实践意义,因此他强调"天下惟器":"天下惟器而已矣。道者器之道,器者不可谓之道之器。无其道则无其器,人能多言之。虽然,苟有其器矣,岂患无道哉?……无其器则无其道,人鲜能言之,而固其诚然者也。"(《周易外传》卷五)这种道器论,不只是对理气论的冷落,其器本道末的想法,实际上颠覆了重道轻器的观点。章学诚后来的"六经皆器"说,倾向与之相同。而"洪荒无揖让之道,唐、虞无吊伐之道,汉、唐无今日之道,则今日无他年之道者多矣"这种道随器变的呼声,对比"天不变,道亦不变"的陈词滥调,更是空谷足音。船山哲学近代以来得以回响,正是器道共变的时代特征的写照。回味经书古训,《诗》云:"周虽旧邦,其命惟新。"《书》言:"人惟求旧;器非求旧,惟新。"旧邦、旧人,讲的是继承;新命、新器,论的是开新。问题

---

[18][德]马丁·海德格尔:《物的追问》,第3页。

是，在前所未有的时代变局中，中华文明如何做到固本而能开新，或者开新且不忘本？从历史的长时段看，这是一道可能刚刚开始作答的考题。

结　语

人行走所成之路为器。关于道路选择的方案即道，道器之道。人、器、道三者，是道器系统的完整要素。回到历史的原野，考察每件或每类器物的出现与变化，包括功能的合并或意义的更迭，我们可以窥视文明的道路，从一条条小径的开辟，到网状的拼接、叠加和扩展，以至形成"天下之道"。从用器到礼器，从货币到文字，从物到人，从礼到道，道器形上学把文明理解为人类对器物的发明和器用规则的建立与发展的过程。这个过程推动相应的社会、政治制度的发展，同时，也促成精神文化的成熟。道器之"道"不必是一个超时空的形而上学"道体"，从人们践道、体道与问道的过程，可知"道"就是体现或潜藏在器物的生产、分配与使用中的规则、秩序与意义。它从依器而存的物理作用、社会功能，最终发展为人直接创造的精神产品。道器形上学，就是对意义形成进行思想追踪的学问。方法上，它可以借鉴知识考古学，从作用、功能到精神，对道的不同意义、方式之间的关联或转换进行深度的勘察。但我们的目标不是继续成就从词语向虫鱼还原的名物之学，而是通过有形与无形、在场与不在场相互转化的哲学分析，指向一种古典的精神现象学。

（原载《哲学研究》，2022年第10期）

五

作为精神现象之"物"

从哲学的观点看,生活中熟视无睹的现象,细究起来往往是深奥难测的问题。"物"就是这样的大概念,其指称的对象在经验中触目皆是。不仅当代中国哲学中的显学就称"唯物主义",甚至被指斥为"唯心主义"者的哲学家冯友兰,在其《新知言》中也断定,"事物存在"是一个随时随地可以验证的命题。[1] 不过,当将唯物史观应用到古典哲学的研究时,其焦点似乎不是由"物"这个词所标举的观点,而是用"器"或者"气"所表达的思想。《易·系辞》说,"形而下者谓之器",指的是事物的具体形状。而宋儒张载说,"知太虚即气,则无无"(《正蒙·太和》),谈的是物质的构成材料。把两者理解成"物"都没错。但古人也有"凡有貌象声色者,皆物也"(《庄子·达生》)这种很朴素的表达,为何直接论"物"的资料反而不受重视呢?这是耐人寻味的现象。在《经典世界中的人、事、物——对中国哲学书写方式的一种思考》一文中,我们曾提出一个问题,就是传统哲学史教科书论述的对象,往往是经典文献中表达成范

---

[1] 冯友兰:《三松堂全集》第五卷,郑州:河南人民出版社,1986年,第224页。

畴、命题或者抽象理论的内容，而很少论及文本中提及的人、事、物等具体经验现象。它关系到如何完整把握古典思想意义的问题。[2] 这三者中，物的问题表面上简单，但它远非作为知觉经验甚至物理探讨的对象可以限定的。打开物的另一面，有助于同时对自然世界和精神世界进行更深入的理解。一个现成的古典命题——观物取象，是我们入手的方便法门。

1. "观物取象"

这是《易·系辞》对上古圣贤掌握世界的思想方法的经典描述：

> 圣人有以见天下之赜，而拟诸其形容，象其物宜，是故谓之象。(《系辞上》)

> 古者包牺氏之王天下也，仰则观象于天，俯则观法于地，观鸟兽之文与地之宜，近取诸身，远取诸物，于是始作八卦，以通神明之德，以类万物之情。(《系辞下》)

这两条语录包含三个"象"字，作为动词的"象其物宜"之"象"，"是故谓之象"即卦象之"象"，以及"观象于天"之"天象"，虽然三者意义各不相同，但它还未涉及其本义，

---

[2] 参陈少明：《经典世界中的人、事、物——对中国哲学书写方式的一种思考》，《中国社会科学》，2005年第5期。

五 作为精神现象之"物"

即作为动物的大象之"象"。《韩非子·解老》的分析，对我们疏通诸象的关系，很有启发："人希见生象也，而得死象之骨，案其图以想其生也。故诸人之所以意想者，皆谓之象也。"只要看看《说文解字》上"象"字的写法，鼻子、眼睛、大腿、尾巴齐全，活脱脱就是大象的象形字。韩非说，没有见过活象的人，只看它的骨架造型，也能推想其血肉丰满的形态。就像今人据恐龙的骨架制造其在侏罗纪公园中生活的情景一样。这是对"想象"一词最生动的诠释。以此为据，观物取象，就是对经验对象的形态做结构性简化的行为。它可以存在于思维中，也能体现在象征物或图案上。"在天成象，在地成形，变化见矣。"(《系辞上》）天象的象，则是把某些星系联结成与大地上的事物相类似的形态，如北斗星、牵牛星之类。这种观察天象的方式，东西方有类似之处。N.古德曼（Nelson Goodman）就说：

> 通过选择某些星体而不是别的星体并把它们放在一起，我们就构成了星座，所以我们是通过划出某些界限而不是别的界限从而造出星座的。没有什么东西规定天空是否应当被划分成星座或者别的物体。我们必须造成我们所发现的东西，不管它是大熊星座、天狼星座还是食品、燃料或者立体声系统。[3]

---

[3] [美]N.古德曼：《论心灵及其他问题》，转引自[美]约翰·塞尔：《心灵、语言和社会：实在世界中的哲学》，李步楼译，上海：上海译文出版社，2001年，第19页。

至于卦象,即由三组阴阳爻组成的卦,其实与经验事实并不具有直观的联系,必须把它看成从图像向符号演变的产物。正如文字从象形到表意的演化一样,含义最终靠定义而非直观来确定。由爻到卦,是古人模拟、把握复杂事物所发展的一种思维系统。这一意义的象已经非常抽象。由于象是理解或表达各种事物的基本途径,故万物也可称"万象"。

"物"是另一个关键词。庄子的"凡有貌象声色者,皆物也",这是通常的理解。但为何用"物"字来表达,也是有兴味的问题。《说文》曰:"物,万物也。牛为大物,天地之数起于牵牛,故从牛勿声。"本来是大地产牛,才有牵牛星之说,此论可谓本末倒置。王国维据卜辞考证:"古者谓杂帛为物,盖由物本杂色牛之名,后推之以名杂帛。……由杂色牛之名,因之以名杂帛,更因以名万有不齐之庶物。"[4] 这样,物当然不限于牛,但以牛喻物,的确可能与其特性相关。如牛系大型动物,为人驯养,是人类重要的劳动伴侣或财产,故价值显而易见,且便于取譬。当然,牛马相若,一负重,一致远,呼牛或唤马,则或偶然。而无论以牛、马或者象代物,都是以一物代万物(万象、万有、万类),万物的多样性很容易渗透到"物"的概念中来,故孟子说"物之不齐,物之情也"(《孟子·滕文公上》)。《庄子·齐物论》就以此为背景,展开关于世界观的深刻论说。所谓齐"物论",还是"齐物"论之辩,就是把物当作物还是当作人的问题。

---

[4] 王国维:《释物》,见《观堂集林(外二种)》,石家庄:河北教育出版社,2001年,第175页。

"物论"指的是人论。对庄子而言，把物视作万物还是一物甚至无物，归根结底是由人的态度决定的。《庄子·天下》虽未必为庄子所作，但作者也以对"物"的态度分判百家的观点。例如，庄周是"万物毕罗，莫足以归""独与天地精神往来，而不敖倪于万物，不谴是非，以与世俗处"。而他的辩友，"惠施之才，骀荡而不得，逐万物而不反，是穷响以声，形与影竞走也。悲夫！"惠施的万物是外在于人的存在，庄子的万物则包含产生是非之争的人类自身。这样，物既是物，也是事物，还是人物。"近取诸身，远取诸物"，都是取象用的原材料。人既是观的主体，也是观的对象。

从物到象的手段是"观"。观是视觉行为，汉语中也用望、视、察、看等来表达，所以也说观望、观看或观察。分析视觉现象或者观看行为，应该包括若干要素。首先是观察者即行为主体。其次是目标，即观察对象，宏观或微观，静态或动态，不一样。第三是观察方式，包括角度甚至工具的选择。第四是实施观察过程。最终是结果，由于诸多因素是变量，结果会有差别。其中，最大的问题是可以视而不见。《庄子·天运》的说法，叫作"望之而不能见也，逐之而不能及也"，或者"听之不闻其声，视之不见其形"。因此，"看"不一定会"见"。因素是多方面的，如物理的原因，物体不清晰，或者是透明的；或者生理的原因，视力不好。还有可能是方法问题，对象被其他物体挡住，光线不足，没有采取物理措施协助。当然，如果心不在焉，即使进入视线中的事物，你也可能熟视无睹。在视觉行为中，观比看有更深的含义。观的对象一般规模巨大，如观象于天或观法于地。孤立的一瞥，只是抓住对象的片段，看到的内容非常有限，它需要动态的过程，或者时间的运用，才能掌握对象的全貌。也可以说，"观"是一个个"看"的片段的叠加，就像电影胶片本是分格图片，连接放映才是景象的完整展示。在观的过程中，前面的经验是理解后面的经验的基础。毛泽东观雪，"北国风光，千里冰封，万里雪飘"，从"长城内外"到"大河上下"，均在视野之内。但这个视野超出视觉行为的范围，是不同区域的视觉经验在脑海里的拼接。因此，这个行为是从视觉的操作转化为思想的过程。概言之，观的对象不限于规模（观沧海），还涉及动态的事物（观风俗），更重要的甚至涉及超出视觉形态的抽象道理，故有所谓观点、观念甚至世界观的说法。[5]

观物取象，顺序本是"观""物""象"，展示的是行为的过程。我们的分析倒过来，是"象""物""观"，揭示的是经验的逻辑结构。"观"是转"物"为"象"的关键，是秘密之所在。首先要把目标看作某种可以辨识的事物，然后用某种抽象化的视觉图像把它表达出来，此即谓取象。"象"指表达者与被表达者表面存在的结构上的类似，象征就是用图像表达对象的符号化行为。虽然取象的重要目的，依《易传》的说法是为了制器，即制造生活与生产需要的工具，但人类在取象或观象的思维活动中所体验的心主宰物的某种精神愉悦或快感，会成为后来发展的审美甚至艺术行为的心理

---

[5] 参陈少明：《生命的精神场景——再论〈庄子〉的言述方式》，《中山大学学报（社会科学版）》，2020年第3期。

基础。同时，通过取象来完成"物"的认识行为，本身包含着丰富的思想内容，既有静态的观照，也有动态的联想。其所取之象，既可以是视觉化的图像，也可以是观念中的意象。这也是物的意义多样化的心理机制。卡西尔认为，人与其说是理性的动物，不如说是符号的动物。文化的发展使

> 人不再生活在一个单纯的物理宇宙之中，而是生活在一个符号宇宙之中。语言、神话、艺术和宗教则是这个符号宇宙的各部分，它们是织成符号之网的不同丝线，是人类经验的交织之网。人类在思想和经验之中取得的一切进步都使这符号之网更为精巧和牢固。人不再能直接地面对实在，他不可能仿佛是面对面地直观实在了。人的符号活动能力（symbolic activity）进展多少，物理实在似乎也就相应地退却多少。……即使在实践领域，人也并不生活在一个铁板事实的世界之中，并不是根据他的直接需要和意愿而生活，而是生活在想象的激情之中，生活在希望与恐惧、幻觉与醒悟、空想与梦境之中。正如埃皮克蒂塔所说的："使人扰乱和惊骇的，不是物，而是人对物的意见和幻想。"[6]

就中国传统的经验而言，"观物取象"正是文化符号化的开创性或奠基性的思想步骤。

---

[6] [德]恩斯特·卡西尔：《人论》，甘阳译，上海：上海译文出版社，1985年，第33—34页。

2. 物的谱系分析

"方以类聚，物以群分"，《易传》早就洞悉对事物分类的意义。它是赋予现象世界以秩序的思考模式，是人类理性能力的体现。但分类标准如何，或者分类范畴如何设置，则是一个复杂的问题。福柯在《词与物》一书中，开篇即从博尔赫斯转述一则来自所谓"中国某部百科全书"的关于动物的界定。根据其划分，"动物"包含从"属皇帝所有""有芬芳气味""乳猪"，到"刚刚打破水罐的"和"远看像苍蝇的"等14种风马牛不相及的含义。[7]虽然我们可能根本不存在这样的典籍，但从古代辞书中寻找与现代分类很不相类的内容仍然是容易的。因为越古老的词语，其意义变迁的机会越大，静态地看，就会发现它在应用中包含许多可能表面上毫不相干的意义。事实上，即使现代科学发展起来后，生物分类也都没有统一的标准，何况涉及面更广泛的物的概念。依本文宗旨，分类的标准需满足对从普通之物到精神现象之"物"的关系的界定。下面分四个层次，对之做分类描述。这四个层次分别是：物质与心灵，自然与人工，实用与象征，社会与精神。四者逻辑上具有递进关系，分别说明物的自然性、功用性、社会性和精神性。

首先，物质与心灵，两者合起来，是对存在周延的划分。中国哲学中，与之相关的是王阳明"心外无物"的命题。王阳明的物是广义的，它包括事理在内，故说："夫物

---

[7] [法]米歇尔·福柯：《词与物：人文科学考古学》，莫伟民译，上海：上海三联书店，2001年，第1页。

理不外于吾心。外吾心而求物理，无物理矣。遗物理而求吾心，吾心又何物邪？"(《传习录·答顾东桥书》)不过，"心外无理"容易理解，说"心外无物"不易服人，所以有了"南镇观花"的公案：

> 先生游南镇，一友指岩中花树问曰："天下无心外之物，如此花树，在深山中自开自落，于我心亦何相关？"先生曰："你未看此花时，此花与汝心同归于寂。你来看此花时，则此花颜色一时明白起来。便知此花不在你的心外。"(《传习录下》，第275条)

稍加分辨便知，先生与友人表面上讨论的对象是同一棵花树，但各自所指之"物"并不相同。友人之物是具有物理意义的自然现象，它可独立于心（意识）而存在。阳明的物是进入心中的审美意象，它系于心灵之观照。犹如面对一座雕塑，有人着重其材料、尺度或重量，有人在意其艺术形象。前者是自然物，后者是象征物，取象之不同取决于观物动机之区别。不过，尽管前者不能取代后者，但没有前者就没有后者。哲学家塞尔讲过一个类似的故事：

> 有一次，我同一位著名的民族方法学家进行辩论，他自称能够证明天文学家通过他们的研究和他们的话语实际上创造了类星体和其他天文现象。"瞧，"我说，"假定你和我都到月光下散步，我说'今夜月亮真美'，你表示赞成。我们是不是在创造月亮呢？"他说：

"是的。"[8]

与观花的公案相比,观月中的"民族学家"类似王阳明,而塞尔则站在"友人"一边。对塞尔而言,没有自然物,美就没有显现的基础。而对阳明而言,没有心灵的观照,"物"完全可视而不见。这意味着同"物"不同"象"的现象,具有普遍的意义。

其次,物的自然与人工之分,后者叫作器。世界向人类展现无尽的物,但自然状态中的物,并不尽合我们的需要,其中有些还是生存的障碍。因此,必须对部分的物加以利用,包括直接与间接利用。可直接利用者如阳光、空气、水及野生的食物,还有现成的石块、树木。间接利用则是选取部分物质作为加工的材料,即从事器物的制作。器与物的差别在于,器是人为特定的目的而设计的,其成就包含人的观念的因素。但其中最基本的器,生活、生产或劳动工具,是选取特定的物质材料改造而来的。同时,其结构或造型的设计,也与其在特定物质条件下的运用相关。也即是说,器的实用性或功利性,以目的性与物理性的结合为基础。海德格尔论器时也说:"有用性是一种基本特征……服从有用性的存在者,总是制作过程的产品。这种产品被制作为用于什么的器具(zeug)。因而,作为存在者的规定性,质料和形式就寓身于器具的本质之中。器具这一名称指的是为了使用

---

[8] [美]约翰·塞尔:《心灵、语言和社会:实在世界中的哲学》,第18页。

和需要所特别制造出来的东西。"[9]但是,海德格尔论器的旨趣不在用具本身,而是把它作为解释从物到艺术发展的中介环节。所以我们要增加新的区分。

其三,实用性与象征性,这是器的分类。两者都是人工制作,但功能不一样。后者指非实用器具或者器具的非实用性功能。它以器物为符号,表达超越实用性的其他意义。因此,它虽然也包含着制作目的,但材料及构造的物理性能不是它的要义所在。最容易列举的例子,便是艺术品。海德格尔说:"于是,器具既是物,因为它被有用性所规定,但又不只是物;器具同时又是艺术作品,但又要逊色于艺术作品,因为它没有艺术作品的自足性。假如允许做一种计算性排列的话,我们可以说,器具在物与作品之间有一种独特的中间地位。"[10]依其分析,制作农鞋的材料为物,制成的农鞋为产品或器,而梵高的画《农鞋》则为艺术品。其实,农鞋与《农鞋》都是器,只是一为实用,一为象征而已。由于鞋在设计上也有美观的要求,故说它"逊色于艺术作品"。这种物—器—艺术的分析线索,体现了从自然到人为、从功利到精神的递进关系,深刻且精妙。《农鞋》所象征的,就是"在鞋具磨损的内部那黑洞洞的敞口中,凝聚着劳动步履的艰辛。这硬邦邦、沉甸甸的破旧农鞋里,聚积着那寒风料峭中迈动在一望无际的永远单调的田垄上的步履的坚韧和滞

---

[9] [德]马丁·海德格尔:《林中路》,孙周兴译,上海:上海译文出版社,2004年,第13页。
[10] 同上书,第14页,引文略有改动。

缓。……在这鞋具里,回响着大地无声的召唤,显示着大地对成熟谷物的宁静馈赠,表征着大地在冬闲的荒芜田野里朦胧的冬眠……"。[11]

当然,不是所有的象征物都有这样浪漫的意义。另一种更古典的分类方式,是从物、产品到商品(特别是货币)。这是马克思的政治经济学理论所展示的逻辑。在这一理论中,因劳动的二重性(具体劳动与抽象劳动)导致产品具有双重价值(使用价值与抽象价值),抽象价值即是商品具有交换价值的基础。焦点物品是商品,它是器物在实用之外的另一身份。商品的一般形态是实用制品,但对生产者而言,其价值不在实用,而在于交换。作为商品的物品,只是交换价值的象征。而最能说明商品象征意义的,则莫过于货币,特别是纸币。因为黄金白银还可能因其本身是贵金属而造成实用与象征的混淆,纸币则明白显示,其价值不是物质材料本身,而是这一符号所象征的财富数据。因此,政治经济学的"物—产品—商品"这一逻辑,与存在论"物—器—艺术"的思路,就有异曲同工之妙。总之,器物除了实用性,还可以有象征性。那么,在象征性物品中,例如艺术品与货币,差别究竟又何在呢?

其四,社会象征与精神象征之分。货币与艺术品分别可作为两类象征的代表,不过,绝不限于这两种。货币的价值,由法定发行货币的机构决定。其中,材料、式样、图案,以及最重要的币值,都要通过特定的程序设计审定,才

---

[11] [德]马丁·海德格尔:《林中路》,第19页,引文略有改动。

得以发行使用。我们也可以把这种现象看作一种社会约定。塞尔就把它作为创造制度性事实的例证:"我们可以通过约定把X对象本身当作具有Y地位,如我们可以把铸造的金属当作货币,或者把石头线当作界线,但这样做已经规定了一种语言上的地位,因为这些对象现在已经是超越自身的某种东西的约定的公开符号;它们表象一种物理性质以外的道义地位。"[12]把X当作货币而Y看作价值,X就是Y的符号化或者象征,而X即货币所代表的价值Y,完全超出X这纸张的材料价值。货币之外,代表社会价值的象征物,至少还有信物和礼器两大类。信物,即作为某种信约的证据,如广泛运用的签名、印章、定情物,古代的调兵符、手谕,等等,它们是用于提醒相关方实施或保持某些行为规则的信号。而礼器是权威或等级的标志,与特定的秩序相匹配,如古代的古鼎、玉玺、龙袍,现代的国旗、国徽,或宗教的衣钵、权杖,等等,它在特定的政治或宗教共同体内起作用。艺术的作用方式与此不同,它通过激发创作者或欣赏者的内在情感,起到提高鉴赏品位或者陶冶情操的作用。但是艺术起作用的程度或范围是变化或不确定的,因为它不是通过社会规则的约束来达成的。所谓精神活动,指的是那种摆脱日常生活中欲望或功利之牵挂的意识活动。它可以是纯粹的思想创造,也可以是事物引发的带情感的品味与反思。而能够引发精神活动的物品,除了艺术品或审美对象,还有其他类型的物品,例如下面专门分析的纪念品与文物。当然,社会象征

---

[12][美]约翰·塞尔:《社会实在的建构》,第65页。

与精神象征只是一种类型概念。生活中有些非实用性的事物，如神圣物品，还有范围广泛的礼品，可能包含社会与精神的混合要素。神圣物品，包括神牌、圣物、祭祀物品，代表某种超自然的力量；礼品则从个人、团体到国家，种类基于不同的关系或机会而有分别。当然，变相的物质贿赂不算。另外，那些实用与象征共享的物品，以及在历史中功能变动的事物，意义更为复杂。这需要在更大的篇幅中才能详加讨论。

这样，物质与心灵，自然与人工，实用与象征，社会与精神，这种层层递进的分类，不仅可以对物的多样性提供一个周延的概念框架，同时，从最初级的心灵到最高端的精神的首尾连贯，也有助于理解心对物赋义方式的多样化。

3. 精神对象化：以纪念品、文物为例

回到心物关系上来。物存于心外，也可进入心中。所谓心中之物，就是成为人类经验或知识对象之物。就个人而言，排除视而不见的情况，物通过接触或阅读而进入我们的意识，同时被记存下来，成为内在经验或知识的组成部分。物从心外进入心中所造成的结果，除了一般知识的增加外，还会在第二次接触时，带来情绪或态度的变化。设想一下，在异国他乡偶遇曾有一面之缘的人，或者在不同的环境中重观罕见物品时的心情，就可知物之入心与不入心在思想上的不同。物（特别是器具）不是孤立的东西，它是有生活背景的，其入心也带着相关的情景信息。因此，进入心中之物不是心外之物的副本，它摄入了超越视觉的内容。值得注意的是，进入心中之物与原本的心外之物，还会有各自独立

的命运。如果对"乍见孺子将入于井"再做假设,不经意见过孩子的路人,事后在闻知其不幸时,情绪一定与别人大不一样,孺子的形象会在他心中就此定格。王阳明记录中所格的那丛竹,或所观的那树花,实物早已不知所终,但它存在于每代《传习录》读者的心灵中。而且,即使没见过原本的竹或花,也不妨碍人们通过诗文书画重构其外观。[13]因此,故人故物,或古董古迹都可能是我们精神世界的组成因素。

精神属于意识现象,但我们用它特指那些既非对环境的本能反应,也与生活的利益追求甚至世俗的交往行为无关的思想活动。这种活动可以在与当下环境无直接关联的情况下,对内在的知识与经验进行回味反思,也可以通过外物的感触,获得超越功利意义的灵感与激情。由于这种情感被投射在特定的物品上,它会形成一种精神对象化的现象。这种精神对象化可以有不同类型。例如有直观的,如审美,对着一幅画、一朵花,或者某个神圣符号,心灵的感动可以是非推理、无逻辑的。还有一类意义是来自联想的,它是由物品的出处导向相关的经验追溯与情感体验。关于审美对象和神圣符号,特别是前者,学界已有大量的成果问世,本文从略。下面着重论述的,是联想型的物品,包括纪念品与文物。

什么是纪念品?抽象地说,就是通过它唤起人们对特定人物、事件的回忆和怀念的物品。纪是心系特定的岁月,念是情感的波动。纪念品分两大类,一类是特别设计的,另

---

[13] 参陈少明:《"心外无物"——从存在论到意义建构》,《中国社会科学》,2014年第1期。

一类是由日常用品演变而来的。成就一件大事如战争胜利,新秩序建立,或者渡过一个劫难如地震或者瘟疫,都会有庆祝活动并发行纪念品,其中庄重者就是建立纪念碑或纪念建筑、发行纪念章之类。个人也一样,如拍毕业照或结婚照、定制小礼物等。作为纪念品的日常用品是生活中使用后被保留或收藏起来的。就私人而言,各种证件及照片,出生证、学生证、毕业证、工作证、结婚证,还有各种荣誉证书,都是人生路上各个节点的见证。当然,还有书信,家书或者情书。日记的意义更明显。日用品一开始不是纪念品,当它成为纪念品时,往往是实用意义已经消失之后。专门的纪念品则分为两种,一种是为了现在而纪念过去,如南京大屠杀遇难同胞纪念馆;另一种是为了未来而纪念现在,如汶川地震纪念碑。当然,也可以寓纪念于日用品之中,如货币或邮票上涉及历史的图案。还有通过对日常事物特别是建筑的命名获得纪念意义,如广州的中山纪念堂,就是一座大型会议或表演中心。或者如波士顿海滨的肯尼迪图书馆。

一般来说,设计的纪念品多是集体的,而从日常用品转化者,则往往是私人的,即使它可能被别人收藏(如社会名流的私人物品)。私人物品一般只有个人意义,但当其与某种特定的社会事实相关联时,意义就不局限于私人了。例如"文革"或者上山下乡运动,突如其来的变故,改变了许多人的生活轨迹。当人们从相关的历史逃逸出来后,不免会存有一些具有纪念意义的东西。问题在于,每个人的命运可能很不一样。因此,这类旧物所带出的意义便有很大差别。如果社会主导阶层对相关纪念物的价值取向有异议,通常会阻止这些东西的集结,让这些私人纪念品留置于私人处,不让其社会化。当然,也可以建立官方的纪念碑,统一或垄断对意义的表达。

个人的纪念品没有实用价值,不仅不如黄金白银,也不像艺术或宗教物品可以精神共享,对他人而言其实就是无用的东西。人们需要它的原因,说到底与人性相关。记忆是重要的精神机制,不仅是经验与知识储存的手段,同时也是自我认同的途径。人是有限的存在物,有限不仅指受空间规模的限制,更指受时间的制约,即时刻生活在当下。但人在精神上并不满足于有限的存在,需要通过前瞻与回顾来扩展生命的容量。前瞻是对未来的想象与规划,扩展生命的前景。回顾则可以重新体验过去的经历,留住那些消逝了的不可重复的时光,把过去与现在联系起来。纪念品的存在,就是在庸常的劳顿中,提示并唤醒可能沉睡的经验,在回顾和留恋中体验生命的深度。其精神价值在实用价值之上。[14]

文物是个人纪念品在时空意义上的放大。时间上,文物一般超越一个人的生命时段,可以从一生延至无限世代。时间的长度是衡量文物价值的尺度之一。空间上,其意义的共享者,需要从个人或少数人,扩展到更大的文化共同体。分享者规模的大小,也是其价值尺度之一。因此,文物就是跨时空文化共同体的纪念品。个人纪念品与个人际遇相关,而文物与历史交融,其价值由产生它的历史背景的意义来确定。与纪念品一样,文物的来源既有遗存的日常公私生活用

---

[14] 参陈少明:《怀旧与怀古——从心理到文化》。

品,也有曾经刻意设计的纪念品。就纪念价值而言,那些遗存物如果同历史人物或事件有关联,就会更受重视,就如同一件兵器,有名望的将军专用的与籍籍无名的士兵配备的就很不一样。如果缺乏具体的历史信息,那就看器物的工艺水平与年代的遥远程度,那可代表文明的发展水平。刻意设计的纪念品,当然与所纪念的事件的意义相关。不过,为一个事件设计纪念品时,制作者会赋予事件特定的意义,简单点说,就是给予是非善恶的评价。对于同时代与之持有相反立场者而言,它不仅没有价值,甚至可能是负价值。但是,一旦拉开时间的距离,原来的纪念品也成为文物之后,无论收藏还是观赏,都无人再以原始经验中的是非善恶作为取舍的标准。[15]

不论观摩纪念品还是欣赏文物,时间意识上都是向后看,指向事物关联的背景经验。就当事人或直接相关者而言,纪念品唤醒对经历的记忆,相关的人、事、物可能历历在目,会刺激起感慨、辛酸或者兴奋的情绪。但文物是跨世代的遗存,没有当事人同在,相关的背景不是直接经验所得,而是通过文献上的语言信息获取的。这时候,背景追溯的途径从记忆变成想象,即借助文字的解读,在意识中再造相关的历史图景。由于信息的不完整,以及每个人历史知识的差别,故不同的观众对文物的鉴赏力自然不一样。因此,回

---

[15] 参陈少明:《从古雅到怀古——一种价值哲学的分析》,《哲学研究》,2010年第4期,后收入《仁义之间:陈少明学术论集》,贵阳:孔学堂书局,2017年。

忆需要记忆能力，想象则需要文化，想象越遥远越精妙的事物，对文化修养的要求就越高。如果说保存私人纪念物是对个体命运的眷恋，是人有涵养的表现，那么，收藏文物就是人类对自身历史的珍惜，是文化的证明。两者都是对人自身有限性的突破，前者在精神中突破当下的局限，后者突破个体生命的局限，让精神跨世代传递下去。

4. 文物与文化

文化的精神追求源于生活本身，而生活以物的利用为基础。这个"物"最初被重视的，正是其自然的物理性质。《易·系辞》所谓"观物取象"，目的是观象制器："见乃谓之象，形乃谓之器，制而用之谓之法，利用出入，民咸用之谓之神。"文明史就是器物制作史："古者包牺氏之王天下也，仰则观象于天，俯则观法于地，观鸟兽之文，与地之宜。近取诸身，远取诸物。于是始作八卦，以通神明之德，以类万物之情。作结绳而为罔罟，以佃以渔，盖取诸离。"继之者，神农氏是"斫木为耜，揉木为耒，耒耨之利以教天下"。黄帝、尧、舜则"刳木为舟，剡木为楫，舟楫之利以济不通""服牛乘马，引重致远，以利天下""重门击柝，以待暴客""断木为杵，掘地为臼""弦木为弧，剡木为矢""上古穴居而野处，后世圣人易之以宫室；上栋下宇，以待风雨"。"古之葬者，厚衣之以薪，葬之中野，不封不树，丧期无数；后世圣人易之以棺椁，盖取诸大过""上古结绳而治，后世圣人易之以书契，百官以治，万民以察，盖取诸夬"（《系辞下》）。八卦在制作中所起的作用，可以悬置不论。从渔猎、农耕、养殖、交通、墙防、房屋、武器，甚至文字制作，制器实际是对物的自然性质的利用，是用具的制造。《礼记·礼运》则把器物的利用同礼的施行结合起来，同时还发展出"琴瑟管磬钟鼓"这类非实用性的礼乐工具，也即礼器，也是一类象征物。这里的礼器有两个类型，一个是把实用性器具当作协调社会秩序的工具或象征神圣信念的符号，它是物品用途改变的结果；另一个是直接制作专门服务于非功利目的的器物，即乐器或其他具有审美意义的物品。后代还可以有专为公共事件或人物设置的纪念物，如碑、塔或牌坊，也当礼器在起作用。

上述所有的物类，不管是日用品，还是象征物，还是从前者转变为后者的礼器，经时光的流淌，时代的变迁，最终都可能成为文物。最能体现这种转化的例子就是古鼎。鼎本为古代厨具，高脚支撑的容器造型，使其可以当炊具及盛器两用，故为王室或贵族的日常用具。但当祭祀上"陈其牺牲，备其鼎俎，列其琴瑟管磬钟鼓"时，它已经转化为礼器。它的重量、容积、造型及制造成本，象征着富裕与高贵，体现献祭神明的崇高感。不仅如此，它还进一步从高贵的礼器变成政治权力威严的象征。《左传·宣公三年》载"楚子问鼎之大小轻重"时，周臣王孙满拒绝回答的理由义正词严。其陈词强调，虽然"鼎"伴随权力的转移，从夏迁商，又从商转周，但权力的奥秘"在德不在鼎"："昔夏之方有德也，远方图物，贡金九牧，铸鼎象物，百物而为之备，使民知神、奸。……用能协于上下，以承天休。"其后运随德转，命无定数。故"德之休明，虽小，重也。其奸回昏乱，虽大，轻也"。这清楚表明，鼎的价值在于其所象征的以德为贵的天命，与它的质地、规模即物理性质无关。因此，后世用"问鼎"表达对最高权力的野心，而非对宝物的占有。但今日在世之古鼎，无论是后母戊鼎，还是毛公鼎，意义都是作为文物被收藏，而非展示权力。巫鸿曾以九鼎的传说为例，提出"纪念碑性的历史"这一概念，用以揭示这些纪念物无论是重器还是建筑，所展示的意义都是变化的，同时与审视者的价值坐标相互作用。[16]

一个社会可以通过保存文物来对后代进行历史文化教育，向先辈致敬。其手段包括建立博物馆收藏小型器物，以及对大型古迹进行维修保护。其中会涉及物的多重功能问题。一般来说，文物多是失却其日常生活（或社会）意义的遗存物，但有些物品可能同时拥有双重甚至多重意义。西方哲学中的"特修斯之船"，可以作为分析的例证。假设有一条常年使用的木船，需要不断维修，最终导致整条船原来的材料都被更换过，由此而提出的问题是：这条船与原初建造的还是同一条吗？答案可以基于不同的观点。从材料学的角度看，它自然不是同一条船。而从继续将其当作交通工具的需求看，这个问题没有意义，是与不是都不妨碍其继续行驶经营。若从文物的角度论，它就是同一条船。试想一下，如

---

[16] 参[美]巫鸿：《九鼎传说与中国古代美术中的"纪念碑性"》，见郑岩、王睿编：《礼仪中的美术：巫鸿中国古代美术史文编》，郑岩等译，北京：生活·读书·新知三联书店，2005年。

果这条船足够古老且信息丰富，它所走过的航线，运送过的货物，乘坐过的旅客，甚至发生过的故事，都会让它充满魅力，令人遐想。谁会说，那不同时期发生的故事，是散落在不同的船上的事情呢？由此，我们可以理解社会为何把巨大的财力、物力投入到文物特别是大型古迹或者遗址的修复上。对古迹而言，破损残缺在所难免，维修是延续其存世时间的主要手段，就如人通过治疗疾病延长寿命一样。对于已经破坏殆尽的遗迹，有时候重建也是值得尝试的举措。今日矗立于洞庭之滨的岳阳楼，历史上饱受水灾、火患、战乱的反复摧残，以至于先后重建至少达8次之多，旁边8座不同时代的建筑模型就是证明。正是反复接力般的复建，让北宋范仲淹被千古传诵的《岳阳楼记》有了一个物质化的载体。同时，不同时代登上重建宏楼的骚人墨客留下的名篇佳句，也成为这座名楼饱经历史风霜的见证。《岳阳楼记》成就了岳阳楼，它是精神的力量。大型古迹（如长城、故宫或某些古战场）的保存使参观者容易产生置身于历史现场的沉浸感。同时，与小件纪念品不同，它可以集体观看，有利于参观者获得精神的共鸣。一座城市有古迹、有博物馆，就不只是有建筑，而是有历史。

　　小型文物可以散落在民间私藏，也可以集中在博物馆展示。小的特点在于精巧，便于把握，玩于股掌，易于陶醉。从扩展影响考虑，小件还方便复制，特别是一比一的复制。复制不是制造赝品，而是生产原作的代表，就像北大博物馆复制的父辛爵。它还可以移植，即把原作印制到其他材料上，如台北故宫博物院印制其馆藏书画的丝巾。虽然复制品并非原件，但它与原件的衍生关系，使得两者存在观念上的特别联系。小件文物的复制与扩散，实质上正是文物所象征的精神的分享。它可置于案头，或执之手掌，让古典与日常生活有更广泛的联系。从文物看精神的传承，如果说古迹的维修是时间的延伸，那么，古物的复制则是空间的扩展。

最能体现借文物复制做文化扩展的，是经典字帖的临摹。以《兰亭序》为例，其真迹在世秘传达七代之久，从唐太宗得手到让其陪葬，人间知其在世时间才几十年。同时，目睹真迹者也只有极少数。可是它却成为成就王羲之书圣地位的经典书帖。那么，近千年来，那些从没见过其真面目的人如何可能成为其崇拜者呢？秘密就在于字帖的临摹。《兰亭》帖前次隐身之前，唐太宗让名臣、拓工留下的部分摹本，日后成为原作的替身。其精致者也成为书家顶礼膜拜的对象。我们完全可以把这种临摹类比为小件文物的复制行为。但是，一般复制与临摹是存在差别的，前者是机械行为，着眼的是结果，后者则是一个包含精神投入的体验过程。字迹与声音一样，都是个人独特的标志。对着前人墨迹不是对着印刷字体，而是对着有灵魂的对象，故临古帖便是追慕古人的行为，是精神的修炼，其完美的标准不在形象而在神似。由于原初临作或拓本不止一种，因此多种风格的范本流传及早期印刷术不发达，导致了"对临摹的临摹"的衍生现象。一颗种子长成参天大树，书法的王氏传统由此得以形成。虽然经典字帖的临摹是很特殊的例子，但由于书法以汉字书写为基础，汉字本身就是文化的表现形态，因此它的意义普遍性远在很多具有独特历史价值的文物之上。[17]由此可见,文物不仅仅是用于怀古的,它当有促进精神建设的意义。

结　语

回到开篇的问题,心与物相对,心就是精神。精神是意识现象,但它不是本能的意识反应,也非应对日常利益追求的思想过程,而是超越当下生存需要、跨越经验限制的观念活动。它有反思,也有前瞻,甚至幻想。人文学者常提到的审美、信仰还有怀旧之类的现象,都是精神活动的重要内容。虽然这些活动有时是自觉的,有时是被触动的。但是,它不是心灵孤独或者无助的表现。精神不是意识的内卷,而具有向经验生活投射的力量。对指向物的精神活动的分析,正是揭示这种力量的途径。与心相对的物(包括器),既有实用性,也有象征性。而象征之物既有社会的,也有精神的。精神象征之物,还可以有直观型与联想型的区别。分类是理想类型的构造,具体器物的意义可以是多方面的或者是会转化的。正是物的意义的丰富性,体现了人类文化的深度与广度。世界是物构成的,人既是物的一部分,也具超越物的因素,那就是心的存在。心物不离,正是世界获得意义的奥秘所在。

(原载《孔学堂》,2021年第4期)

---

[17] 参陈少明:《经典世界中的〈兰亭序〉——一个哲学的视角》,《哲学研究》,2021年第9期。

六

物、人格与历史[*]

从"特修斯之船"说及"格物"等问题

经典的边角料往往是后来者思考的新起点,古希腊史学家普鲁塔克记载的"特修斯之船",就是这类不经意留下的观念遗产。据其所著《希腊罗马名人传》,有一条运载国王特修斯(也译"帖修斯"或"忒修斯")及一帮年轻勇士历险返回家园的三十桨船,为希腊人所长期保存。其保存方式是:"他们将腐朽的古老船板拆下来,装上崭新而又坚固的材料,以至这艘船在哲学家中间,就事物自然成长的逻辑问题成为一种永恒的实例:一方面是要保持船只是原来的形状,另一方面又极力证明已经大不相同。"[1]这一描述被简化为"一件原材料被替换掉的器物,是否还是原来那件器物"的问题,成为后世哲学家如何理解事物同一性的有趣考题。以至于很多世纪之后,大哲霍布斯还在其著作《论物体》中论及这个典故。[2]本文准备在更大的视野中引申这一讨论,

---

[*] 本文系作者在"虚云讲座"暨"文研讲座"(北京大学,2021年11月11日)上所做同名报告的基础上改写而成,谨向北京大学哲学系、人文社会科学研究院致谢!
[1] [古希腊]普鲁塔克:《希腊罗马名人传》上,席代岳译,长春:吉林出版集团有限责任公司,2009年,第22页,引文略有改动。
[2] 见[英]托马斯·霍布斯:《论物体》,第十一章"论同一与差异",段德智译,北京:商务印书馆,2019年。

同时尝试把它与中国思想传统中的"格物"问题联系起来，做一次中西合璧的思想拼图。

1. 古典悖论，或者思想实验

事实上，是否真的存在过这条"特修斯之船"，我们不知道。但是，即便它是虚构的故事，也不妨碍问题的意义。哲学上许多著名的思想实验，并不需要事实的存在，其所设计的情形往往是想象的，如中国古代的"乍见孺子将入于井""庄周梦蝶"，或当代西方的"缸中之脑"及"中文屋"之类。不过，这类例子的设计者，一般是试图导出特定的结论，而有些思想公案的设计，则想让人陷入推论的两难，以暴露我们认知的困境，例如著名的"飞矢不动"，或"一尺之棰，日取其半，万世不竭"之说，后者我们通常称之为悖论。它不是让推论自相矛盾，就是让结论与常识背离。这类悖论的发现或构造，其目的与其说是深化我们对事物的知识，不如说是考验人类的认知能力。因此，即使只是对之做过稍加用心的思考，都是一种思想的锻炼。"特修斯之船"也是这样的问题。

表面上看，这被称为"同一性"的问题似乎来自日常现象，谈不上深奥。然而，对于哲学家而言，"同一性"几乎是理性的基石。因为没有同一性，事物的个体就无从识别。而没有个体的识别，现象变动不居，就不可能对万事万物做归类。没有类的有效把握，现象就没有秩序，现象没有秩序，世界就不成其为世界，当然理性也就没有用武之地。日常生活中，任何个体的辨识都包含时间与空间两个角度的界定。一方面,被辨识的对象必须在时间上连续存在,另一方面,它不能同时出现在不同空间中,"特修斯之船"也然。霍布斯在相关的评论中,提及判断同一性的两个观点,一个是质料的同一性(the unity of matter),一个是形式的同一性(the unity of form)。依前者,只要质料不同,它就不是同一条船;如果质料部分不同,那就部分与原物有所不同,即是说它既是原船,又不是原船,这于理不通。依后者,则复制第二条样式相同的船的话,便背离了同物不能同时出现在不同的空间的常识。因此,这两种观点都不能圆满说明同一性的问题。此外,霍布斯还提及一种否认事物连续性的论调(如赫拉克利特说的"人不能两次踏入同一条河流"),以及他自己关于如何对待运动事物(如河流)的另一种观点,即从其开端赋予其名称,而使其对整体始终有效。霍布斯的议论虽然并不复杂,然而包含值得进一步展开的观点。

质料同一性是一种传统的观点,它在很多情况下都是有效的。例如霍布斯所举的蜂蜡的例子[3],蜂蜡是由其原料构成的,它变成什么形状都没有关系。人类很多物品,从食品到用具,其制造都依靠特定的材料。把对事物的理解还原为其基本的物质要素,其实是人类世界观根深蒂固的组成部分。无论中国传统的五行及气,还是古希腊的四元素,都是这种思想的原始模型。直到今天,我们还发展出专门的材料科学。霍布斯不赞成通过材料变化来判断"特修斯之船"是否具备"原装"的资格,其实是对这种世界观的质疑。那

---

[3] [英]霍布斯:《论物体》,第157页。

么,对船这种物品而言,其"自性"究竟何在呢?船不是蜡,也不是水,即不是未经加工的原材料。它是一种人工制造的运输工具。任何制造物的形成,除了材料外,还需要形式的塑造,才能达成制造者的目的。而只要满足制造者或者使用者的要求,任何同类的产品,材料、形式相同,都有相同的使用价值。因此,器物才可以大规模复制,品质统一才是制造者的追求,它是作为类而非个体被生产出来的。只有在进入生活或生产秩序之后,它才会成为不同拥有者的财产或因操作程序需要而编上不同的号码以示区别。但同类产品是可以被更换与代替的,对于使用者来说,不需要以确定船的身份为前提。就此而言,器物的身份辨识不是问题。真正的要害在于,"特修斯之船"并非任何一条同类的船,它是有历史的。

当然,强调物的变化或历史性,也可能被当作否认其存在同一性的论据。据霍布斯的引述,有人认为:"根本就没有两样东西会是同一的,从而,一个正站着的人与刚才那个坐着的他并不是同一个人;盛在一个容器里的水与被倒出来的水也不是同样的水。因此,个体化的始点并不仅仅来自质料,也不仅仅来自形式。"[4]以人为例,从小到大再到老,人都是变化的,无论质料还是形式都不能作为其同一性的判别标准。此外,还有河流甚至城市,情况都类似。针对这种赫拉克利特式的观点,霍布斯认为,如果确认同一性是通过接受固定名称来标示的,那么,对于变化的事物而言,在

---

[4] [英]霍布斯:《论物体》,第158页,引文略有改动。

变化或运动的开端所做的命名，可以作为其身份认同的依据。"例如，一个人，其行为和思想全部出自同一个运动的开始，亦即都出自存在于其产生中的事物，则他就始终是同一个人。再如，从同一个源泉流出来的，将是同一条河流，不管是同样的水，还是其他种类的水，还是别的某种非水的东西。同一个城市，其法令连续不断地从同一部宪法制定出来，不管法令制定者是否一样。"[5]

霍布斯是有见地的。当我们读到"问苏格拉底他是否是同一个人是一回事，问他是否为同一件物体又是一回事"[6]时，真心想为他的见解点赞。这让人联想起《庄子》"吾丧我"的寓言中，颜成子游向突然间形如槁木、心如死灰的南郭子綦所提的"今之隐机者，非昔之隐机者也？"（《庄子·齐物论》）的问题。因为今昔之辨也涉及对人格同一性的历时性把握。然而，当看到霍布斯是从物质运动的角度把人与河流联系在一起时，我们似乎又感到惋惜。他没把人与物区别开来。因为人之所以为人，不在于质料（细胞是不断更替的），也不在于形式（容颜与体态也是变化的），即不是肉身方面的问题，而是由心灵状态决定的。每个心灵都是独一无二的。"特修斯之船"与此相关，它不是自然的物质之物，其意义与人的历史相关，应该在生命及历史性这个基础上理解（详见下文）。不仅如此，所有社会性单位如家庭、城市或国家，也必须在这一背景下得以解释。霍布斯对人的理

---

[5] [英]霍布斯：《论物体》，第159页，引文略有改动。
[6] 同上书，第158页。

解，止步于物。我们要前进一步，从人的观点看问题。

2. 人格与历史之物

"特修斯之船"不是某类船（如"三十桨船"）的型号，它是某条船的名称。希腊人之所以要维修它、更新它，不是为了保留一件可以继续使用的海运工具，而是为了纪念与那条船相关的历史事件。因为它承载过他们先辈的光荣与梦想，或者挫折与苦难。一开始，它只是一条普通的船，估计也只有个编号而已。当它被作为纪念物保存时，才可能用"特修斯"命名。不过，不管它是否有个专名，在维修这条船的希腊人看来，维修前后它都是同一条船，否则其工程就没有意义。后人用"特修斯之船"称呼它，符合希腊人的态度。因此，问题在于，为何即使全部原材料都被更替的情况下，希腊人也认定它是同一条船？无论是质料还是形式的认同标准，都不能解决这一问题。它与人的认同方式有内在的关联。

物体的同一性，其实是由人来把握的。即使对某些有灵性的动物，人也多按一般物的模式从外部辨认。但人对人不仅可以做外部辨识，而且更重要的是自己能内部确认，我们称作自我认同。生而为人，我们都知道自我认同既不靠辨别容颜、体态，也不是熟记名字，而是借内在记忆把当下的体验同过去的状态联系起来。在《庄子》的"吾丧我"中，子游之所以对子綦发出"今之隐机者，非昔之隐机者也？"的质问，原因在于只有子綦才具备回答问题的资格。所谓"我"就存在于这种连贯的记忆中，经验的连续性就是人格同一性的依据或保证。基于先天（遗传）以及经验的因素，人格的形成千差万别。因此，人性与个性不可分离，正是人与物的重大区别。当然，自我认同与辨识他人，途径并不一样。容貌与名字自然是识人的初步依据。不唯此，他人的言行（包括口音、笔迹）也是辨认的线索。如果了解其生平阅历，则更能加深对其人格的了解。因为对人的认识，不仅是个体性的把握，同时也是对其个性的了解。虽然人的社会身份（或者职业角色）是类型化的，某些职能可以相互取代，但每一个自我都是独一无二的。

当希腊人对那条船进行维修保护时，那条船就成为他们的纪念物。纪念物不再作为原来的工具起作用，即它不再用来运输物品或旅客，而是为特定目的成为被观赏和思索的对象。但不是任何一条同类船只都可充当这一角色，唯有那条与所纪念的事件相关的船，才能担任此职。纪念物与人物一样，是有个性的，它没有人格，没有自我意识，但不妨碍人们用看人的眼光来关注它，因为它在人的历史中留下了不一般的痕迹。相传的故事是：雅典国王伊吉斯的儿子特修斯，在国家危难时自愿同其他平民一起被送到克里特岛做人质，后来历尽艰险，成功逃回家园，从而成为新国王。而这条船，正是他当年扬帆回归的载体。对于事件相关者及其后人而言，这一纪念物可以唤起对国王和他的同伴英雄事迹的记忆，而对于隔代之后的雅典人来说，这一纪念物便成为文物。人们通过传说或记载中与之匹配的信息，依靠想象而非回忆，去缅怀祖先的丰功伟绩及感受民族悲壮的命运。世界历史上，与船有关的事件比比皆是，只是大部分的相关船只消失了，只有少量保存下来，有些则需要仿造。例如最早一批移民美国的英国人所乘坐的"五月花"号，今天在波士顿附近的普利茅斯就有一条仿造的纪念船。在夏威夷港口，因珍珠港事件被日军炸沉的亚利桑那号战列舰，依然横亘在海水中，只是露出水面的舰桥上托着一座造型如白色棺木的美军殉难将士纪念馆。而我们的嘉兴南湖上，更留有今日用以纪念中共诞生百年的仿制红船。

纪念物或文物的价值不同于原物的实用价值，新的价值是历史或文化的象征，是精神赋予的。这里涉及两方面的问题，一个是历史，一个是关于历史的意识。第一个方面，是器物在历史中的位置。历史不是均匀的，它变化起伏，不同的人物与事件，对理解历史的价值不一样。作为联想导具的器物，出现的历史场景不同，作用自然有区别。它有若干鉴别的标准，如时间远近，人物身份高低，或事件影响大小以及独特性。其他如造型、工艺、完整程度，则是派生的标准。独特性很重要，如果所得器物遍地开花、俯拾皆是，那还珍贵吗？这种鉴别模式，其实就是把物当作人，是基于对个性的追求。文物是依据文化的价值分级的。第二个方面，是人对器物历史的认知。除了少量专门设计的纪念品之外，所有的器物都有自己的用途，或者是生产工具，或者是社会物品（如货币）。如果我们对过去的遗物缺少历史的辨识能力，那些旧物便是过时的废品。同时，即便了解物品的出处，如果它与我们的兴趣无关，同样也是无用的东西。只有你意识到它对你的历史价值，旧物才是故物，才可能成为文物。就后者而言，它的意义就是精神赋予的。器物不直接显示意义，珍藏者或观赏者要从在场的器物中看到不在场的文化。

当"特修斯之船"被保修存留之时,它满足了上述纪念品或文物的两个条件。对雅典人而言,尽管不是原装,即使不再航行,它也是那条船。那条船的存在,就像一个历史的老人坐在那里,随时可以向世人讲述岁月的沧桑。这是一种人格的化身。人的一生,肉身(质料)与容貌(形式)甚至能力都处在变化中,我们不会将其分割成不同的人。一条饱经风霜的老船,不能因为它有脱胎换骨的维修,就将其在不同时期运载过的人与事,说成是发生于不同船上的故事。当然,古船因其技术与规模的限制,负载的故事相对单一。很多名胜,由于声名远播,造访方便,故事更丰富。中国传统中,黄鹤楼上崔颢"昔人已乘黄鹤去,此地空余黄鹤楼……"(《黄鹤楼》)的千古绝唱,还有传说中李白"眼前有景道不得,崔颢题诗在上头"[7]的感慨,这些故事或传说会令古迹增添魅力。因此,人们不仅努力维修它,甚至在被毁灭的废墟上反复重造。在重建者的心目中,它就是古物的化身。

霍布斯在提及以形式作为认同标准的困境时,对"特修斯之船"提出了一个延伸的思想实验:假如原船的材料被替换下来后,利用这些原材料,再造一条模样和功能都一样的船,那两条船都有资格成为"特修斯之船"吗?霍布斯认为,依据常理,一个个体在同一时间只能出现在同一地点,

---

[7] 此典故可参(元)辛元房著,徐明霞校点:《唐才子传·卷第一·崔颢》,沈阳:辽宁教育出版社,1998年,第13页。

否则就不能满足同一性的条件。这是一个有趣的问题。从拟人的观点看，同样不能同时接受两者具有相同的代表性。那么，假如二选一的话，孰是孰非呢？如果以质料作为同一性的标准，就会认为重新组装者才是其合法的继承者。但若是引入时间的因素，考虑将不一样。由于被重新利用的原料是在原船维修过程中慢慢积聚的，而原船因维修则一直在时间上延伸保存着，它先于新船历史地被承认了，因此新合成的船只能说与原船有关联，而不能取代原船。假如一开始把旧船拆后重新组装，那么就不会出现与之做身份竞争的仿制品，它自然是唯一合法的存在者。因此，其身份的确认依然与历史生命力有关。

作为场景或载体的文物，由于使用或被访，容易增添或丰富相关的故事，从而在价值上得到增益。其实，被收藏的小件器物也可能有此机会。最典型的是中国书画的收藏。千载之上的珍品，因王朝更替、人世沉浮而在不同藏家手中流转。这些藏家或是帝王将相，或是骚人墨客，或是富商巨贾，他们有在藏品上加章签名甚至题跋的雅好。内容丰富者，几乎构成其收藏史。其中如果有富有见地的鉴赏文字，还可以将其带入更广阔的学术史或思想史。例如《兰亭序》经典临作上留下的鉴赏文字，像阮元的《王右军兰亭诗序帖二跋》[8]，其身份与见识，就给书帖的价值增光添彩。表面上，是历代藏家名人在鉴赏这一杰作，可倒过来看，不也是借此让后人窥视到历史的花边吗？后人伪造古字画时，必须同时伪造其被

---

[8]（清）阮元：《王右军兰亭诗序帖二跋》，见《揅经室集》下。

收藏或鉴赏的历史。这种行为,就如给一个无名之辈伪造一个惊人的身份。无论寻真还是作假,背后都有人格与历史的理念。

由书画现象还可以引出另一个问题,文书类的文物如书籍,作为"物"的认同,与作为"文"的认同存在区别吗?一本古书,无论以竹帛书写,还是用纸张印制,只要相信它足够古老,并且存世稀有,就有文物价值。如果其内容与特定的文化信息——例如经典或重要文献——相联系,其价值就更高。但是,对作为文物的古书的认同,基础在于物,即它的物质形态及时空经历。"古"是其价值的第一义。而对于书籍的内容,即文本的认同,是另一个问题。书的基本功能是被阅读而非收藏,读书是读其文而非睹其形。那么,文本有认同的问题吗?中文的"认同"有两个意思,一是"同一性",一是价值上的肯定。就文本的"同一性"而言,在信息发达、复制精准的现代,就如日用器物可以互换一样,一般不成问题。但对口传或抄本时代产生的作品,其"同一性"便不时疑云密布。疑问往往是,传之后世的某个文本,其作者、年代与传说或记载中的一致吗?或者文本在流传的过程中被人改动过吗?你手中的《老子》可以是唐代抄本,其古书身份没有问题,但所抄文本的真伪则可以怀疑。当代也有疑书,如出土文献是否造假,也需要辨识。但"古史辨"的疑古不是疑"书",而是疑"文"。即辨伪者并非怀疑他们手中的书籍是假的,而是不相信这些书印制的文字内容同其标榜的出处一致。文与书分开的理由,是文不一定载于书,口耳相传的也是文本。而且往往是先有口传,后有记载。对古书而言,书册与文本身份不仅分离,认同取向也不一样。古书与古玩一样,被认同的是一个可以欣赏或玩味历史的导具。文的意义对读者而言则是双重的,一方面是披露历史信息,另一方面是传递思想观念。前者要求文本的来源可靠,信息才可信,因而有对其做正本清源的必要,此即文本的"同一性"问题;后者涉及其内容、思想与表达是否具有跨时代的意义。经典就是在历史信息与思想观念两方面都体现出价值而得到传承的作品,它既能回溯过去,也可展望未来。但是,一个不可忽视的事实是,不少传世的文献或经典的身份并不可靠,例如通行的《老子》就不是原始的版本。然而,这些文本已经作为经典传播了上千载,塑造了我们的传统。如伪《古文尚书》的"十六字心传"就被宋儒发挥。传世的《兰亭序》也早已经覆盖了存于《世说新语》注疏缝隙中的《临河序》,即便后者真是前者的原本,传统也不会因迟来的"真相"而重写。这些有"身份"问题的文本,也因历史而获得其经典的生命力。经典可以是古典,但古典不等于古书。文的层次的历史,是"书"及其他物的历史的基础。历史累积为文化,经典之"文"正是其精神之所在。

3. "格物"新解

很显然,"特修斯之船"所提出的物体"同一性"问题,依不同的态度、立场,理解会很不一样。用以材质为基础的观点来看,答案可能是否定的。而从制造物的作用看,只要功能一致,就不必考虑这一问题。但从纪念品或者文物的视角看，那就是原物。这意味着对物的认知背后预设着不同的物的观念。而且，不同认知的类型还可以增加。《庄子·人间世》写一棵栎社树"其大蔽数千牛，絜之百围，其高临山十仞而后有枝，其可以舟者旁十数"。如此景色，观者如市，但"匠伯不顾，遂行不辍"。在工匠看来，它是"散木也。以为舟则沉，以为棺椁则速腐，以为器则速毁，以为门户则液樠，以为柱则蠹，是不材之木也"。同一棵树，以其为景观者与以其为质材者，评价有天壤之别。可见，美是物的另一形象。如果我们再想想栎社树在社祭时那种崇拜神明、汇聚人心的作用，当知其意义又有宗教的维度。这样，观物的态度，可以非常不同，质料的，用具的，文物的，审美的，宗教的，等等，不一而足。由此让我们想起宋儒"格物"的公案。

格物之争源于朱子《大学章句集注》中的"格物致知补传"："所谓致知在格物者，言欲致吾之知，在即物而穷其理也。盖人心之灵莫不有知，而天下之物莫不有理，惟于理有未穷，故其知有不尽也。是以《大学》始教，必使学者即凡天下之物，莫不因其已知之理而益穷之，以求至乎其极。至于用力之久，而一旦豁然贯通焉，则众物之表里精粗无不到，而吾心之全体大用无不明矣。此谓物格，此谓知之至也。"[9]他把格物致知解释成即物穷理，但对"物"是什么并未深

---

[9] （宋）朱熹：《四书章句集注》，见（宋）朱熹著，朱杰人、严佐之、刘永翔主编：《朱子全书》第6册，上海：上海古籍出版社；合肥：安徽教育出版社，2002年，第20页。

究。这导致青年王阳明试验的失败：

> 先生曰："众人只说格物要依晦翁，何曾把他的说去用？我着实曾用来。初年与钱友同论做圣贤要格天下之物，如今安得这等大的力量？因指亭前竹子，令去格看。钱子早夜去穷格竹子的道理。竭其心思，至于三日，便致劳神成疾。当初说他这是精力不足，某因自去穷格。早夜不得其理。到七日，亦以劳思致疾。遂相与叹圣贤是做不得的，无他大力量去格物了。及在夷中三年，颇见得此意思，方知天下之物，本无可格者，其格物之功，只在身心上做。决然以圣人为人人可到，便自有担当了。这里意思，却要说与诸公知道。"[10]

阳明格竹之所以失败，涉及对象、目标与方式三者之间不匹配的问题。他的目标是做圣贤，而借助的对象却是自然物品（竹子），两者之间什么关系或如何过渡，是阳明费尽心机也想不通（或格不到）的道理。吸取了教训（"劳思成疾"）及具更深切的人生经验（"夷中三年"）后，阳明"方知天下之物，本无可格者，其格物之功，只在身心上做"。后来他反复致意的是"心外无理"与"心外无事"，即道德理性或实践的源泉出自内心。如忠孝之理不在对象（君

---

[10]（明）王阳明：《传习录下》，第318条，见陈荣捷：《王阳明传习录详注集评》，第370页。

或亲)身上,而是出于行忠孝之心。格物就是忠孝的实践。虽然就其根本而论,这也言之成理,但他几乎没有处理外部事物如何成为内在对象的问题。然而自然物品毕竟不是社会关系,很难直接归结为内心变现的产物。

"南镇观花"的公案,提供了阳明消解这一疑问的契机:"先生游南镇,一友指岩中花树问曰:'天下无心外之物,如此花树,在深山中自开自落,于我心亦何相关?'先生曰:'你未看此花时,此花与汝心同归于寂。你来看此花时,则此花颜色一时明白起来。便知此花不在你的心外。'"[11]面对友人的质疑,阳明对外在之物提供了一种内在化的视角。它是"心外无物"的一种解读。不过,这只能说明阳明与友人对待花树有不同的立场,不能表明两者的观点可以相互取代。问题宛如《庄子·人间世》中的栎社树,观众心目中只是树之景致,匠人看到的却是它的材质。庄子则知道,两种眼光可以并行不悖。

如果把观树与"特修斯之船"联系起来,可知从材料或者物理角度看待物,是人的自然态度,从对船的材料预设,到《人间世》中的匠人,再到与阳明一道观花的友人,莫不如此。如何利用物的自然特性造福人间,是物对人的基本义或第一义。生命与生活需要物质基础,但它又非问题的全部,不仅船的故事是历史衍生的,观众的风景以及阳明所品味到的花颜美色,也是与物相关的精神生活不可或缺的内

---

[11](明)王阳明:《传习录下》,第275条,见陈荣捷:《王阳明传习录详注集评》,第332页。

容。而作为景观的《庄子》栎社树或阳明花树，虽然与"特修斯之船"一样，意义不在于物理特性，但"树"与"船"的形象也各不相同。美是对外部形态的直觉反应，文物则是历史的标志，后者需要知识的唤醒才能显现它的价值。此外，栎社树本身是一种神树，是代表地域神被崇敬、拜祭的对象。在其信众的心目中，它不是建材，不是纪念物，也不是美景，而是神物。它不可利用，不必思索，更不能亵玩，只能顶礼膜拜，这同样是真实的。

当朱子说"凡天下之物"时，当然包括自然与社会现象，其目标是天下之理，方法是通过格可见的物求不可见的理。朱子视宇宙、社会、人生为一体，往往用自然现象类比社会人生问题。但是，对于如何理解不同"物"类或物态之差别，他却没有给出足以警示阳明的分析。阳明的问题就在于，试图从自然之物探取人生即成圣的理，而一旦发现此路不通之后，就掉头奔往相反的方向，干脆移事作物。事在人为，行为与动机相连，事的问题因而成为心的问题，自然之物便被放逐于其视野之外。《大学》说，"物有本末，事有始终"，这意味着"物"原本有独立于"事"的意义。因此，不能无视物的存在。关键是如何对不同类的物，尤其是物的不同形象，提供一种整合的观点。

物本于自然现象，但不只是自然现象。我们把物区分为自然与人工两大类，人工制作者通常称器，器又可分实用品与象征物两种。实用品依赖材料的物理属性，根据使用的目的而设计制造，一般的器物如工具或武器均属此列。象征物的特点是作用或意义与材料的物质价值无关，如国旗、货币、书画，等等，意义均与材质无关。而象征物还可以分为社会象征物与精神象征物。社会象征物包括各种公共使用物品，如货币或交通灯，它是社会约定建立起来的，意义受制度或习惯的约束。精神象征物包括神圣物品、审美对象（艺术品或非艺术品）、文物，等等。把它们界定为精神物品是因为这些物品所引发的意识活动与直接的物质利益或社会名利无关，它是个人的而且往往靠直觉起作用。当然，有些物品既是社会象征物，也是精神象征物，例如某些旗帜。[12]这个分类，虽然比较粗略，但它从自然之物开始，合乎逻辑地层层区分，一直到把物从心（精神或意识）的对立面变成心的影子。但这个分类只是理想类型，不但可以有功能不同的各种物，也可以有集不同功能于一身之物。把复杂的意义关系秩序化，借用朱子的话，就是"理一分殊"。"理一"是意义及转化有逻辑路径可循，"分殊"则是不同的物或物的面向，作用不能互相代替。因此，格物之"格"，也有相应的区别或变化。

朱子说："学者所谓格物，却无一个端绪，只似寻物去格。如齐宣王因见牛而发不忍之心，此盖端绪也，便就此扩充，直到无一物不被其泽，方是。致与格，只是推致穷格到尽处。"[13]这是要求把道德感的培养具体化。朱子又说："程先生谓'或读书讲明道义，或论古今人物而别其是非，或应

---

[12] 参陈少明《作为精神现象之"物"》（《孔学堂》，2021年第4期）的讨论。
[13] （宋）朱熹：《朱子语类》卷十八，见《朱子全书》第14册，第611—612页。

接事物而处其当否',如何而为孝,如何而为忠,以至天地之所以高厚,一物之所以然,都逐一理会,不只是个一便都了。"[14]物理与事理关联,不同的"物"呈现理的不同面向,"格"就是在经验中考察和学习相关的道理,这样才能从"分殊"达致"理一"。简言之,普通物理之物,负载伦理观念之物,体现社会制度之物,文化遗存之物,甚至审美或神圣之物,需要不同的探究、理解与实践方式。

4. 物的精神性

心与物的关系是相互作用的,一方面,心以物为基础;另一方面,物在心中呈现。自然科学研究前面的问题,精神文化关心后者的情况。下面继续扩展论题,从精神现象之"物"转移到物的"精神性"的讨论上来。前者是生活世界的产物,后者则是世界观的问题。这个精神不是个人内在的精神行为,而是整个人类共享的精神生活。

首先,人类的精神活动赋予物以超物理的意义。人类不仅对自己所制造并使用之物产生感情,在其实用价值消失之后还会将其保存起来,像"特修斯之船"那样,成为珍视的文物。我们还会把想象投射到自然物,特别是和人类生活密切相关且数量有限的事物上,例如太阳和月亮。日月更替让人类在光明中生活这一事实,使得两者都成为人类想象和赞美的对象。太阳由于光的炽热,对人类生存还存在负面的因素,月亮则只是美好的象征。在人类登上月球之前,除了

---

[14]（宋）朱熹：《朱子语类》卷一一七,见《朱子全书》第18册,第3693页。

少数科学家或天文爱好者,月亮几乎是各种浪漫遐想的对象。在中国传统中,它被想象为一个挂在碧空中的宫阙,一个高冷、静谧和雅致的去处。同时,还有嫦娥、吴刚和玉兔等凄美的故事相伴。后来的骚人墨客留下海量咏月的诗篇。最脍炙人口的,可能是苏轼的"明月几时有,把酒问青天。不知天上宫阙,今夕是何年。……人有悲欢离合,月有阴晴圆缺,此事古难全。但愿人长久,千里共婵娟"(《水调歌头·明月几时有》)。月亮变成类似故事很多的古迹,但古迹的故事有可能是真实的,月亮上的故事则是虚构的。对于远望夜空的人来说,那轮把银辉遍洒人间的皓月,可以是沟通不同时空中的人的中介。从而有李白"今人不见古时月,今月曾经照古人。古人今人若流水,共看明月皆如此"[15]的感慨。月亮不是文物,但它是永恒的精神对象。文物有成有毁,月亮永远挂在天边,不同世代的人都沐浴过它的光辉,它的故事可以传无数代人。有限的人类在此获得无限的精神情景。

即便在人类征服太空的时代,人们仍然不完全把它理解为天体物理现象。哲学家塞尔讲过一个故事:"有一次,我同一位著名的民族方法学家进行辩论,他自称能够证明天文学家通过他们的研究和他们的话语实际上创造了类星体和其他天文现象。'瞧,'我说,'假定你和我都到月光下散步,我说"今夜月亮真美",你表示赞成。我们是不是在创造月

---

[15](唐)李白:《把酒问月·故人贾淳令予问之》,见(唐)李白著,王琦注:《李太白全集》,北京:中华书局,1977年,第941页。

亮呢？'他说：'是的。'"[16]这位外国人类学家与传统一样，也是只关心呈现在精神世界中的对象。

其次，古人把世界整体理解为精神性的存在。世界首先是生命的摇篮，"天地之大德曰生"（《易·系辞下》），"生生之谓易"（《易·系辞上》）。"致中和"，则"天地位焉，万物育焉"（《礼记·中庸》）。儒者把生（生命、生育或生活）理解为天地仁德的表现。"子张曰：'仁者何乐于山？'孔子曰：'夫山者，岿然高。'子张曰：'高则何乐尔？'孔子曰：'夫山，草木植焉，鸟兽蕃焉，财用出焉，直而无私焉，四方皆伐焉。直而无私，兴吐风云，以通乎天地之间；阴阳和合，雨露之泽，万物以成，百姓咸飨。此仁者之所以乐乎山也。'"（《孔丛子·论书》）精神附丽于生命之上，故庄子观鱼之乐，观秋水而见道，"独与天地精神往来，而不敖倪于万物"（《庄子·天下》）。汉字的"性"字来自"生"字，而"生"字是草木生长的象形字。由生而性，意味着我们是以生命的眼光来看待事物的。"物"字也然，王国维说其原义是"杂色牛"。[17]庄子就说"牛马四足，是谓天"（《庄子·秋水》）。自然就是天然。荀子把生命链条理解成有秩序的过程，所谓"水火无生而有气，草木有生而无知，禽兽有知而无义，人有有气、有生、有知，亦且有义，故最为天下贵也"（《荀子·王制》）。有知即有意识，有义是有精神。人是生物链的最高端，其充分表现即精神。宋儒说"万物静观

---

[16]［美］约翰·塞尔：《心灵、语言和社会：实在世界中的哲学》，第18页。
[17] 王国维：《释物》，见《观堂集林》卷六。

皆自得，四时佳兴与人同"[18]，就是对人受惠于宇宙的自觉。不像古希腊人把宇宙当作手工业模式的制造物，我们的古人认为，天地是自我生产的无限力量。

在《对唯心主义的驳斥》中，摩尔说："现代唯心主义如果对宇宙有任何一般结论的话，就是断言宇宙根本上是精神性的。"这种主张大致包含两个观点："（1）宇宙非常不同于它看起来的样子，以及（2）它有相当大数目的内容并不像它被看到的那样。椅子、桌子和山川看起来非常不同于我们，但当整个宇宙被宣称是精神性的时，这肯定是断言，它们远比我们所预想的更像我们。"所谓更像我们（具有意识的人类），指的是"当整个宇宙被宣称是精神性的，不仅意味着在某些方面它是有意识的，而且这种意识被我们自己承认为更高的意识形式"[19]。前面的分析告诉我们，这种唯心主义不只是当代观念，而且其理由也不像摩尔想象的那么不合理。这是一种本体论的观点，它是人类赋予具体的自然物和人造物意义的精神基础。

第三，现代的类精神产品也具有精神性。在技术发达时代，人的创造物层出不穷。它不只是在已有的种类中增加某些物品，而且创造出传统中不存在的物类，例如机器人。机器人一开始当然是个比喻，它属于器的行列。但当人工智能发展至可以让人造物具有比创造者更出色的反应时，人类

---

[18]（宋）程颢：《秋日偶成》，见《二程集》，北京：中华书局，1981年，第482页。
[19] George Edward Moore, "The Refutation of Idealism", *Philosophical Studies*, pp.1-2.

就会产生它们是否有精神状态的疑问。所谓精神状态，指的是类似人的意识行为。如果答案是肯定的，那这种人造物就会有人格或个性。人类应当担心这种情况的出现。它不是人类把自己的精神投射其上的文物，文物只是人的精神现象的副产品，真正智能的话，它是人的异类。另一种潜在的"人"，是克隆技术可能造成的复制人类。克隆技术可以造成一个人的多个复制品，但它与多胞胎兄弟不是一个类型，是人类从来没有面对过的现象。因此，人类会禁止它的出现。此外，还有一种可能的情形是，通过体外受精在实验室的条件下成批生产的婴儿，在脱离自然家庭养育的条件下成长，可能带来的人格异化。人工授精的技术只是零散的运用，由于婴儿归父母认领，其结果类似于被领养。如果放大规模、集体抚养，情况将有质的变化。这些现象与霍布斯想象中重新组装的船相比，与原物（人）更亲近。但人类实际是拒斥的。这三种"类人"产品的共同点，在于人类把自己的精神活动转移到人的制造物身上。它会影响到人类整个物种的认同，甚至威胁到其生存。"叶公好龙"这个成语，如果用于形容人类对待自己创造的这类物种的态度上，可能才是贴切的。

对物的精神性的三层区分中，包括通过精神活动赋予事物非物质性的意义，给宇宙万物一种本体论式的理解，以及把意识置于创造物中（或者从人自身异化出去），前二者一直是人类精神传统中根深蒂固的成分，是生命的自我理解，第三者则是对人类自身的挑战，人类应当正视这种自我挑战的后果。或者说，前二者是世界观论题，第三者则是世界观要面对的问题。

结　语

从"特修斯之船"谈及格物和背后的精神问题，不是先验的逻辑演绎，更非比较哲学的研究。它更像思想的拼图，不过不是把一张画分割成很多碎片，然后把它填充回去那种模式，而是要拼出并非预制的图景。它由两个似乎风马牛不相及的景象组成，一个是"特修斯之船"（包含霍布斯的延伸讨论），一个是宋儒的格物学说（心学、理学两派观点）。此外，还有一些来自经典或其他文献的思想边角料。在讨论船时突出它的历史身份，由身份联系到人格及个性的自觉对身份化的物的理解。在物的多重形象的框架中，宋儒格物之争的结构关系得到了新的安排，物的自然性与精神性的关系也有了一个丰富而有层次的思想图景。原料是现成堆积物，但需要挑选。拼接是增补与删削的工夫，眼光、想象力与技艺都会起作用。哲学是思想的手艺，因此，它是可以通过切磋琢磨改进的。在眼光独到者手中，有可能是另外的样子。

（原载《华东师范大学学报》，2022年第4期）

七

经典世界中的《兰亭序》
一个哲学的视角

《兰亭序》是以书法经典名世的。但它其实是事件、文章与书法的集合体。从发生的逻辑讲,它首先是一个事件,是古代文人雅集的情景记录;其次是一篇美文,是咏叹这种生活情调的华彩文辞;最后才是一个名帖,一件成就作者书圣地位的稀世作品。《兰亭序》(包括文与帖)及其影响是一个漫长的故事,只是故事不同阶段的主角并不相同。作为原初事件的基本角色,自然是参加那场雅集的骚人墨客。但文章的作者与书写者,则只是王羲之,他是真正的主角。而作品典范地位的形成,则是一个跨世代的历程。其中追述者、拥戴者和跟随的身份和表现,各有千秋,均功不可没。本文重提《兰亭序》,并非想对这一经典作品追加一次赞美或增添一点质疑,而是提一个问题,为何这个真迹没世上千载的字帖,依然可以在其身后持续表现其典范的力量?借此观察,为经典世界中人、事、物的相互转化,补充一个特殊的注脚。[1]因此,视角的选择,不是艺术的,而是文化的。背后的理念,更是哲学的。

---

[1] 参见陈少明:《经典世界中的人、事、物——对中国哲学书写方式的一种思考》。

1. 事、文、书:"三位一体"

《兰亭序》这一杰作,诞生于一个有精神情调的事件。这个事件不仅是作品的起因,同时还是其表现的内容。综合其序文和有关史传[2],其情节梗概如下:东晋时代"永和九年"(公元353年),"岁在癸丑,暮春之初"的某一日,在会稽山阴之兰亭一地,"群贤毕至,少长咸集",一群文人雅士一起春游。活动的基本描述,是"流觞曲水""一觞一咏""畅叙幽情"。简言之,就是临水赛诗,输者罚酒。所赋之诗结集,由其时在书法上负有盛名的王羲之作序并书。序文后以《兰亭序》(或《临河序》《禊帖》等)为名传世。相关故事中人、事、物要件完整,主题为友情和人生,与权或利的追逐无缘,充满文化的韵致。这种古典朋友圈的聚会,诗、酒、情齐备,是当时的时尚[3],也系后世所谓雅集的范本。因此,事件本身就是艺术,散发着特殊的魅力。[4]

缘事而修文,但文章并非只是事件的单纯复述。它借景表情,"临文嗟悼""喻之于怀",都是生命意兴的畅叙。感触所至,区区兰亭,足以"仰观宇宙之大,俯察品类之盛"。"夫人之相与,俯仰一世。或取诸怀抱,悟言一室之内;或因寄所托,放浪形骸之外。虽趣舍万殊,静躁不同,

---

[2] 文献如南朝梁刘孝标注的《世说新语》,唐太宗亲撰的《晋书·王羲之传赞》,唐代何延之的《兰亭记》等。

[3] 西晋石崇的《金谷诗序》的描述就很相似:"昼夜游宴,屡迁其坐,或登高临下,或列坐水滨。……遂各赋诗以叙中怀,或不能者,罚酒三斗。感性命之不永,惧凋落之无期。"

[4] 故事被归入《世说新语·企羡》。

当其欣于所遇，暂得于己，快然自足，'不知老之将至'；及其所之既倦，情随事迁，感慨系之矣。向之所欣，俯仰之间，已为陈迹，犹不能不以之兴怀，况修短随化，终期于尽！古人云：'死生亦大矣。'岂不痛哉！"（《兰亭序》）这里既有夫子"乐以忘忧，不知老之将至"（《论语·述而》）的豪迈，也有庄生"死生亦大矣，而不得与之变"（《庄子·德充符》）的感怀。王羲之的成就虽非玄学，但这种内在的纠结，与以王弼、郭象为代表的魏晋玄学既尊圣人又慕老、庄的思想底色是一致的。其矛盾者不是作者之行文，而系人性之结构。"后之视今，亦犹今之视昔"，作者坚信，"故列叙时人，录其所述，虽世殊事异，所以兴怀，其致一也。后之览者，亦将有感于斯文"。"斯文"之文，正是超越生命的有限性，让价值传承的寄托所在。其文之成就，当时已有定评。"王右军得人以《兰亭集序》方《金谷诗序》，又以己敌石崇，甚有欣色。"（《世说新语·企羡第十六》）可见，对序文的评价，才是王羲之最关切的。唐代柳宗元说："兰亭者，不遭右军，则清湍修竹，芜没于空山矣。"[5]由此可见，人、事、物均以文传。

本来，序文的写作就是事件的完成。若以此为限，则《兰亭序》只是一名文，不会比《金谷诗序》影响大太多。但是，一旦赋予它不一般的外观，它就会变得神奇。这就是汉字书法之魅力所在。因此，王羲之的书写，成为这件作品

---

[5]（唐）柳宗元：《邕州柳中丞作马退山茅亭记》，见《柳宗元集》，北京：中华书局，1979年，第729页。

不可缺少的最后一道工序。虽然后世的读者不能观赏其手书的过程，也未能获取王氏本人对其书写的见解，但是笔墨的遗存，会为我们提供想象的空间。文运行于思想中，书法则落实于实物上。后者同样需要具体的构思，例如，字体的选择，纸张（或绢）的规格，以及条幅的布局，落笔之前，要胸有成竹。以字体为例，唐人张怀瓘说："王羲之……尤善书，草、隶、八分、飞白、章、行，备精诸体。"[6]商承祚认为"《书断》（中）品评诸家书法时，列八分书妙品九人，羲之居末，隶书（真书）神品三人，羲之第二。又其《书议》，则以真书羲书第一，虽稍有出入，但出入不大，皆可说明评者认为羲之的隶书（八分）是不及楷书的"[7]。即是说，《兰亭序》的字体是作者最擅长的。此外，书写的过程，无论楷、行、草，除了笔法、结体，还存在速度、节奏的差别，甚至还有修改、涂抹，并且还会连同其书写时的情绪，一齐存留在笔迹上。唐人何延之《兰亭记》追叙说："挥毫制序，兴乐而书，用蚕茧纸、鼠须笔，遒媚劲健，绝代更无。凡二十八行三百二十四字，有重者皆构别体。就中'之'字最多，乃有二十许个，变转悉异，遂无同者。其时乃有神助。及醒后，他日更书数十百本，无如被禊所书之者。"[8]这段赞誉有加的文字，除了"更书数十百本"外，其他皆可说是何

---

[6]（唐）张怀瓘：《书断中》，见（唐）张彦远辑：《法书要录》卷八，上海：上海古籍出版社，2013年，第186页。

[7] 商承祚：《论东晋的书法风格并及〈兰亭序〉》，见郭沫若等著：《兰亭论辨》下编，北京：文物出版社，1977年，第19页。

[8]（唐）何延之：《兰亭记》，见《法书要录》卷三，第84页。

氏从读帖过程中领会出来的。

至此,事、文、书三位一体的《兰亭序》便告合成。整部作品生产的程序,得遵循事件发展的步骤。其中前者是后者的基础,没有事件就没有文章,而没有文章就没有书法。然而从影响的逻辑看,则是后者提升前者的意义。没有文章,事件就进入不了历史,如柳宗元所言,会"清湍修竹,芜没于空山"。而没有这杰出的书法,文章的读者也会大为减少。三者的关系,有点类似埃舍尔(Maurits Cornelis Escher)的自画像《手与反射球体》所图示的关系,或者也有点像常人用手机玩自拍。区别在于,自拍可以不照出拿手机的手,而拿反光球的手则照在球的镜面中,于是自照的行为也保留在画面中。因此,人(事件)映在球(文章)中,而球举在人的手(书法)中,所有环节一起呈现,整个行为完整而绝妙。书法通常书写有意义的文辞,文章则不必待书法才成立。文章首先构思在意识中,可以呈现在记忆或者诵读过程中,未必固定为特定的文字版本。即使成为文字,遇到普通的印刷或者抄写拙劣的字迹时,读者在阅读过程中就把字符忽略掉。而书法则可以创造一件存在于时空中的作品,其成就大者,还会成为经典世界中的品类。经典世界中的物,不仅是经人运用或品题过的自然物体,它还包括器物——人类在三维空间中创造的作品。它是人类文化的成就所在。

《兰亭序》的诞生,为文化留下一颗内涵丰富、生命力旺盛的种子。但其成长需要合适的土壤或者说运气,"种子"只是漫长故事的一个开端。

2. 进入经典世界

"经典世界"是理解经典文化的一种观点。它以经典文献中的人物、事件为中心，展示一幅更广阔的历史生活图景。其载体以儒家经书为核心，累积并包含经、子、史三个层次的文献，甚至延及各种笔记、小说。后者虽然处于边缘位置，但它是这个世界不断开垦的疆域的组成部分。经典内容的故事化，与早期知识的储存、应用和传播皆以言传为基本途径有关。被记载的这些人物、故事可能穿越于不同的经典文本中，具有独立于其生活原型的生命力。而世俗事物进入经典世界的条件就是有出色的成就，成名或者成事。其意义在于树立榜样，垂范后世。任何人物或事件，也只有进入经典世界，才能登上可能被后世关注的历史。[9]《兰亭序》及其作者的命运，也可置于"经典世界"的视野中观察。

王羲之在生之时，"其书为世所重"（《晋书·王羲之传》），已有盛名。要不然，群贤毕至的兰亭雅集上，也轮不到他来作序。而事件的戏剧性，本身就是文章有力的铺垫。故其作品一旦完成，自然有产生影响的机会。特别是"他日更书数十百本"的传说假如为真，就更助长其传播的机会。不过，《兰亭序》是事、文、书三位一体，仅传事与文，普通文字记载甚至口耳相传就可以了。但书法不一样，它是艺术，得以实物形态流传，只有睹形才能传神。实物如果秘藏或遗失，不仅文章影响力减弱，作者本人书法史上神圣般

---

[9] 陈少明：《什么是"经典世界"？》，见中国社会科学院哲学研究所主办：《中国哲学年鉴（2017）》，北京：中国社会科学出版社，2017年。

的地位也可能无法保证。距王羲之身后不足百年的梁武帝萧衍这样评价:"王羲之书字势雄逸,如龙跳天门,虎卧凤阙,故历代宝之,永以为训。"[10]这位君主早就"收右军帖二百七十余轴"[11],只是《兰亭》帖没有得手。历史需要机会。《兰亭序》在王家秘传七代之后,竟然于贞观年间浮出水面,转手为唐太宗李世民所据。此后,不但《兰亭》帖重见天日,而且兰亭集会的故事也随后进入史乘。酷爱王氏书法的唐太宗,竟亲撰《晋书·王羲之传赞》。于是,《兰亭》帖的声华借皇权广为传播,深刻影响其后的中国书法史。

概言之,《兰亭序》在历史上有两次出场的机会。第一次,是永和之年,《兰亭序》的文与帖一齐华丽亮相,但"快闪"之后,文存书隐,人间蒸发。二百多年的时间中,其影响靠"文"或"名"而非"帖"来维持。第二次,到贞观时代,《兰亭》帖的现世、转手及毁灭,展示了其更加跌宕起伏的命运。第二次出场的传奇,则是由贞观朝臣何延之在《兰亭记》中讲述的。

何记的焦点不在文,而在书,即字帖的浮沉上。他盛赞王羲之书法"遒媚劲健,绝代更无"。情节要点除缘起外,还包括书的秘传,藏主的转换,及其显世与最终被埋没的命运。整个剧情的节奏是:第一,真迹秘传。原作书写成功后,"右军亦自珍爱宝重,此书留付子孙传掌",一藏便传七

---

[10] (南朝梁)萧衍:《古今书人优劣评》,见黄简编:《历代书法论文选》,上海:上海书画出版社,1979年,第81页。
[11] (宋)姜夔:《兰亭考》,转引自(宋)桑世昌:《兰亭考》卷三,北京:中华书局,1985年,第24页。

代之久,直至唐代。"至七代孙智永……俗号永禅师。禅师克嗣良裘,精勤此艺。""禅师年近百岁乃终,其遗书并付弟子辩才。辩才俗姓袁氏,梁司空昂之玄孙……辩才尝于所寝方丈梁上,凿其暗槛,以贮《兰亭》,保惜贵重,甚于禅师在日。"第二,藏主转换。书帖由隐到显,充满离奇的桥段。唐太宗原本"以听政之暇,锐志玩书,临写右军真草书帖,购募备尽,唯未得《兰亭》"。一旦得知真迹秘踪,便见猎心喜。于是有了由尚书右仆射房玄龄设计、监察御史萧翼行事的窃取墨宝的谍报戏。"负才艺,多权谋"的萧御史,天生便有做间谍的才能。他先乔装书生,长途跋涉,制造与辩才寺院偶遇的机会。随后宾主便"围棋抚琴,投壶握槊,谈说文史,意甚相得",且"酣乐之后,请各赋诗",获得"恨相见之晚"的效果后,客人便有4次反复登门造访且都以"诗酒为务"的机会。于古人而言,既有诗酒,岂无书画?萧翼抛砖引玉,拿家祖梁元帝自画的《职贡图》与辩才共赏,后者便上当透露《兰亭序》之所在。萧翼欲擒故纵,质疑其应为拓本,辩才只好以真迹见示。于是,情节由骗变抢,结果自然没有悬念。字帖夺归皇室,太宗的雅好没有落空,还为此奖赏夺宝有功之人。第三,命运的转折。字帖藏主的变换,即便公开,也只是藏主名字由隐转显。但真迹依然只有藏家才能目睹。而名帖不能以真面目示人的话,拥有者的满足感就没法与人共享。或者说,拥有只能保存,可传播才成就经典。好在字帖的展示还有折中的途径,即制作、发布拓本。"帝命供奉拓书人赵模、韩道政、冯承素、诸葛贞等四人各拓数本,以赐皇太子诸王近臣。"这就等于用替身进行表演、传播。更离奇的是，这个名帖的命运，最终竟然是因唐太宗的痴爱而成为其陪葬品。故此，世间已无《兰亭序》。[12]

这故事，开篇引人入胜，中间高潮迭起，结尾令人唏嘘。这是故事中的故事。为了取信于读者，何延之在《兰亭记》的结尾处还特别交代故事的来源。当然，这不是故事唯一的版本。另据刘𫗧所言，真迹随葬不是太宗本人的要求，而是另有其谋。"贞观十年，乃拓十本以赐近臣。帝崩，中书令褚遂良奏：'《兰亭》，先帝所重，不可留。'遂秘于昭陵。"[13]无论如何，《兰亭序》真迹不再存世，已是共识。这个千古名帖，世间知其所在的时间，其实不超过贞观一朝。但是，从正史《晋书·王羲之传》到传说《兰亭记》，足以让它的信息存留于传世的文献之中。皇权的加持，是其能广泛传播不可或缺的因素。唐太宗御制曰："所以详察古今，精研篆素，尽善尽美，其惟王逸少乎！观其点曳之工，裁成之妙，烟霏露结，状若断而还连；凤翥龙蟠，势如斜而反直。玩之不觉为倦，览之莫识其端，心慕手追，此人而已。其余区区之类，何足论哉！"(《晋书·王羲之传赞》)清代阮元深研碑帖，对书法史颇有心得，他说："至唐初太宗独善王羲之书，虞世南最为亲近，始令王氏一家兼掩南北矣。""《兰亭》一纸，唐初始出，欧、褚奉敕临此帖时，已在中年，以往书法既成后矣。""褚临《兰亭》，改动王法，

---

[12]（唐）何延之：《兰亭记》，见《法书要录》卷三，第84—88页。
[13]（唐）刘𫗧著，程毅中点校：《隋唐嘉话》，北京：中华书局，1973年，第53—54页。

不可强同。虞世南死,太宗叹无人可与论书,魏徵荐遂良曰:'遂良下笔遒劲,甚得王逸少体。'此乃徵知遂良忠直,可任大事,荐其人,非荐其书。其实褚法本为北派,与世南不同。"[14] 依阮元,即使褚遂良这样的大家,也因权力的因素而导致其书法改头换面。其实,帝王爱墨宝,不一定基于政治的动机。但名帖因帝王而贵,则是政治文化的逻辑使然。《兰亭》帖最终成为唐太宗的陪葬品,就是浪漫、霸道且荒唐的行为。这结果真的不可思议,但大家都相信,原帖就是被唐太宗带入昭陵的,其中便包括酷爱书法的毛泽东。[15]

当王羲之完成《兰亭序》的书写时,他未必觉得字比文重要。得知《兰亭序》能敌《金谷诗序》的评价,他"甚有欣色",就能说明其关切之所在。即使他也存有在书法上展示才能的想法,也系平常心理。《兰亭》帖,从诞生到秘传,历经七世,都不算进入历史。只有当该帖的藏主由隐到显,持家变换的故事开始流传并最终进入史乘,它才进入经典世界。一旦进入这个世界,相关信息就会与文献一起传世。同时,故事也会超脱于事件的原型而有自己的生命力。这时候,野史的贡献就不逊于正史。其实对于这一书帖的多数爱好者而言,神奇比真实更能增强其魅力。后世多少"兰亭考",几乎都针对《兰亭记》而来。可每一次质疑,客观上

---

[14](清)阮元:《南北书派论》,见《揅经室集》下,第591—593页。
[15]徐涛:《毛主席与"兰亭序"》,见中共中央文献研究室编:《缅怀毛泽东》(下),北京:中央文献出版社,1993年,第626页。

都加强了《兰亭》帖在历史上的存在感。当然，书法要成为经典，需要但不能仅依靠经典世界中的传说。艺术不是文学，其存在必须通过具体的审美形态来展示。不可思议的是，《兰亭》帖即使在真迹消亡之后，仍然可能通过临帖或拓本继续召唤后世无数企慕者的想象力。

3. 临摹的现象学

临摹很可能是意义被低估的实践。拓本或摹本是对传统书画原作的仿制，但金石材料与绢纸文书的摹拓方式不一样，虽然两者都要用纸张紧覆，前者用手或其他工具勒压，后者则透过墨迹的阴影用笔描画。故字帖的拓本一般是用笔摹画而来。在关于《兰亭序》的故事中，临与拓是被反复提及的现象。例如，王羲之的七世孙智永，"尝居永欣寺**阁上临书**，所退笔头，置之于大竹簏，簏受一石余，而五簏皆满。凡三十年，于阁上**临得真草千文**，好者八百余本，浙东诸寺各施一本。今有存者，犹直钱数万"[16]。"辩才博学工文，琴棋书画，皆得其妙。**每临禅师之书，逼真乱本。**"[17] 其所藏《兰亭序》"自示翼之后，更不复安于梁槛上，并萧翼二王诸帖并借，留置于几案之间。辩才时年八十余，**每日于窗下临学数遍，其老而笃好也如此**"[18]。皇帝也如此，"至贞观中，太宗以听政之暇，锐志玩书，**临写右军真草书帖，**

---

[16]（唐）何延之：《兰亭记》，见《法书要录》卷三，第85页。加粗为作者所标，以示强调，后同。
[17] 同上。
[18] 同上书，第87页。

购募备尽，唯未得《兰亭》"[19]。真迹得手之后，"**帝命供奉拓书人**赵模、韩道政、冯承素、诸葛贞等四人**各拓数本**，以赐皇太子诸王近臣"。以至字帖"随仙驾入玄宫"后，"今赵模等所拓，在者，一本尚直钱数万也"。[20] 阮元则说《兰亭》一纸，唐初始出，欧、褚奉敕临此帖"[21]。看起来，拓与临不一样。拓有专职人员，无论是一般的拓还是向拓，都有一个紧贴原作摹写字形的环节，工序严格，能精准体现原作形态，所以皇上可将其作为礼物赐人。临则是一人书写，且反复进行，要义不仅是临摹正确，而且在于通过这种训练，把笔法内化为临者的书写能力。少年时代临习过《兰亭》帖的郭沫若就声称："我能够不看帖或墨迹影印本就把它临摹出来。"[22] 因此，皇上要求大臣临写，则是在落实其所树立的书法典范。简单说，拓制离不开原作，临写最终目的是脱离原作但神似原作。

学书需要临摹，这是常识。但临摹的作用何在？是否只是把字写得规范，写得准确？如果只是这样，它就是培养字匠的程序，与其他从模仿开始的工艺无异。相对上述的临与拓，宋人黄伯思对临与摹的区分，有助于加深对问题的理解。所谓"临，谓以纸在古帖旁，观其形势而学之，若临渊之临，故谓之临"，而"摹谓以薄纸覆古帖上，随其细大而拓

---

[19]（唐）何延之：《兰亭记》，见《法书要录》卷三，第85页。
[20] 同上书，第88页。
[21]（清）阮元：《南北书派论》，见《揅经室集》下，第593页。
[22] 郭沫若：《由王谢墓志的出土论到兰亭序的真伪》，见《兰亭论辨》上编，第17页。

之，若摹画之摹，故谓之摹。又有以厚纸覆帖上，就明牖景而摹之，又谓之向拓焉。临与摹二者迥殊，不可乱也"。[23] 简言之，摹与向拓类似，不是写，而是描出来的。一笔一画，依样画葫芦。今日《多宝塔碑》书法教程那种钩线填墨的作业，与此相类。临则不然，它是书写，而非描字。"观其形势而学之"，要求临者下笔之前有一个对原帖进行揣摩思考的心理过程。心中有数之后，才能在落墨、运笔、力度、节奏上调控自如，形成逼近原作的效果。

犹如声音可以辨识人物，笔迹也是书写者个性的体现。每个人的笔迹同其指模一样，都是独一无二的，所以签名是签名者做出承诺的有效证据。熟悉的笔迹会给其相知者带来见字如见人的效果，故人的遗墨，则更容易牵出难以平复的心绪。每幅笔墨的背后，都有一个具体的书写者。如果对象是古人，你也可以借助相关信息展开对他的情境想象，特别是当你要临写其字帖的时候。而且，形成与原作相同的笔墨效果的书写姿势，很可能就是创作者本来的姿势。身心不二，临摹者是带着一种敬仰原作者的心情从事作业的。有长期临帖经验的唐太宗，声称其对王氏字墨"玩之不觉为倦，览之莫识其端，心慕手追，此人而已"（《晋书·王羲之传赞》）。所谓"心慕手追"，正是临书的精神状态，"心慕"与"手追"是不能分离的过程。清代王文治题柯九思所藏《定武兰亭》说："借临数日，觉书格颇有所进。正如佛光一照，无

---

[23]（宋）黄伯思：《论临摹二法》，见《宋本东观余论》卷三，北京：中华书局，1988年，第33—34页。

量众生发菩提心,益叹此帖之神妙不可思议也。"[24]另一位《兰亭序》的现代崇拜者则如此描述:"愚不才中岁嗜书,坐卧王氏书帖。往于佳本《兰亭》,时有心神散朗,一似帖气显露'雄强',使人凭生振发……玩书字故应如相马然,牝牡骊黄,妙尽神凝,却能涵茹性趣。又吾每一临习《吴炳不损本》,思与古人'神交',解衣盘礴,辄成'默契'。此吾之所得也。"[25]从意向目标而言,临比摹(或者拓)多了一个层次。摹只是对象的形的再现,临则在形的再现过程中,同时追溯、体验原形背后的精神,或原作者的思想活动。由于这一精神现象产生于过去,因此,临的精神就从在场的事物指向不在场的理念,思想的视野也就从空间转向时间。与古人"神交""默契"的境界,由此达成。这种意义的临书,正是一种精神的修炼。如果不是这样,人们就无法理解对同一字帖做上百遍临写的意义何在。

从技艺转到作品上来。显然,临书不是摹拓,更非机械的印制。后者不但可以复制得一模一样,而且能批量生产。前者不求形态上分毫不差,神似重于形似。每一个临本都是唯一的,不会互相取代。即便同一临写者的不同临本,也是各具个性的。生命中每一个时刻都可能有不同的精神体验。因此,《兰亭记》才可以说,王羲之第一时间书写时,"其时乃有神助。及醒后,他日更书数十百本,无如禊所书之者"。当然,临作更非伪作。赝品企图冒充并屏蔽

---

[24](清)王文治:《定武兰亭》,见《快雨堂题跋》卷一,杭州:浙江人民美术出版社,2016年,第8页。

[25]高二适:《〈兰亭序〉的真伪驳议》,见《兰亭论辨》下编,第10页。

原作，但临作以公开其与原作的亲缘关系为荣耀。打个比方，印制是把对象非生命化，而赝品则是对原作的篡权与谋杀。临写者将原作看作精神的源泉，因此，其作品就是相关精神的衍生物。既然真迹是作者精神形态的体现，那么，以这种态度书写的临本便必然带着临写者的性格特征，同样是独一无二的创造物。阮元对此颇有洞见："王右军《兰亭修禊诗序》……其元本本无钩刻存世者，今定武、神龙诸本，皆欧阳率更、褚河南临拓本耳。夫临拓之与元本，必不能尽同者也，观于欧、褚之不能互相同，即知欧、褚之必不能全同于右军矣……《兰亭帖》之所以佳者，欧本则与《化度寺碑》笔法相近，褚本则与褚书《圣教序》笔法相近，皆以大业北法为骨，江左南法为皮，刚柔得宜，健妍合度，故为致佳。若原本全是右军之法，则不知更何景象矣。"[26]这就表明，临作的最佳成就，不是摆脱个性，而是与临写者个性特征的完美结合。因此，有伟大的真迹，也会有伟大的临帖。特别是真迹存亡成为问题之后，临帖中的佳本就会顶替原作的位置，处于被崇信者顶礼膜拜的地位。

由原作与临作的亲缘关系，可以联系到艺术品与文物的同一性问题。西方有个关于"特修斯之船"的哲学问题。它假设一条木船被不断使用，不断维修，从而导致该船建造之初所有的材料都被彻底置换掉。其设问是，它还是当初的那条船吗？这是变动中事物的同一性难题。问题在于，它似

---

[26]（清）阮元：《王右军兰亭诗序帖二跋》，见《揅经室集》下，第599—600页。

乎是在物理意义上谈同一性，才成疑难。生物体就不然，成年人身上的细胞与孩童时的细胞可能没有多少相同之处，但新细胞是在旧细胞的基础上生长出来的，就不存在这个问题。形式上最接近"忒修斯之船"的，应该是文物的修复甚至重建现象。因范仲淹之记而千古流芳的岳阳楼，就是因水火之灾而反复重建的案例。今日这座名楼旁边还刻意保留着它在历史上不同时期的各种建筑模型，供人对比、凭吊。但似乎没有人因此而质疑现楼的身份合法性，相反，倒是容易被触发缅怀其历史生命的思绪。历史生命的同一性，是由精神的领悟力决定的。

然而，文物及其重修，也非原帖与临帖的关系。文化遗址的维修需要在原物的基础上进行，重建则一般要求有原址。此外，形态必须接近，至少不能把桥铺成路，把楼修成塔。否则，它就不具有原物化身的合法性。而且，这种化身具有排他性，即不能同时存在多个替身。如果洞庭湖上修出许多岳阳楼，那至多只有一个有可能跟范仲淹题记的那座名楼有替身关系。至于岳阳楼各个历史模型的并置，只能理解为其生命历程不同时期的面貌留下的剪影，而非不同身体的并存。原帖与临帖的关系则不然，后者不是对前者的修复，两者可以并存。同时，还可以有众多的临帖。面对同一原帖时，所有临帖的关系都是同等的。因为所有临帖都非以原帖的化身而存在，没有身份的竞争关系，不存在谁更具合法性的问题。如果不同的临帖存在价值的差别，那也是由另外的原因造成的。例如，临摹的效果即逼真或传神的程度，或者临摹者的身份，是帝王、书法家还是普通书法爱好者或者字匠，都会影响对临作的评价。

原作与临本的关系，更类似亲子关系。"子"既是"亲"存在的见证，也是"亲"生命的延续。这种延续不是个体生命的延长，而是种族的蕃衍。一旦原帖在物理意义上不存在，其拓本及各种临帖，就是其经典意义的展示。一方面，后世的读者根据拓本或临本想象原帖的面貌，犹如从子女的相貌想象其双亲的容颜；另一方面，众多的临本体现了原帖的典范性与生产力。只有临写，书法艺术的传承才能进入实际操作。临本可以是不同人所临，也可以是相同的人在不同的时间所临。在拓本不普及同时临帖出色的情况下，甚至可以有临本的临本，即从子帖到孙帖的衍生，许多名帖都存在这种现象。如果拓本不存，又没有临本传世，孤独秘藏的《兰亭序》即使不是帝王的陪葬品，其影响力也将是有限的。值得庆幸的是，它有大量临本存在。除王羲之本人"他日更书数十百本"外，还有秘藏时智永、辩才的先后临摹，特别是唐太宗本人的"心慕手追"以及多位文臣的临摹与赠送。即使原作不存，它也不会成为绝响。传奇的传布及临本的流传，又给后世大规模的反复临摹提供了动力与条件。临摹者中有古今书家、传统帝王、现代名流，或书法练习者，真可谓薪火相传。后来质疑《兰亭序》可信性的郭沫若仍说"自己也是喜欢《兰亭序》书法的人，少年时代临摹过不少遍，直到现在我还是相当喜欢它"[27]。此外，还有不少用自己的

---

[27] 郭沫若：《由王谢墓志的出土论到兰亭序的真伪》，见《兰亭论辨》上编，第17页。

字体书《兰亭序》者，如李鸿章、毛泽东，则可看作向这一经典致敬的表现。

《兰亭序》原系一颗精神的种子，在文化的土壤中长成了参天大树，"大树"见证"种子"曾经的存在。传统不是单线联系，而是谱系式的扩张。《兰亭序》第一次出场，主角是王羲之，第二次的主角则是君主李世民。此后，它虽然肉身退场，但道身犹存，其精神寄生在众多的拓本临作之中。临本的规模证成《兰亭》帖的经典价值，而帖的价值又推高作者书圣的地位。经典是解释出来的，没有解释就没有经典。同理，名帖是临摹出来的，没有临摹就没有名帖。传统是开创者与传承者共同创造的产物。

4. 千载遗墨意无尽

《兰亭序》能传世，得益于起初有效的收藏。它躲过了南北朝的荒乱，在王家一藏就是七代。收藏是人类的一大嗜好，从普通人的私人纪念品到各种巨型的公共博物馆，无不向我们昭示，这种行为与人类文化甚至人性有深刻的联系。不过，就如博物馆有主题一样，收藏也是分类型的。不同类型的收藏，意义不一样。收藏珠宝为了敛财，收藏标本在于认知，收藏艺术意为审美，而收藏文物则为怀古。《兰亭》帖的收藏，则兼有审美与怀古双重因素。或者说，它包含美与美的故事。

先说审美，它首先是作为书法作品而被收藏的。中国的汉字书法是神奇的艺术，它通过图像的呈现来把握。但书法不像绘画，没有外在事物作为参照评判的标准，有的只是灵动的线条及其组织所构成的文字符号。它包含字与书双重意义，字是符号，其含义被约束在文字系统的使用中，意义则指向生活或思想世界。书是文字的表现形态，其指向是字的标准形式，是字的各种带有书写者趣味的具体呈现。篆、隶、楷、行、草，是大的字体分类，但每个书写者的个性是分明的，字体的限制越松，书写者就越自由。任何一个对汉字有书写经验的人，都具有对不同字体之美的程度的分辨意识，虽然他不必是书法家或书法理论家。这种特殊的文化经验把汉字书法塑造成一种独特的艺术。虽然作文是王氏的首要目的，但书法无疑也是要讲究的。《晋书·王羲之传》赞其"尤善隶书，为古今之冠，论者称其笔势，以为飘若浮云，矫若惊龙"。作为"其书为世所重"的名家，收藏自己的作品，既是艺术家的自负，也可以说是敝帚自珍的行为。

所谓敝帚自珍，就是作为私人纪念品而加以收藏。但作为纪念物，其意义对前后收藏者来说，则有不同。最初的收藏，只是作为那场令人兴奋的聚会的一个物证，以期在若干年后，面对故物，会唤醒曾经的人物、场面与情怀。以时间为参照，最初收藏的意向目标指向未来。然而，一旦时间之流继续，日后它的出现或被重新收藏，作用就会不一样。对王氏或其家人而言，那是过去时光的证物。这时候，其意义的呈现在意向性上却是指向过去的。因为纪念品是让意识投射到被纪念对象或事件的中介，只有具备体现这一功能的条件，它才是其所是，即纪念性得以体现。一旦故物的意义超出私人情感的范畴，具有更广泛的文化价值，那就是文物。传之后世的《兰亭序》，由于集事、文、书三者于一身，因而作为文物近乎完美。美与美的故事，就是艺术与文物双重价值的叠加。

文物被视为从历史的现场遗存的物品。它必须包含两个条件，一是实物，一是信息，且两者得相互匹配。可实情往往不是有信无物，就是有物无信。前者如大量历史文献中提及的大至宫殿小至佩饰的物品，中小型者绝大多数或被毁灭，或下落不明。后者如果不是深埋地下，不见天日，则可能混在旧货市场或者静卧在穷乡僻壤，身份与废铜烂铁无异。信息揭示的意义往往比实物形态在文物价值的构成上更重要。现世的文物，如果不是本身直接携带相关历史信息，如刻有铭文的毛公鼎，就要靠专家艰深的考索做出证明，如很多出土文物。没有有效的信息揭示，文物的价值就无从彰显。同时，只有通过清晰的信息，才能把器物嵌入特定的历史背景或情景，从而判断它的价值品位。[28]说《兰亭序》作为文物近乎完美，是因为其实物与历史信息融为一体，价值几乎无须证明。然而，原帖已经不在，存在者只是其替身——拓本或临帖。

虽然何延之、刘餗对《兰亭》帖陪葬原因说法不一，但均肯定原作不复存世。以《兰亭》之名传世者，均为临摹本。著名者如定武、神龙诸本，被认为是出自欧阳询、褚遂良的临作。汪中说："今体隶书，以右军为第一，右军书，以修禊序为第一。修禊序，以定武本为第一。""定武乃率更

---

[28] 参陈少明：《从古雅到怀古——一种价值哲学的分析》。

响拓,而非其手书。"[29]阮元则说:"《兰亭帖》之所以佳者,欧本则与《化度寺碑》笔法相近,褚本则与褚书《圣教序》笔法相近。"[30]既然不是真迹,自然存在临摹是否失真的问题。不过,失真的前提是真迹曾经存在。与清代疑古风气日炽一致,先后有人疑《兰亭》为伪作。伪作不是指临本非真迹,而是所谓"真迹"原本就是假的,不存在真实的《兰亭序》,包括文与帖。问题是清末李文田提出的,其理由主要分两个方面。一是传世的《定武石刻》,笔意为晋碑所无;二是今本《兰亭序》文字比刘孝标所注《世说新语·企羡》所引《临河序》更长,"此必隋唐间人知晋人喜述老庄而妄增之"[31]。但它是写在私藏的《定武兰亭》中的跋,本来影响不大。而且,"近代怀疑《兰亭序帖》不是王羲之写的,也不止李文田一个,还有姚华、张仁广、张伯英父子等人"[32]。有意思的是,1965年"文革"前夕,郭沫若连发多文引申李文田的观点,并借考古资料、字形对比与思想分析,把怀疑论推向高潮,由此引发一场颇为热闹的辩论。反郭者人数不多,但也不甘示弱。其反驳的理据,一是王羲之写多种字体,碑刻的字体未必适合帛纸类软质材料;二是,刘孝

---

[29](清)汪中:《修禊序跋尾》,见(清)汪中著,田汉云校注:《新编汪中集》,扬州:广陵书社,2005年,第401页。

[30](清)阮元:《王右军兰亭诗序帖二跋》,见《揅经室集》下,第599—600页。

[31](清)李文田:《汪中旧藏〈定武兰亭〉跋》,见水赉佑编:《〈兰亭序〉研究史料集》,上海:上海书画出版社,2013年,第826页。

[32]龙潜:《揭开〈兰亭序帖〉迷信的外衣》,见《兰亭论辨》上编,第64页,引文略有改动。原载《文物》,1965年第10期。

标《临河序》可能只是《兰亭序》的摘录，原序本来没有题名，且《世说新语》注也不乏类似的例子。控辩双方，似乎都未提供压倒性的论据，所以自信如郭沫若也提出等出土发现来验证。"文革"中断了讨论，1977年文物出版社以《兰亭论辨》为名，将主要争论文章结集出版。此后，问题的影响渐微。[33]这里旧案重提并非想挑起新的纷争。其实，争论过后，依然是信者恒信，疑者固疑。问题是，对信、疑双方而言，《兰亭序》的地位会变化吗？

《兰亭序》是艺术与文物合一的珍品。尽管郭沫若质疑其真实性，但并不妨碍他继续欣赏其书法价值。王文治跋吴炳藏定武本："昨映山学使持以见示，天色已晚，烛光之下精彩迸出，即已叹为希有。及携归谛观，佳处愈显。观至三日，而形神与之俱化矣。"[34]高二适说："玩书字故应如相马然，牝牡骊黄，妙尽神凝，却能涵茹性趣。"[35]说的都是艺术欣赏，即通过形而指向神。文物的鉴赏则指向其产生的历史背景，即千载之上兰亭修禊那场群贤毕至的盛会，以及书圣王羲之激扬文字之神采。艺术指向当下，文物指向过去。于信者而言，有人质疑并不妨碍其借此怀古。只要怀古的心理体验是真实的，即便信错，又有何妨？苏东坡错置赤壁地点就是一例，那神驰千古、气吞河山的《念奴娇·赤壁怀

---

[33] 祁小春的《迈世之风：有关王羲之资料与人物的综合研究》（北京：文物出版社，2012年）代表怀疑派新近的成果。
[34] （清）王文治：《元吴炳藏本定武兰亭序》，见《〈兰亭序〉研究史料集》，第809页。
[35] 高二适：《〈兰亭序〉的真伪驳议》，见《兰亭论辨》下编，第10页。

古》，其价值并没有因凭吊地址出错而打折扣。对于疑者来说，这个书帖的历史位置自然与信者的评价有区别。但是，即使主疑者，也肯定该帖的书写年代应在隋唐之际，距今千载以上。重要的是，假如太宗被骗，甚至太宗本人作案，而且还能编出那个智取神帖的桥段，不也同样是令人赞叹的故事吗？张大千于20世纪50年代伪造明代关仝名画《曲岸醉吟图》，波士顿美术馆在收藏此画一个甲子之后，将其坦然公开，并在《张大千：画家、藏家与造假者》中一起展出。仿关仝的伪作，除了标题，从笔墨、印鉴到题跋，几乎全假。造伪也造进了历史。可《兰亭序》不然，其拓本流传后，被珍藏的题跋却是真的。有趣的是，否定《兰亭序》为王羲之的作品后，郭沫若还为我们找回了真迹与原作者："可以直截了当地说：今存神龙本墨迹就是《兰亭序》的真本了。这个墨迹本应该就是智永所写的稿本，同他所写的《告誓文》和别人临他所写的《归田赋》，笔迹差不多完全相同。"[36]依郭说，作伪者或者真迹的主人，就是王羲之的七世孙、传世《千字文》的书写者智永禅师。集合在智永身上的要素，深山禅寺、青灯古卷、苦修勤学……竟能让祖宗成其替身而享誉人间上千载，新编的故事依然充满精神的魅力，不是吗？

聚谈风雅，文辞锦绣，书法绝美，这件三位一体的作品，堪称古典文人生活情调的杰出体现。在《兰亭序》的经

---

[36] 郭沫若：《由王谢墓志的出土论到兰亭序的真伪》，见《兰亭论辨》上编，第22页。

典地位形成之后,对它的任何批评或质疑,都是在加强其存在感。这千载遗墨,不管把它理解为遗失还是遗存,其精神生命都将会越来越旺。

结语:精神的碑石

《兰亭序》为我们提供了一个观察经典世界之"物"的独特案例。人、事、物互相作用、互相转化。没有人的活动就没有事件的发生及影响,而没有事与物的关联,行为就缺少工具或背景,所谓活动就会很抽象。虽然人有生死,物也有存亡,但大多数的物存在的周期比人要长。故睹物思人,往往成了人怀旧甚至怀古的情感寄托。略加分辨,物有三类。一是经典世界未名者,二是经典世界失踪者,三是经典世界遗存者。未名者,数不胜数,无以名状。失踪者,后世读者只能通过文献的阅读而知道或想象它曾经的存在。遗存者,可以直接感知它并借此同其历史上出场的经验相联系,发思古之幽情。《兰亭序》似乎归不了类。假如真迹现世,它就是文物,可它实际并不存世,早已失踪。即使原帖存在,只要是物,它就有毁灭、消失的命运。若要保存,就得像对待古代建筑那样,不断修复甚至重建,最终做成精神上的象征物,但却是物理上的"特修斯之船"。经典书法不然,它有自己独特的存在形态。尽管原作消失,临摹作品也能延续其文化上的力量。好的拓本,既体现原作的精神,也烙上临摹者的性格。而且,临摹不是单线式的联系,而是谱系性的扩散,由此而深刻地嵌入我们的文化传统。帝王的玉玺或将帅的刀剑,也是个人用品,但没有遭广泛复制,只有字帖才有此奇迹。归根到底，字是为文而存在的，书法是每一个读书人必修的功课。重温《兰亭序》结语："故列叙时人，录其所述，虽世殊事异，所以兴怀，其致一也。后之览者，亦将有感于斯文。""斯文"之"文"，既是文字，也是文化。是孔子坚信"天不丧斯文"之"斯文"。只有文的传承，精神才能跨越个体生命的限制，使之永恒。把古董称作文物，就是文化的表现。《兰亭序》真迹可以毁灭，但精神的碑石永存！

（原载《哲学研究》，2021年第9期）

八

什么是存在?

再论《兰亭序》的经典化

引　言

哲学没有固定的研究对象,除非哲学史。一切存在的事物,甚至不存在者("无"),均可成为哲学的题材。构成哲学的要义在于它的思考或论述方式,而问题的选择对其探讨的品质有重要的影响。当然,有意义的问题本身也是一个不断深化的过程。在《经典世界中的〈兰亭序〉——一个哲学的视角》中,我们曾经提出问题:这件存世时间不长的书法作品,为何能成为垂范千载的经典?同时从临摹的精神意义入手予以分析。[1]近日重读旧文,又觉意犹未尽。问题的关键,在于对"存世"的理解。因此,换一个提问:什么是存在?也许能够提升我们对原初问题的认识。

在把"存在"当作问题之前,我们当先澄清这个词的常规用法。日常语言中,它是个动词,可以表示三种不同的状态。例如,1.历史上存在兰亭集会;2.兰亭集会的信息,曾存在于亲历或得知集会者的头脑中;3.存在文章《兰亭序》,还有关于兰亭集会的故事。这些不同句子中的"存在"

---

[1]　参陈少明:《经典世界中的〈兰亭序〉——一个哲学的视角》。

所指涉的现象,区别很大:1指物理上的存在,事件中的人与物都占据三维空间,且在时间上有一定的持续。同时,特定的物不能同时出现在不同的位置上。物体(人体)及其运动,都是物理意义的存在。2指意识中的存在,即呈现在意识活动的内容中。意识不是思维器官,不是大脑,不占三维空间。不但一个人的意识可容纳无限多的内容,而且相同的内容可以进入或出现在不同人的意识中,参与或不参与兰亭集会者,都可能有相关的想象或思考,这是非物理意义的存在。两者之外,还有另一种存在,即3所示,是知识或信息的存在。它产生于意识,但可以脱离意识,用文字或其他符号,储存在图书或互联网上;它需要物理载体(包括视觉或听觉符号),但不能归结为物体。物体不能同时出现在不同的地方,相同知识或信息却能以不同形式出现在不同的载体上,它可分享而不会减损。同时,这种信息不一定以经验事实为前提,即可以虚构,有关兰亭集会或《兰亭序》的记述或传说,都可以独立存在。文化的实质,就是知识或信息的存在。虽然也有物质文化的说法,但能"文化"物质的"文",即是以文字为代表的思想创造物——知识。未经知识浸染过的物质,则只是自然现象。

为什么差别如此之大的现象,都被称为"存在"?这不是比喻,也非语言的误用。存在难以定义,只能描述,或者从"不存在"的反面来理解。而对于任何存在状态而言,不存在的意义都一样,即无对象可指认。同时,这三种不同状态的存在,是相互联系甚至可以相互转化的。物理存在通过意识来确定,同时,借助知识或信息,个别或少数人的意识活动才可能传递，变成可广泛传播或交流的思想。反之，存在2与存在3的互动，则扩展人类利用甚至创造存在1的能力。[2] 上文提到的"存世"之"世"，原义是"世代"之"世"，即以人的生命节奏做度量的时间单位，它意味着"世"不是自然而是人类社会。因此，对作品是否"存世"不能采取孤立的物理观点，不能以字帖的产生与消失作为衡量标准。同时，具体的存在现象，是理解抽象的存在意义的基础，也即作为动词的存在是作为名词的存在的前提。下面的分析将表明，借这枚"存在三态"的三棱镜，透视《兰亭序》及其经典化的历史，不仅可以刷新人们对其存世现象的丰富性与复杂性的理解，甚至可能打开一个窥视"什么是存在"这一形而上学风景的窗口。

观念的思索应当贴近历史的地面运行。我们的行文，将循这个字帖经典化的线索，分诞生、隐没、重现、经典、遗产诸环节展开。

1. 诞生

从"存在三态"的观点看，《兰亭序》及其相关的背景，是不可分离的复合现象。书法作品《兰亭序》是文学作

---

[2] 存在的这三种状态，约略等于卡尔·波普尔的"三个世界"："第一，物理客体或物理状态的世界；第二，意识状态或精神状态的世界，或关于活动的行为意向的世界；第三，思想的客观内容的世界，尤其是科学思想、诗的思想以及艺术作品的世界。"见［英］卡尔·波普尔：《客观知识：一个进化论的研究》，舒炜光等译，上海：上海译文出版社，1987年，第114页。

品《兰亭序》的伴生物，而作品本身则是事件兰亭集会的组成要素，三者在开始时是共生现象。所谓诞生，就是无中生有的过程。这个过程不是自然现象，而是人的创造行为。据文献所载，一群东晋时代的名士，如孙绰、谢安、支道林当然还有主角王羲之连同其儿子共四十余人，现身在一个游乐活动中。这个集会的时间为东晋时代"永和九年"（公元353年）暮春三月三日，地点则是"会稽山阴之兰亭"。兰亭的地理位置包括具体的景致，都是活动的空间条件。活动的内容是赛诗，输者罚酒，无论输赢，都能助兴。赛诗是高智商的思想活动，它同时"存在"于这些文人雅士的意识中，自不待言。同时，赛诗为题的活动不是兴至而来、兴尽而逝的聚饮过程，而是留下结果的行为。这就是所吟咏之诗，以及更重要的，为说明诗之由来的《兰亭序》。也就是说，这件由王羲之撰写的、日后成为书法经典的作品由此诞生。[3]

事件创造了作品。但它究竟是哪一种存在状态的作品，则需要分析。这件稀世杰作，历史上经历被隐藏、诈取、炫耀以至埋葬的遭遇，本身自然是一件物品，即物理意义上的存在物。然而，作品不是物品。而且，即便是作品，也有类型的不同，这就是《兰亭序》中"文"与"字"的区别。《兰亭序》首先是文，是那篇介绍吟诗缘起、提炼畅叙幽情、

---

[3] 据何延之《兰亭记》(《法书要录》卷三，第84页），《兰亭序》也称《临河序》或《禊帖》，前者因"流觞曲水"临河赛诗，后者则指雅集系"修袚禊之礼"。

感怀人生主题的锦绣文章。作者表达了对儒道圣贤"不知老之将至"与"死生亦大矣,而不得与之变"的生命智慧的倾慕,并留下"群贤毕至,少长咸集""仰观宇宙之大,俯察品类之盛"等名句。"后之视今,犹今之视昔。"作者深信,"故列叙时人,录其所述,虽世殊事异,所以兴怀,其致一也。后之览者,亦将有感于斯文"。"斯文"之"文"既指现场贡献的诗,也可以包括这篇序文。但请注意,文虽然用笔墨附着在竹帛或纸张上,但它不等于文字的载体,不是物。因为文也可以吟诵,在口耳相传中存在。赛诗的方式当然就是公开的吟诵。诗为有韵之文,最适于背诵。"饥者歌其食,劳者歌其事"(《公羊传·宣公十五年》),歌曲也是无字之文传诵之途径。一般的文虽不必有韵,但也可诵读传播。因此,文既非物,也非心。它最早寄身于口传或文字,后来便进入磁带甚至数码录音装置,今日则文字与语音同样在互联网上栖居。我们把它叫作信息或知识存在。王羲之作序,主要动机是撰文而非留字。"王右军得人以《兰亭集序》方《金谷诗序》,又以己敌石崇,甚有欣色。"(《世说新语·企羡第十六》)他人对其文的评价,即令王氏释怀。[4] 当然,这不否认书法家本人也看重其书法价值,故"右军亦自珍爱宝重,此书留付子孙传掌"[5]。这一举动,恰好为历史留下伏笔。后人把焦点从文转移到字的情势,暗合作者衍生的

---

[4]《晋书·王羲之传》:"或以潘岳《金谷诗序》方其文,羲之比于石崇,闻而甚喜。"
[5](唐)何延之:《兰亭记》,见《法书要录》卷三,第84页。

心意。

文与字的关系,是个微妙的问题。如果不是考虑文也可能通过声音来表达,那文与字的关系几乎是不可分离的。但在汉字中,字有两种意义。一种是语言意义,它是指示语义的标识,只要笔画结构相同,用什么字体、带什么颜色都不影响它的功能。阅读的焦点是指向字句组成的语义,而不是注视字的形状。另一种则是书法意义,它是由独特的书写方式所呈现的审美形象(字迹)。不同于文字的语言意义也可以转换成声音朗读来传递,书法鉴赏只能通过视觉来完成。由于图像必须依靠物质材料来呈现,因此,书法作品与其物质载体(竹帛、金石或纸张)不可分离,至少在现代光影技术发明之前如此。书法作品成为与一般艺术品一样的物品,即不脱离物理存在。不同于文章可以变形储存或传递,书法只能以作品原件被收藏或展示。这便导致《兰亭》文与《兰亭》帖的传播或命运可以分离。

因发现定武本《兰亭序》而闻名的北宋书法家薛绍彭曾作诗云:"东晋风流胜事多,一时人物尽消磨,不因醉本《兰亭》在,后世谁知旧永和?"[6]这一说法需要辨析,以免文、字混淆。在《兰亭》帖或其仿作未流落于市井之前,《兰亭》文已经王家或其他雅集参与者传扬于世。这场"风流胜事"的信息,首先是靠"斯文"之"文",而非"醉本《兰亭》"上的墨迹进入历史的。只是对后世而言,《兰亭

---

[6] 薛绍彭诗见(宋)桑世昌:《兰亭考》卷十,北京:商务印书馆,1936年,第82页。

序》的影响才是字压倒文。整个兰亭集会是事件("流觞曲水""一觞一咏")与作品(《兰亭》诗、文与书)的复合,其直接结果是文的形成,而字的存留则是伴生现象。然而,它无意间为中国书法史乃至艺术史留下一颗潜力无限的种子,成为后世参天大树的根源所在。但它还不是经典,至多是天才的作品。经典属于超越具体作品的更伟大的传统。

从"存在三态"的框架看,"兰亭集会"既具物理的存在,也有意识的存在,当然还有信息的存在。如果从可观察的角度谈问题,则不仅作品复杂,文与字的关系微妙,而且事态更不简单。通常从行为动机形成开始,中经计划、实施过程,到结果出现,便是事的完整过程。就此而言,《兰亭序》的完成,便标志着兰亭集会作为事件的结束。然而,事的存在与物的存在不同。物有界限,有持存不变的同一性的要求;事则变动不居,没有边界,一出现就成为过去。故物存在于具体的时空中,事则只存在于记忆或记录中。另外,物以个体为单位,事则可以多人物参与,以至于可以换角色、跨世代延续。兰亭集会是事,《兰亭》帖是物,作品与事件衡量的尺度不一样。作为作品不管文还是字,在王羲之掷笔之时便告完成。作为事件则正是事态的萌芽状态,更跌宕起伏或诡异神奇的情节正等待在未来的舞台上上演。

2. 隐没

故事接下来有些扑朔迷离。原来,《兰亭序》并非一落地就光芒四射,泽被书林,而是一次历史的"快闪"。从永和九年(公元353年)兰亭集会之后,至少至武德四年(公元621年），共268年间，原作下落不明。关于其流落的情形，至少有两种不同的说法。一是何延之的《兰亭记》：

> 右军亦自珍爱宝重，此书留付子孙传掌，至七代孙智永，永即右军第五子徽之之后。……俗号永禅师。禅师克嗣良裘，精勤此艺，尝居永欣寺阁上临书，所退笔头，置之于大竹簏，簏受一石余，而五簏皆满。……禅师年近百岁乃终，其遗书并付弟子辩才。辩才俗姓袁氏，梁司空昂之玄孙。辩才博学工文，琴棋书画，皆得其妙。每临禅师之书，逼真乱本。辩才尝于所寝方丈梁上，凿其暗槛，以贮《兰亭》，保惜贵重，甚于禅师在日。[7]

另一种是刘餗的《传记》：

> 王右军《兰亭序》，梁乱出外。陈天嘉中，为僧所得。至大建中，献于宣帝。隋平陈日，或以献晋王，王不之宝。后智果从帝借拓，及登极，竟不从索。果师死后，弟子僧言得之。太宗为秦王日，见拓本惊喜，乃贵价市大王书《兰亭》，终不至也。乃遣问辩才师、欧阳询就越州求得之，以武德四年入秦府。[8]

---

[7]（唐）何延之：《兰亭记》，见《法书要录》卷三，第84—85页。
[8]（唐）刘餗：《传记》，见《兰亭考》卷三，第18页。

两说均来自唐人,哪种说法可信,无文献确证。但比较而言,刘说书帖多次易手,且占有者均有名可稽,原因也较平常,在隋唐时代,当是一种可信程度更高的传闻。何说则更有戏剧性,人物故事生动,同时秘传难被证伪,故容易被更多的人喜闻乐见。但两者共同肯定,直至唐初,这个书帖的去处甚至是否仍然在世,都没有消息流传。后来黄庭坚也说:"宋齐间以藏秘府,士大夫间不闻称道者。"[9]一件原本应该名声显赫的存世之物,世间几乎无人知道。作品存在但缺乏"存在感",所以说它处于"隐没"的状态。若依刘说,这是不经意的流落,历史上很多珍贵的物品其实都是这样销声匿迹的。但照何说,则是一桩有意隐藏的公案。虽然两者有被动(遮蔽)和主动(隐瞒)的区别,但是,从这个字帖经典化的进程看,无论实际是哪一种状况,都仍然没有起步。依刘说,晋王得之,但并不珍爱,借出后还忘记索回,说明它并未被重视。而信何说,原件被秘藏,则意味着拥有者并不想将其传播。不传播就不能成为经典。

刚刚成文就决定秘藏,说明对字也自珍惜。虽然王羲之原本措意在其文,然其书法已经斐然成家。《晋书·王羲之传》描述其为老妪题写扇面,助其销售的情节,表明其书名当时近于家喻户晓。故王氏将自己的书法作品秘存,也不奇怪。能私传的只能是字而非文。这样,在王氏家族,这个字帖就是作为财产与纪念品一体并存的。纪念品的一般条

---

[9](宋)黄庭坚著,白石校:《山谷题跋》,杭州:浙江人民美术出版社,2022年,第105页。

件，是与所纪念的人或事产生一定的联系，其退出日常生活后被特别保留下来，作为日后怀念相关人、事的中介。相关的联系越具体、越特别，就越有纪念价值。最能打上一个人烙印且可辨识的现象中，人们所熟悉的，除了声音、指模外，就是笔迹。在录音装置发明之前，声音无法复制，指模则是生物符号，只有笔迹是在文化意义上的个性化存在。因此，没有任何东西比作为书法名家的祖宗的墨迹更具传承价值。作为子孙，临摹先祖名作，自然是最具意义的纪念行为。七代人接力秘传，靠的就是这份精神寄托。但是，家族纪念品的价值只是私人的，与他人无关，原则上不需要保密。而财物的价值却是客观的，并且是占有性的，秘藏是防止外流的办法。因此，隐没之隐不是道家式的隐士之隐，隐士是想隐名，实质是隐人而非隐思想。虽然也有人说："信如列传，则兰亭之游，乃右军隐居之日也。"[10]王家想隐的，也不是思想，因为谁也无法阻止《兰亭》文的流传。能隐的只是财富，即意在藏宝。无论如何，只要《兰亭序》作为物被垄断，它就不是作为经典被对待的。

《兰亭序》作为物被遗落或秘藏，并不意味着，在那漫长的268年间，它就进入完全无声无息的黑洞。因为作为文的《兰亭序》在那场集会后，便进入了信息传播的世界。至少宋梁间流传的《世说新语》便有线索可稽。文章（包括诗和序）间接传递字帖曾经存在的信息。文的主旨是那场雅集上的人、事、物，书法只是记录文字的工具，不是对象。此

---

[10]（宋）桑世昌：《兰亭考》卷八，引李兼语，第74页。

外，文的表达与接受并不对称。接受者依兴趣或修养之不同，会对内容的理解或关注产生变化。所谓阅读，就是把"存在三态"中的第三态即信息存在，转变为第二态意识存在的行为。这是由文字符号的接受转变为想象或思考的过程。大致有几个层次，首先是对基本情境的想象。唐人柳宗元说："兰亭者，不遭右军，则清湍修竹，芜没于空山矣。"[11]其感慨便是源于对序文"崇山峻岭，茂林修竹""清流激湍"等描述的怀想。前举宋人薛绍彭的诗，人（一时人物）、事（风流胜事）、物（醉本），及时间（永和）、地点（兰亭）等，也悉数概括到位。更深入的阅读，则是对主题或逻辑的思考或评价。例如围绕着《文选》不列这篇序文的原因或理由的议论，有弹有赞，大致涉及生命情调悲乐的节制，或写景是否合节令之类。[12]这是深层次的理解。此外，还会有人依文本线索，对之做进一步的联想。例如，书法爱好者当会想到王羲之撰写的《兰亭序》会是难得的书法作品。《兰亭序》没有论及书法，但无意间显示了一个值得关注的字帖的存在。

《兰亭》文不仅是《兰亭》帖形成的基础，它还是《兰亭》帖存世信息最基本的传播者。《兰亭》文属于存在3，其特点是既不随特定的物质载体存亡，也不受具体大脑活动的限制，一旦形成，进入"文化"的世界，它就可以脱离原创

---

[11]（唐）柳宗元：《邕州柳中丞作马退山茅亭记》，见《柳宗元集》，第729页。
[12]参（宋）桑世昌：《兰亭考》卷八，第67、72页。

者的意识,同时在不同的物质载体上转换延续。其影响力容易跨越时空的限制,特别是进入经典世界之后,更是潜力巨大。[13] 兰亭集会是魏晋名士生活方式的一个缩影,体现这种生活情调的《兰亭序》是同类文章中出类拔萃者,因此,它注定有不会被忽略的命运。《兰亭》帖虽然也可进入存在3,但从信息的形式看,传播文本故事与传播字帖是不对称的,前者只需要符号(文字),后者必须是图像。文字符号可以复制或转换,因而容易保存和传播,而笔迹构成的图像,在现代复制技术出现之前,只能靠原件在少数人之间传递,故可以垄断或秘传。《兰亭》文为《兰亭》帖的出场做了重要的铺垫,后来对《兰亭》帖的讨论则蔚为大观,主从关系颠倒。原来知道故事不一定要知道字帖,但知道字帖的存在却必须以故事为前提。那个时代,《兰亭》帖虽然作为物品而存在,但本身没有多大的存在感,因为直接面对真迹的人少之又少。它的存在感其实是由《兰亭》文形成的。文章吊了几代书圣崇拜者的胃口,或者说,它导致《兰亭》帖在书迹信息渺茫的年代也被人惦记着。惦记者虽然未必人数众多,但恰恰是"关键的少数"。因此,《兰亭序》隐没的是物,而非信息。

物的存在有自然的与自觉的两种。人或某些有低等意识的生物,是自觉的存在。没有他人或他物的观照,它也自存自在,自安自得。对人而言,事物是因人的观照而获得意义的。或者说,被观照的存在与不被观照的存在,意义是不

---

[13] 参陈少明:《什么是"经典世界"?》,见《中国哲学年鉴(2017)》。

同的。事件及人造器物包括精神物品，更与人的意图相涉。因此，物理意义上存在但未被人关注，与物理意义上消失但依然被人关注的物相比，后者比前者更有存在意义。也就是说，存在感是物存在意义的一种展现。当然，作为存在物的人，也具追求存在感的欲望与表现，王氏让字帖保存传家，就是留给子孙纪念的一种机会。因此，有信息留存的《兰亭》帖虽不见天日，但并不比其裸露于世而无人问津更缺乏存在感。只要信息存留，物就不会被完全隐没。它需要的只是等待命运的转机。

3. 重现

时隔268年之后，《兰亭序》原作的重现，预示这个名帖经典化的来临。

关于它如何脱离秘藏状态，重见天日，续前引刘悚所记，《兰亭》帖"以武德四年，入秦府。贞观十年，乃拓十本以赐近臣。太宗崩，中书令褚遂良奏：'《兰亭》乃先帝所重，不可留。'遂秘于昭陵"[14]。另一种说法，"武德四年，秦王俾欧阳询诈求得之，遂入秦府。麻道嵩拓二本，一与辩才，一王自收，尝留肘腋间，后从褚遂良请殉葬昭陵"[15]。这些记述虽简明清楚，但均不如何延之的故事有吸引力。据何记，"至贞观中，太宗以听政之暇，锐志玩书，临写右军真草书帖，购募备尽，唯未得《兰亭》"。后在得知该帖为僧人

---

[14]（唐）刘悚：《传记》，见《兰亭考》卷三，第18页。
[15]（宋）钱易：《南部新书》，见《兰亭考》卷三，第19页。

辩才秘存时，便君臣设局，实施富于戏剧性的间谍行动。御史萧翼奉命乔装落魄书生，邂逅辩才于永欣寺，与之"围棋抚琴，投壶握槊，谈说文史，意甚相得"，成功骗取老僧的信任。在诗酒酣畅之余，借曾祖梁元帝所绘《职贡图》做诱饵，窥得《兰亭》帖的真面目，并一举夺归唐太宗。由此，《兰亭序》（帖）完成从江湖秘存到皇家御藏的地位转换。[16]

帝王视天下为己物，私占他人财宝并不稀奇。重要的是，唐太宗刻意披露它的真面目。其实，虽然由《兰亭》文的存在可以推知《兰亭》帖的存在，但知道前者不等于自动知道后者，只有对书法史有心的人才可能存此念想。此外，了解甚至爱好王氏书法者，未睹真迹也很难凭空有一致的想象。郭沫若怀疑《兰亭序》为伪作，理由之一，是依据同时代考古信息，推断王氏擅长的书体为隶书，而非呈现在字帖上精熟的行书。[17] 而商承祚则坚信，流传的《兰亭》字体就是王氏成就的体现。[18] 单就字体的判断差距都如此之大，何况更具体的结构或更抽象的布局，离开原作的想象谈何容易。只有眼观手触，才有真正的艺术感受。但字帖由于物理条件的限制（不像雕塑可公开陈列），皇室拥有与寺庙秘藏对他人其实没有区别，反正都无缘观赏。不同寻常的是，"帝命供奉拓书人赵模、韩道政、冯承素、诸葛贞等四人各

---

[16] （唐）何延之：《兰亭记》，见《法书要录》卷三，第85—88页。唐代阎立本的《萧翼赚兰亭图》，也是据此绘制的。

[17] 参郭沫若《新疆新出土的晋人写本〈三国志〉残卷》《由王谢墓志的出土论到兰亭序的真伪》等文，见《兰亭论辨》上编，第1—32页。

[18] 商承祚：《论东晋的书法风格并及〈兰亭序〉》，见《兰亭论辨》下编，第19页。

拓数本,以赐皇太子诸王近臣"[19]。拓本虽然不是原作,但御用拓工,自然精工细作。比起借文字描述来想象,至少是有谱的行为。今日存世最佳拓本,据说就是出自冯承素之手。依何说,王羲之书《兰亭序》,"其时乃有神助。及醒后,他日更书数十百本,无如被禊所书之者"[20]。也许是自己销毁,只存孤本。后来,梁武帝"收右军帖二百七十余轴",便没找到《兰亭序》。[21]七代秘传,不乏临摹高手,智永与后来的辩才,即使有副本也不敢泄露于世。于是,不仅孤本历史性地落到唐太宗手中,而且,在它问世283年(贞观十年)之后,才开始复制传播的历程。有了十本八本,后面才有成千上万的复制。这才是经典化的开端。

唐太宗是《兰亭》书史上第二个主角。一代帝王,不仅扭转了《兰亭》帖近三百年默默无闻的命运,成为其经典化最大的推手,同时,也是将其物理存在毁灭的罪魁祸首。"贞观二十三年,圣躬不豫,幸玉华宫含风殿。临崩,谓高宗曰:'吾欲从汝求一物,汝诚孝也,岂能违吾心耶,汝意如何?'高宗哽咽流涕,引耳而听制命。太宗曰:'吾所欲得《兰亭》,可与我将去。'及弓剑不遗,同轨毕至,随仙驾入玄宫矣。"[22]传闻虽有差别,但随葬昭陵则是共同的说法。唐太宗痴爱《兰亭序》,巧夺豪取,推动临摹,树碑立传,最后竟将其携葬黄土。一方面,它体现了这位帝王对书法艺术

[19](唐)何延之:《兰亭记》,见《法书要录》卷三,第88页。
[20]同上书,第84页。
[21](宋)桑世昌:《兰亭考》卷三,引姜夔语,第24页。
[22](唐)何延之:《兰亭记》,见《法书要录》卷三,第88页。

的痴迷，他没有把自己的临作推销给别人，更没有要求他人像临摹《兰亭序》一样摹写自己的书法，说明他没有用权力扭曲其艺术价值；另一方面，他临终仍想独占《兰亭序》，以至有人讽刺说："太宗在唐不世主也，一书之微，生以计取，死以爱求。生犹可玩，死将何为哉。与夫富民多藏厚葬者，无以异也。"[23]这说明除了当艺术，这位帝王还把《兰亭》帖当作财宝来享用。

这涉及艺术品的存在特性问题。艺术与文学一样，都是审美对象，都具备观念价值。然文学可脱离物质载体，故不可独占，艺术品则同时体现为物质形态的存在，对其的拥有是排他性的。同时，语言叙述对艺术经验的传达是有限度的。听一首诗和看一篇小说，都是直接的审美经验。但听一种书法作品的介绍，并不是现成的审美经验。欣赏书法的文字激起的美感，与观看书法作品激起的美感是两种不同的审美感受。无论是萧衍的"王羲之书字势雄逸，如龙跳天门，虎卧凤阙，故历代宝之，永以为训"[24]，还是李世民的"观其点曳之工，裁成之妙，烟霏露结，状若断而还连；凤翥龙蟠，势如斜而反直"（《晋书·王羲之传赞》），这些动人的描述都不能代替对书法作品的直接观赏。因此，这种观赏的直接性，是艺术品成为可占有物的原因。有趣的是，《兰亭》帖的随葬，并没有终结其经典化的进程。原因不仅与《兰亭》文有关，也与王羲之书法名声的塑造有关，同时还与艺

---

[23]（宋）张舜民：《画墁集》，见《兰亭考》卷三，第20页。
[24]（南朝梁）萧衍：《古今书人优劣评》，见《历代书法论文选》，第81页。

术品特别是书法作品的传播方式有关。在唐太宗那里,《兰亭》帖获得了历史的存在感,不仅原作重现,甚至后来毁灭的情节也是增强它的存在感的要素。

回到事件与物品的存在关系。《兰亭序》因兰亭集会而诞生,兰亭集会也随《兰亭序》的完成而结束。但物品容易辨识,事件则不易界定。二百多年后,它的重现及埋葬,应当看作对前事的延续。表面上,《兰亭》帖超越七代人的寿命而再现,早已物是人非。但事可以换角色接力,关键是媒介的存在,它既包括作为信息存留的《兰亭》文,更包括事件的遗存物——书帖。唐太宗导演的一连串事件,构成《兰亭序》艺术振兴的活动,毫无疑问是兰亭集会的延续。是"存在3"中的《兰亭》文,帮助晋人与唐人在"存在2"中实现意识的跨世代传递,从而干预了作为"存在1"的《兰亭》帖的命运。在这个大事件中,前事影响后事是显而易见的。然而,后事虽然不能在物理意义上改变前事,但能影响前事的后果,同时影响后人对前事意义的认识。假如不是唐太宗,而是对字帖视若无物的晋王,那么,《兰亭》帖依然还是一个若隐若现的传闻。当然,唐太宗之后,事件的影响也不在他的掌控之中,即便他生前权势滔天。在《兰亭序》开启的传统中,事的存在与物的存在、意识的存在与信息的存在,都非孤立绝缘的。

4. 经典

《兰亭》帖的影响,经历了从无到有、由弱到强的变化,这也是它作为一个字帖经典化的历程。经典是指塑造某种思想或文化传统的文本。从文本变成经典有很多因素，除本身的品质外，至少有两个条件需要满足，一个是被广泛阅读或了解，一个是被普遍地运用，如被引用或者有众多有影响力的解释。经典是被解释出来的，一个字帖类似文本，成为经典也得满足相关的条件。不过其满足条件的具体方式不一样。书法的特殊性，使其在现代印刷技术出现之前，难以靠大批量印制来普及。同时，书法的应用也不是概念的运用而是技法的实践。临摹正是满足这两种要求的典型方式。说唐太宗推动《兰亭序》（帖）的经典化，便是他启动了对字帖的临摹。何延之的《兰亭记》提及两种不同的复制方式。一种是永禅师"永欣寺阁上临书"，或唐太宗"锐志玩书，临写右军真草书帖"之"临"；一种是"拓书人赵模、韩道政、冯承素、诸葛贞等四人各拓数本"之"拓"。两者的不同，即后来的临与摹的区别：

> 世人多不晓临摹之别。临，谓以纸在古帖旁，观其形势而学之，若临渊之临，故谓之临。摹，谓以薄纸覆古帖上，随其细大而拓之，若摹画之摹，故谓之摹。又有以厚纸覆帖上，就明牖景而摹之，又谓之向拓焉。临与摹二者迥殊，不可乱也。[25]

简言之，虽然临与摹都以原作原型为依据，但摹（或拓）的目的是结果，如制作标本，制作方式无一定之规，是

---

[25]（宋）黄伯思：《论临摹二法》，见《宋本东观余论》卷三，第33—34页。

画或刻出来的，只要形象酷似，就达成目标。临则重视过程，是学习笔法的训练，它通过运笔的模仿，让书写逼近原作，最终目的不是一幅生动的仿作，而是把学成的笔法运用到其他文字的书写上。摹的程序复杂，但思考简单，按图索骥。临则动作简捷，但精神专注，是动作内化为习惯的过程。所以，冯承素们的拓，不是唐太宗的临。对照经典传播的条件，拓或摹提供标本，让更多的人有目睹原样的机会。同时，学习的对象可以扩大到更多的拓本上，间接拓宽了样板的范围。增加拓本的数量，扩大其制作的规模，是字帖经典化的条件。

石碑定武兰亭的出现，是其经典化的关键环节。《兰亭序》原作及早期临拓皆为纸本，经不起反复摹拓，更不宜置于大庭广众之下。唐明皇为此刻石立碑，制作永久模板，置之学士院，供他人瞻仰。[26] 此即传说中定武兰亭的原型，然其浮沉也颇具戏剧性：

> 定武兰亭石刻，世称善本。宣和中从仕中山，询访故老，以谓石晋之末，契丹自中原辇载宝货图书而北。至真定，德光死。汉祖起太原永康自立而归，与其祖母交兵于国，弃此石于中山。庆历中，士人李学究者得之，不以视人，韩忠献之守定武也。李生始以墨本献公，公坚索之，生乃瘗之地中，别刻石本示公。又一纪李生谢世，其子乃出石散模售人，每本须钱

---

[26] 参（宋）桑世昌：《兰亭考》卷三，第21页。

一千,由是好事者争取之。其后李氏子负缗无从取偿。时宋景文守定,乃以公帑金代输之。因取石匿藏于库,非贵游交旧不可得也。熙宁间,薛师正出牧,其子绍彭又刻别本者留之中山,易古刻携归长安。大观中诏取其石置宣和殿中,间不复见矣。[27]

这是其中的一种说法,其他记述大同小异。可以确定的是,石刻由原作摹拓而来。虽然原石已下落不明,但它曾经提供反复摹拓的可能,致有复拓的字迹存世。这意味着,字迹可以寄托在不同的视觉材料上。虽然不像文可以转换到听觉途径,但视觉材料的变换,增大了其被复制并延长存世的机会,以至我们今日可以在影印或数码技术上呈现其逼真的图像。当然,石刻要精准并不容易,能拓数量也受手工速度的限制,而且孤石也有破损的问题。所以拓本依然金贵,且有冒牌的刻石问世。有人故意让原碑的个别字破损,将其作为辨别拓本是否来自原碑的记号。与石刻类似的,还有木刻。张载熙书:"兰亭禊饮诗叙二本,前一本,是都下人家用定武旧石刻,摹入木板者,颇得笔意,亦可玩也。一本以门下苏侍郎所藏唐人临写墨迹,刻之成都者。中有数字极瘦劲不凡。东坡谓此本乃绝伦也。然此本瘦字时有笔弱,骨肉不相宜称处,竟是常山石刻优尔。"[28] 木刻复制石刻,无疑又增大了拓本扩散的范围。

---

[27](宋)何薳:《春渚纪闻》,见《兰亭考》卷三,第21—22页。
[28](宋)黄庭坚:《跋与张载熙书卷尾》,见《兰亭考》卷六,第48页。

而且定武本也被神化，在宋以后，俨然成为原作化身被崇奉。姜夔说："《兰亭》出于唐诸名手所临，固应不同，然其下笔，皆有畦町可寻。唯定武本，锋藏画劲，笔端巧妙处，终身效之，而不能得其仿佛。世谓此本乃欧阳率更所临，予谓不然，欧书寒峭一律，岂能如此八面变化也。此本必是真迹上摹出无疑，学右军者，至《兰亭》止矣。"[29] 王文治引赵孟頫说："赵文敏云：'定武石刻既亡，士大夫往往家刻一石。'顾其家刻之本，如以一灯分于众灯。其灯既分，即具无量光明，即各照一切法界，不一不异。良由《兰亭》为书中宝王，故神通妙用巍巍如是。"[30]

不管原碑还是仿刻，毕竟有像样的定武帖流传，它为其后的传播起到放大的作用。王文治说"定武儿孙遍满天下"[31]，形容的就是这种情形。无论石拓还是笔摹，都是范本的制作。它可以观赏，更可以临写。对书法艺术的传播来说，临写才是关键。否则，即便运用现代工艺大批量复制这个字帖，它也不会是书法经典。唐太宗未得《兰亭》帖之前，早就"以听政之暇，锐志玩书，临写右军真草书帖"[32]。后又自称对王书"玩之不觉为倦，览之莫识其端，心慕手追，此人而已"(《晋书·王羲之传赞》)。临之为临，不仅仅是把范本的书法风格内化为学习者的书写习惯，以便在书写其

---

[29]（宋）姜夔：《跋萧千岩所藏本》，见（宋）俞松：《兰亭续考》卷一，北京：商务印书馆，1936年，第18—19页。
[30]（清）王文治：《快雨堂题跋》，见中国书画全书编纂委员会编：《中国书画全书》第十册，上海：上海书画出版社，1996年，第789页。
[31] 同上。
[32]（唐）何延之：《兰亭记》，见《法书要录》卷三，第85页。

他文字时把这种笔法构字特点体现出来；同时，在临写时还有一个揣摩原作者状态的心理过程，用唐太宗的话，叫"心慕手追"，是身心并行的活动。它不仅是形的复现，而且是心的沉浸。前者可以观察，后者靠内在体验。书法临写的这重意义，源于书写的笔迹与书写者人格的紧密联系。每个人的笔迹都是独一无二的。为保证形似，临书动作也有与原作者趋于一致的要求。如果对原帖的背景有一定了解，那么，这种临写自然就是一个心灵向所追随的目标敞开的过程。这样，着意反复临写者，就不是简单的勤或精，而是诚，是一个精神修炼的过程。它蕴含着精神的动力。

《兰亭序》的临写是一个由精英带动的艺术史现象。首先是帝王，大唐皇帝临，大宋君主也临。宋"高宗皇帝临定武石本，则唐本亦亡矣"[33]。无真迹可凭则借拓本练习。且皇帝也非附庸风雅而已，也有自己的鉴别。宋孝宗皇帝就退回人家奉承的临帖："览此修禊诗序，无一笔羲之法，亦非唐人所临写，全不成字。今复还卿，至可领也。"[34]更重要的是，书法名家也临《兰亭》帖，唐太宗朝臣如虞世南、欧阳询、褚遂良，都是公认书法造诣高者，均奉敕临帖。其后历代均有名家临《兰亭》帖的记载。例如，宋有苏东坡、黄庭坚、米芾，元有赵孟頫，明有文徵明、董其昌，等等。元代赵孟頫据说有临作数十种，即今日存留的记载也近十

---

[33]（宋）俞松：《兰亭续考》卷一，录周益公跋，第8页。
[34]《兰亭刻吴琚冢》，见《兰亭考》卷二，第13页。

八 什么是存在？ 241

种之多[35],并留有著名的《十三跋》。董其昌则发展出关于意临的观念和实践:"余书《兰亭》,皆以意背临,未尝对古刻。一似抚无弦琴者,觉尤延之诸君子葛藤多事耳。"[36]正是君王加持和文人投身,让《兰亭》帖独领风骚,彪炳书史。

明儒方孝孺直接把《兰亭》帖比作书界的经典:"学书家视《兰亭》,犹学道者之于《语》《孟》。"[37]经典就是开创或塑造某种思想或文化传统的文本。经典不是某个孤立的作品,而是传统的标志。王羲之创作《兰亭序》,只是原初事件的完成。至唐太宗,将其临、拓,则可视为表彰其风格的早期运动,也是经典化的起步。至宋,以《兰亭序》为标志的书法传统业已形成。宋人说:"修禊诗序,又其所自爱重,付之子孙者,则又可知。独不甚闻于宋齐间,时尚未出也。唐兴,文皇得之,而后盛行于世。论者言自唐以来以及我宋,未有不得乎此而称名世之书者。盖万世法书所自出也。"[38]经典是文本被运用的结果,是引用、解释出来的。书法经典亦然,摹拓、传说,还有字帖的各种序跋,都是传统的基本成分。[39]然其最核心的表现,是众多的临写实践。这就是《兰亭序》在真迹毁灭之后,还能继续发挥经典作用

---

[35] 参陈忠康:《经典的复制与传播:以〈兰亭序〉版本为中心的考察》,北京:文化艺术出版社,2010年,第162、165—166页。
[36] (明)董其昌:《画禅室随笔》,北京:中国书店,1983年,第18页。
[37] (明)方孝孺:《书兰亭墨本后》,见(明)方孝孺著,徐光大点校:《方孝孺集》(中),杭州:浙江古籍出版社,2013年,第674页。
[38] (宋)桑世昌:《兰亭考》卷八,引郭雍语,第71页。
[39] 参陈忠康:《经典的复制与传播:以〈兰亭序〉版本为中心的考察》,第46页。

的原因。

在崇拜原典的信念下，临摹的持续，既塑造传统，也推高原帖的地位。这是从事件、运动到传统的扩展过程。事件的存在特征是行动，通过行动，存在2（意识）既可以影响存在3（文化），也可以影响存在1（物理），甚至可以影响存在2本身，即行动塑造人格。事件变成运动，在于行动者从单数或少数变成多数。犹如赵孟頫所说，"一灯分于众灯"，灯灯相分，便具几何级数的增量。这个过程是无数相似而又各自独立的行动，它不是事件，而是运动。复数的事件造成社会或文化运动。事件的结构要素一旦形成且反复起作用，运动就造成传统。传统的存在，不是某一文物的遗存，而是文化的形成。

5. 遗产

毫无疑问，《兰亭序》连同整个汉字书法传统，在现代是式微了。式微的原因不一定是观念的西化，而是与技术变化相关。汉语拼音化没能威胁到汉字的书写方式，但硬笔的出现，取代了毛笔的使用。虽然硬笔同毛笔书写的字体结构一致，但笔法不同。而在电脑写作普及的时代，连字的书写能力都将成为问题。这就不只是式微，而是衰亡的危机。当然，衰亡只是相对于一种普遍能力或基本素养而言，作为艺术形式，书法应该会长期存在。因此，今日论书法传统，实质是如何面对一份深厚的文化遗产的问题。

文化遗产不是自然遗产，它是人创造的产物。既然是人的创造物，自然既有物的一面，又有非物的一面。从物的一面打量，书法体现为字帖，即那个制作或创作的，可以收藏也可以转赠的艺术品。不幸的是，《兰亭》帖这件名声显赫、一直为后世景仰的瑰宝，在兵荒马乱、治乱无常的年代，早已香消玉殒，不知所终。

> 王右军《兰亭草》，号为最得意书，宋齐间以藏秘府，士大夫间不闻称道者，岂未经大盗兵火时，盖有墨迹在《兰亭》右者，及梁陈之间焚荡，千不存一。永师晚出此书，诸儒皆推为真行之祖，所以唐太宗必欲得之。其后公私相盗，至于发冢，今遂亡之。书家得定武本，盖仿佛古人笔意耳。褚庭诲所临极肥，而洛阳张景元剧地得缺石极瘦，定武本则肥不剩肉，瘦不露骨，犹可想其风流。[40]

因此，今日被收藏或者可能目睹的，只能是它的衍生品。衍生品与真迹的关系，是观察文化传统与遗产的重要视角。《兰亭序》真迹的衍生品不是孤品，而是多类型、多数量的集合。它至少包括临写、摹拓、石刻、木刻、影印、数码复制，还有赝品，甚至可能有凭空伪造者。这个谱系越大，说明其传统越深厚。尊奉或维护原作独一无二的地位，是艺术品鉴的根本原则。究其深层的原因，在于把艺术拟人化，当成像人格一样的不可复制的生命体。可复制的只是表象，而非内在的灵魂。复制不管表面上多逼真，都是对原作

---

[40]（宋）黄庭坚著，白石校：《山谷题跋》，第105页。

的模仿。同时，创造是艺术的生命所在，复制没有或放弃创造力，则是对原创精神的侵蚀。因此，大量公开复制的工艺品，无论是鉴赏价值还是市场价格，都大打折扣。书法的摹拓，也是复制。但由于摹拓是手工操作，且数量稀少，价值非一般批量复制可比。在《兰亭》帖上，最早就是赵模、韩道政、冯承素、诸葛贞等人所拓数本。在原作失传之下，今日存留的冯承素本自然成为"唯一"，容易被当作原作的化身。定武石刻被认为来自原拓，虽比纸书更便于复制，但仍然是被垄断的"专卖"，传世有限。近真且量少，自然也价高。简言之，在原作不存的情况下，依托真迹且数量有限的摹拓，有条件成为替身而获得比一般复制品更高的价值。

再看赝品，即冒牌货。从材料和制作技术讲，它与一般的复制品没有原则上的不同。区别在于，赝品冒充原作，不能与原作公开共存；而复制品承认原作，就如子不否认父。为达成其目的，赝品的制作甚至被期望更精准，以达到以假乱真的目的。冒充的对象可以是王羲之本人的手迹，可以是冯承素们的拓本，也可以是褚遂良们的临作，还可以是定武石刻。冒充什么要看机会与回报。如果有市场，也可冒充公认的赝品，即制作赝品的赝品。复制品比原作价值低，其价值降低的程度随逼真度、难度及规模的变化而不同。赝品则只有负价值，尽管它可能冒充唯一且逼真度高。赝品可能比复制品更精良而在价值上有分别这一事实，从哲学的观点看，说明问题不在物理方面，而是伦理学的，是人类对原创性的执着，以及对冒牌者的抵制。摹是传播，临是学习，假则是窃取。盗名欺世，其实就是价值颠倒。

摹不如临。书法的临写表面上像摹拓，对原作的逼真模仿是两者共同的目标。然仿真谈何容易，王柏就说："夫以一纸之字，临摹响拓，数十百本而刻之，虽不能不失真，犹可曰互有得失，盖所传者未远也。然一石之字，槌拓之间，且有纸墨工拙之异，浓淡肥瘠之不同，岂有一碑转相传禅，子子孙孙变而为数十百种，而有不失其真者乎？一传而质已坏，再传而气已漓，三四传之后尚仿佛其流风余韵者鲜矣。……后之翻刻者，止求于不瘦不肥之间，则字画停匀，反成吏笔，尚何足以语《兰亭》乎？"[41]其实，临写比摹拓差距更大。然而，无论帝王还是书家，都更致力于临而非摹。究其原因，当然与临的最终目的是学会书写风格，而摹则是制作标本有关。因此，即使临写所得可能只是瞎子摸象，各执一偏，也是切实的收获。李煜就说：

> 善法书者，各得右军之一体，若虞世南得其美韵，而失其俊迈，欧阳询得其力，而失其温秀，褚遂良得其意，而失其变化，薛稷得其清，而失于拘窘，颜真卿得其筋，而失于粗鲁，柳公权得其骨，而失于生犷，徐浩得其肉，而失于俗，李邕得其气，而失于体格，张旭得其法，而失于狂，独献之俱得之，而失于惊急，无蕴藉态度，此历代宝之为训。[42]

---

[41]（宋）王柏：《考兰亭序》，见《鲁斋集》卷四，《丛书集成初编》第2402册，北京：中华书局，1985年，第67—68页。
[42]（南唐）李煜：《评书》，见《兰亭考》卷五，第37页。

这种略带夸张的评论，可以当作临写得失不一的写照。临的意义不仅体现在把练习的动作内化为自身的能力，还在于这一过程的心理体验。字迹与人格的联系，能够触动追慕原作者的心情。一遍遍的临写便不只是字写得像的保证，而是重复的精神修炼。而由于书写总留下书写者的印迹，临书的结果便带来双重印记，即原作者与临写者的双重字迹。一个可供佐证的经验是关于签名的鉴定，如果是伪造的签名，除了有被伪造对象的字形外，还能辨识出伪造者的笔迹。临写不是造伪，但双重笔迹的覆盖则是相同的。阮元说："《兰亭帖》之所以佳者，欧本则与《化度寺碑》笔法相近，褚本则与褚书《圣教序》笔法相近。"[43]两位书法大家的临写，均未能掩盖各自固有的书法风格。这意味着，拓本只能追慕原作者，临本则同时溯及临写者。像董其昌倡导的"以意背临"者，可能尤其典型。因此，临写也可出名帖。这就是为什么在原作早已烟销灰灭的情况下，"兰亭"传统可以历千年而不断。名家临帖辈出，是对它不断的加持。这个传统不只是原作的贡献，还是与众多的衍生品构成的联系。一旦形成，会自动成长，即便原作不在，它也会持续存在。

追加时间的因素，《兰亭序》及其衍生品，均可列入文物的范畴。原作一开始是作为家传之物保存的。本来纪念品只是对亲朋好友才有意义，但由于王氏的书法地位，以及数代传承，《兰亭序》自然变成文物。文物就是那种因其原生

---

[43]（清）阮元：《王右军兰亭诗序帖二跋》，见《揅经室集》下，第599—600页。

环境而可以引发后人对相关人物、事件甚至时代的想象的旧物品。原则上，时间长，所涉人物或事件重要，信息充分，同时形态完整，且存留的同类物品稀少等，是衡量文物价值的若干重要因素。但是，在仿制的问题上，字帖不同于一般的文物。文物不容假冒，但允许有条件的仿制。仿制存在两种情况：一种是原件的维修，经年反复维修的结果，类似"特修斯之船"，在原料上几乎与原件全不相干，但被当成原件的替身看待。[44]另一种像今日博物馆仿制馆藏文物当纪念品销售。前者一般是大型文物如某些古迹，它不能同时复制多件，否则就失去代替原作位置的价值；后者一般是小件文物，可以同时大量复制，起传播的作用，但其中没有任何一件具有代替原作存在的意义。《兰亭序》无论真迹还是临摹之作，都不属于第一种情况，相信真迹被毁灭者众，临摹之作由于纸张的脆弱性，罕见如"特修斯之船"那样的跨世代维修现象。第二种情况，只有今日影印或数码复制与之相同。然而，临摹本质上与印刷复制不同，临在写真上没法与现代工艺相比，但每一次都是临写者内在经验的感受，而复制则交给机器完成。因此，作品便有个性与否的差别存在。即使是摹拓，可能个性不如临写明显，但每一件拓片都是经拓工之手摸索出来的，它也暗示着与特定人格的联系。假如没有历千年的临摹，特别是临写，而是待到现代复制技术出现之后，突然制作成千上万可以以假乱真的字帖供人观赏，

---

[44] 参陈少明：《物、人格与历史——从"特修斯之船"说及"格物"等问题》，《华东师范大学学报（哲学社会科学版）》，2022年第4期。

会有一个同样有生命力的传统存在吗？现代人推崇手工制作的观念，不是因为它更好使用，而是在数码制作时代，对人及其创造性保留一份敬意。

可能成为文物的《兰亭序》衍生品，不仅是临作与拓件，也可能是赝品。赝品因反价值而被排斥，但这一般是在刚制作被发现时，或者相对于原作及正当的复制而言。一旦赝品冒牌成功，日后才被揭发，它可能有另外的历史价值。冒充《兰亭序》原作的情形罕见，在其时长达七代之久的沉默期，人们知道《兰亭》文，但很少提及《兰亭》帖，连晋帝都不把手里的真迹放在心上。那时冒牌没有意义。但经唐太宗转手，其价值急剧上升，此后才有冒牌的现象，有对贞观时期临拓的仿制，更有在定武石刻流落之后的冒充。这些赝品只要冒充对象重要，冒充技术高超，特别是冒充者也具一定的名气，都能满足文物让人眷恋历史的意义。米芾就被认为是造假的高手，如果其制作遗存至今，能不是文物吗？更骇人听闻的，是被郭沫若推至极端的《兰亭序》造假案。郭氏不是揭露某件传世的作品是赝品，而是告诉我们，人们心目中的所谓《兰亭序》真品，根本就不存在。《兰亭》文是拼接，《兰亭》帖则是假托，都是精心的谎言。怀疑的依据包括王羲之擅长的书法并非《兰亭序》的字体，以及《世说新语》注中所引《临河序》与流行的《兰亭序》文字有出入，等等。而被指摘的作伪者竟然就是相传书帖的保存者，王氏七世孙智永禅师。这位《智永千字文》的书者，在知识修养及书法造诣上，均具备（对文与字）双重造伪的能力。[45]这就是说,《兰亭序》并非通常所说的赝品,赝品需要有真实的仿冒对象,而它是凭空捏造的。有意思的是,郭氏怀疑的线索是从最具影响的《兰亭记》中提取的。郭沫若不怀疑唐太宗、萧翼的谍戏,也没否认太宗的雅好,更不否认字帖的艺术成就,而是怀疑智永的品行。当然,即便郭说可信,也不会影响《兰亭序》今日的地位,因为从唐太宗开始,那件"假货"已经成功扮演了它的历史角色。今日对这个故事的任何怀疑,都只能是在这个丰富的传统上增添花絮。

由此可知,在真迹与临本、摹本(或拓本)、印刷品及赝品之间,存在一个相似程度不同,同时价值评价相反的关系。按临、摹、印、赝的排序,原则上可能越靠前,与原件的相似度越低;而价值上恰好是相似度低者评价更高。这就告诉我们,这些衍生品的价值不是由其物理意义(包括材质或度量的样态)决定的,而是文化塑造出来的观念。表面上,我们衡量的对象属于存在1,但衡量的标准不是材料,不是颜色,也不是图像或比例,而是对某种价值的执着。是否具备创造性包括原创性或独创性,才是艺术价值的首要原则。即通过存在3获得评价存在2的共识,存在1在这里只是这种价值的表象而已。另一个问题是,当郭氏说《兰亭序》的信息是捏造的时,我们面对着关于存在的另一种假象。此即《兰亭序》之假,既不是物理意义之假(假材料),也非艺术

---

[45]郭沫若:《由王谢墓志的出土论到兰亭序的真伪》,见《兰亭论辨》上编,第22页。

意义之假（假创作），而是其身份之假。它与赝品的假不是同一个概念。情形犹如两种不同身份类型的间谍，冒充别人的身份与虚构一个不存在的身份并不相同。这意味着，存在的真实性并不是孤立的物理现象，在人类社会中，它与身份的确定性紧密相连。任何个体或物的存在都不是孤立的，而是通过相互界定获得意义的。冒充或虚构身份，实质是对存在的意义网络的偷袭。存在1必须通过存在3，才能获得其为存在2所确认的身份，存在本质上是文化的。

遗产让人想到传统的遗存"物"，即作为思考对象载体的材料。但书法不是建筑，不是故宫，也不是长城，在物理意义上讲书写的艺术，显然会离题。我们也知道，还有精神遗产的说法，如各种价值观念——道德仁义之类。书法也不是这类遗产。有一个非物质文化遗产的提法，通常是某种传统工艺——食品的制作方式或者运动和仪式，而且不是很大众化的那种类型。书法的要义就在那个"法"，它是规则、程序或方法，这种法的实践有很强的内在体验性。依此，说书法是非物质文化遗产非常恰当。然而，一般的非物质文化遗产，都是快要失传的事物，说书法传统式微可以，说它快要失传则是危言耸听。与之相关，非遗的评选往往是落实在某个特定的传承人身上。在书法领域可能吗？书法领域不能选传承人的原因，主要是书法艺术经上千年的传播，其重要的技法或训练方式都可公开，没有独门秘籍之说。同时，汉字书法不止一种字体，一种风格。艺术的创造性追求使书法不能制定统一的品位或风格，否则将扼杀其发展的机会。而且，其普及的程度几乎扩展至古代每个读书人。最早的《兰亭》帖临摹可能是事件，后续不断增添的临摹就是日常行为。其实，就如同可以把汉语定位为非物质文化遗产，但你无须评选汉语传承人一样，传统的伟大之处就在于一旦形成，便不依赖于个别天才，书法传统亦然。

《兰亭序》说的"斯文"，不仅是兰亭集会上的诗文，当是暗喻孔子代表的"文不在兹乎"和"天之将丧斯文"（《论语·子罕》）之"斯文"，更是以汉字记载的典籍为代表的文化之"文"。汉字及从中发展出来的书法艺术，其精神遗产的意义必须在整个中国文化传统中定位，它是一种文明史现象。

余 论

《兰亭序》不是自然物，而是人的创造物。它是一种器，是道器之器，不是纯粹的物理存在。本文从其诞生、隐没、重现、经典到遗产诸环节，借"存在三态"的概念框架，描述它的经典化历程，同时分别刻画存在的不同现象或特征。例如，事件与物品，存在与存在感，事件、运动与传统，存在与身份，以及次一级的如文与字，笔迹与人格，原作与衍生品，等等。由此显示，人所打交道的存在者，不只是三维空间的物质形态，也是在文化中被塑造或定位的对象。内化在个体意识中的存在与泛化在信息领域里的存在，都是存在者在不同的"场所"显示或展现其力量的方式。物理的存在是有形的，意识的存在是无形的，而信息的存在则落在有形、无形之间。文化正是体现在有形、无形之间的现象。三者兼顾，才能理解存在的完整面貌。

在中国哲学中，"存"、"在"与"有"，三词意义接近。[46]"有"是更早的表达,所以后来存在论也称存有论。"有"原本是一动词,指拥有某种东西。任何东西都可能从无到有,或从有到无,有与无通过相互否定来确定各自的意义。一旦把它名词化,"有"的行为或状态,就变成一种被称作"有"的"对象"。这种"有"不拥有具体的东西,也无法定义,只能从"无"的反面来理解。倒过来问,"无"是什么?"无"的反面是"有"。不过,"无"的反面可以是形态各异的具体的"有",而"有"的反面"无"则是同样无对象的抽象状态。对"无"的想象,其实是从具体事物的有无互变推导出来的。西方形而上学传统,从亚里士多德以物质形态的存在为中心,到海德格尔"究竟为什么在者在而无反而不在?"那令人迷惑的问题[47],都是针对名词化的"存在"或"不存在"而来的。[48]庞朴把"无"区分出有而变无(亡)、似无若有(無)和绝对虚无(无)三种含义。[49]从"存在三态"的观点看,有而变无,即得而复失,是现象在存在1中转变并保留在存在3中的状态,就如《兰亭序》真迹毁灭,但其名声通过书史长留人世。似无若有则如艺术或其他神圣之物的意义,它不是外在可度量的东西,

---

[46]《易经》有"在天成象,在地成形,在人成运",《孟子》则有"夫君子所过者化,所存者神,上下与天地同流"。汉代就有"存在"连用的现象,如赵岐注《孟子》"存乎人者,莫良于眸子。眸子不能掩其恶",说:"存人,存在人之善心也。"存、在两词意义相通。

[47] [德]海德格尔:《形而上学导论》,熊伟、王庆节译,北京:商务印书馆,1996年,第3页。

[48] 参赵汀阳对动词思维与名词思维的评论。赵汀阳:《动词存在论与创造者视域》,《中国社会科学》,2022年第8期。

[49] 参庞朴:《说"無"》,《当代学者自选文库:庞朴卷》,第348页。

但透过特定形态的昭示,活在欣赏者或崇拜者的心灵即存在2中。然而,绝对虚无在"存在三态"中找不到位置,它宛如抽象存的对应物,也是思维的衍生品。把具体现象的存在变成抽象观念的存在,这种从个别推导普遍的思路,在古代中国,很早就引起庄子的怀疑,由此而有《齐物论》中"有有者也,有无者也……"那段绕口令似的质问。[50] 依日常经验,"有"之前是"无",那"无"之前就应该是"有",如果把个体变成整体,再往前思索,"有"与"无"的规定就成了问题,思考纯粹的"有"与"无"注定是思辨哲学的难题。

描述《兰亭序》史诗式浮沉现象之"存在"(或有),不是名词,而是动词(或动名词),是一种事物的具体状态。而这种状态的变化及对艺术史的影响,不能局限于物理事件的描述,它与人的意识、行为相关,应当置于文化的整体背景中理解。在描述、探讨这一艺术史现象的存在结构时,我们可能打开探寻意义结构的另一个窗口。这也与形而上学相关,不过它不是metaphysics,而是《易传》所揭示的"形而上者谓之道,形而下者谓之器"的道器结合的更古老的思想原野。[51]

(原载《哲学研究》,2024年第1期)

---

[50]《庄子·齐物论》:"有始也者,有未始有始也者,有未始有夫未始有始也者;有有也者,有无也者,有未始有无也者,有未始有夫未始有无也者。俄而有无矣,而未知有无之果孰有孰无也。今我则已有有谓矣,而未知吾所谓之其果有谓乎?其果无谓乎?"

[51] 参陈少明:《道器形上学新论》,《哲学研究》,2022年第10期。

九

什么是"经典世界"?

什么是经典?这个问题已经有层出不穷的见解。但什么是"经典世界"?应该没有现成的答案,因为没有人这样提问题。对它的分析,正是本文的任务。简单地说,它是对经典文化的一种理解,或者一种讨论方式。有经典,就有经典文化。但研究经典,则不等于研究经典文化。研究经典可以选择特定的文本,研究经典文化则需要突破个别文本的限制。其工作需要在经典之间,更可能延伸到经典之外进行。两者的差别,用俗一点的比喻,正如树木与森林的关系。研究森林不只是研究树木的叠加,对土壤、气候、阳光、水分的了解,都是分内之事。本文借"经典世界"这个概念,对经典的历史文化作用及其机制做一个整体分析,目标不仅在于拓宽固有的历史视野,还试图从中获取某些具有哲学意义的观点。我们的研究对象集中于中国传统本身,至于能否有期待的收获,除了努力之外,还需要洞察力和运气。

1. "经典世界"的界说

用"某某世界"来比喻自己的研究对象的手法在学界很流行,不特别界定的话,很容易让读者产生混淆。最简便的办法,是将它同相近的概念如"思想世界""历史世界"

做对比。本杰明·史华兹（Benjamin I. Schwartz）写过一本《古代中国的思想世界》，很有影响力。他在序言中声称，自己"主要处理的不是全体人民匿名的'心态'（mentalities），而是其思想已记载于文本之中的少数人的深刻思考"[1]。所谓"心态"指的是其时在文化人类学影响下的思想史时尚的对象。而他专注于思想成品的原因或理由，在于这些思想精英"所代表的思想潮流必定会对后代的整个统治阶级以及民间文化产生深远的（直接的和间接的）影响。而且，就像生活于其他古代高级文明之中的他们的同龄人一样，他们和现代的学问家同样都是对生命和实在这类普遍问题充满着关怀的真理追求者。这些思想拥有它们自身内在的、可供比较研究之用的价值；而且，它们提出的某些具有深刻意义的问题，至今仍能引起人们的普遍关注。它们没有过时"[2]。很显然，史氏的"思想世界"指的是呈现在经典文本中的思想遗产。"经典世界"自然也以经典文本为中心，就此而言，两者有重要的一致性。但"思想世界"中的思想对象，主要是思想家表达为概念论说的观念，而"经典世界"则以载入经典的人物及事件为中心。前者是观念，后者是形象。虽然形象背后也有思想，但两者的焦点有差别。这种差别会影响我们对经典文化之功能的看法。同时，"经典世界"所考察的经典文本，范围更加广泛。它包括某些流行但未必思考精

---

[1] [美]本杰明·史华兹：《古代中国的思想世界》，程钢译，刘东校，南京：江苏人民出版社，2004年，第3页。
[2] 同上书，第10页。

湛的读本。

"历史世界"最著名的论述者，莫过于余英时的《朱熹的历史世界》。作者把其研究同一般哲学史或思想史区分开来，后者也类似史华兹所概括的"思想世界"。他说："我的理想中的'知人论世'既不是给朱熹（1130—1200）写一篇传略，也不是撮述其学术思想的要旨，更不是以现代人的偏见去评论其言行。我所向往的是尽量根据最可信的证据以重构朱熹的历史世界，使读者置身其间，仿佛若见其人在发表种种议论，进行种种活动。"[3] 余氏的信念是："历史世界的遗迹残存在传世的史料之中，史学家通过以往行之有效和目前尚在发展中的种种研究程序，大致可以勾画出历史世界的图像于依稀仿佛之间。"[4] 这意味着，"历史世界"是把以往称作思想背景的东西直接推到前台来。"世界"这个词，由表达时间的"世"与表达空间的"界"合成，但它不是"时空"的同义词，因为"世"是以人的生命为尺度的时间单位，儒家今文经学讲"三世说"，就是以孔子所见世、所闻世与所传闻世为划分的依据。因此，它天然具备人类活动舞台的意义，人及其活动才是世界的主角。就此而论，"经典世界"与"历史世界"也颇类似。两者的区别在于，"历史世界"的研究即便使用经典文献，也是利用其作为探讨历史事实的史料。就史料而言，是否来自经典并不重要。而"经

---

[3] 余英时：《朱熹的历史世界：宋代士大夫政治文化的研究》上册，"自序二"，北京：生活·读书·新知三联书店，2004年，第5页。
[4] 同上书，第6页。

典世界"试图呈现的,直接就是经典作品试图表达的内容。两个世界不一定是相互匹配的。例如,《论语》提供孔子及其弟子或时人的言行记录,而其所涉时代为历史上的春秋晚期。但我们说"《论语》世界"就不等于春秋时代,因为"《论语》世界"的主角是圣人或先师孔子,而春秋时代的中心人物则是帝王将相。经典不是史料。

那么,究竟什么是经典?这个问题存在两种回答的方式,一种是提供一个抽象的定义,另一种是直接列举大家公认的文本。第一种,就如"经典就是那种隐含有重大思想价值,且对历史文化的发展产生深远影响的文本"。第二种,就直接举出"四书""五经",或《老子》《庄子》。实际上,人们不是根据前者(定义)去寻找后者(经典),而是依据后者(经典)推导出前者(定义)的。同时,具体的经典文本的价值,通常不是通过同普通文本的对比,而是在不同经典文本之间比较才获得确认的。就中国传统而言,经典不是单数,而是成集群的。集群里不同文本的经典地位并不一样,儒家经典是整个经典系统的源头或中心,由此衍生出来的经、史、子、集,正是这个世界的逐步扩展。不仅汉代开端的经书、章句、注疏之学深化了相关的知识与观念,后来的诗歌、小说、戏曲,等等,也延伸了经典的部分有故事或带感性的内容,成为连接经典与民间文化的桥梁。不但不同经典之间意义或功能不一样,有的居于中心,有的居于边缘,而且,整个"经典世界"的边界也并不确定。即是说原本是经典文本创造的人物、事件,也可能出现甚至活跃在非经典文本中,这就造成"经典世界"边界的模糊。但是,这种现象不但不会导致我们认识的失焦,相反,它成了我们观察经典实际影响力的重要途径。

2. 起源:文本与言传

问题源自对"六经"的理解。《庄子·天下》说:"《诗》以道志,《书》以道事,《礼》以道行,《乐》以道和,《易》以道阴阳。"事与行系行为,志与和为情感,阴阳则是自然背景,基本上是围绕着人与事展开。章学诚则直接用"六经皆史"加以概括:"六经皆史也。古人不著书;古人未尝离事而言理,六经皆先王之政典也。"[5]而最能体现政典之义者,莫过于《尚书》。章氏以为,从《尚书》到《左传》,再到《史记》《汉书》,在叙事上一脉相承。"《尚书》《春秋》皆圣人之典也。"《尚书》一变而为左氏之《春秋》,《尚书》无成法而左氏有定例,以纬经也;左氏一变而为史迁之纪传,左氏依年月,而迁书分类例,以搜逸也;迁书一变而为班氏之断代,迁书通变化,而班氏守绳墨,以示包括也。"[6]经史相承,以先王故事为中心,孔子传经自然也无例外:"事有实据而理无定形,故夫子之述六经,皆取先王典章,未尝离事而著理。后儒以圣师言行为世法,则亦命其书为经,此事理之当然。"[7]也即孔子称圣,同样基于传经以述先王事迹的功绩。

---

[5] (清)章学诚著,仓修良编:《文史通义新编》,上海:上海古籍出版社,1993年,第1页。
[6] 同上书,第17页。
[7] 同上书,第37页。

以演化的眼光看文化，诞生于文明早期的经典，通常以记录经验性知识为主。经典需要文字，才能记载储存知识。依章太炎，"文字初兴，本以代声气，乃其功用有胜于言者。言语仅成线耳，喻若空中鸟迹，甫见而形已逝，故一事一义得相联贯者，言语司之。及夫万类坌集，棼不可理，言语之用，有所不周，于是委之文字"[8]。同时，"一实之名，必与其德若，与其业相丽……太古草昧之世，其语言惟以表实，而德业之名为后起"[9]。这一说法，至少就汉字起源而言，可以成立。这意味着，以具体名词或动词为主的文字，不适合抽象理论。此外，知识首先是经验的储备，只有在可直接运用的知识不能应付新的情景时，才需要超越经验的预言或理论。因此，早期经典没有太多的概念性内容，这合乎历史的逻辑。与此同时，经典之外，知识积累、运用与传播的更广阔途径是言传。载于经典的部分内容，有可能是先于文字或者在文本之外诞生与运用的。例如部分《诗》的原创者或使用者，未必是识字者。此即所谓"饥者歌其食，劳者歌其事"。即便是文字诞生，重要知识载诸文献之后，由于早期简册制作成本高，体积大，携带困难，同时识字者人数有限，注定不可能成为知识流通的便捷途径。因此，口耳相传是更基本的传播方式。这种传播方式对授受双方都有一个记忆力的要求，因此，方便记忆与传递的韵文与故事，成为最普及的"文本"。

---

[8] 章太炎：《文学总略》，见《国故论衡》，第54页。
[9] 章太炎：《语言缘起说》，见《国故论衡》，第31页。

司马迁说，孔子"以诗书礼乐教"（《史记·孔子世家》）。证之《论语》，孔子传经，包括制度规则与文献知识。首先是对礼的传承："夏礼，吾能言之，杞不足征也。殷礼，吾能言之，宋不足征也。文献不足故也，足则吾能征之矣。"（《八佾》）"殷因于夏礼，所损益，可知也；周因于殷礼，所损益，可知也；其或继周者，虽百世，可知也。"（《为政》）其守礼的表现既包括做到"入太庙，每事问"，也体现在对"八佾舞于庭"这种僭礼行为的抨击中。文献知识则集中在传《诗》《书》上："子所雅言，《诗》《书》。执礼，皆雅言也。"（《述而》）所谓传《诗》，就是日常生活中引《诗》、论《诗》。如听到子贡用"如切如磋，如琢如磨"比喻提升道德境界的工夫，就赞扬他："始可与言《诗》已矣！告诸往而知来者。"（《学而》）还有，"《诗》三百，一言以蔽之，曰：思无邪"。子曰："诵《诗》三百，授之以政，不达；使于四方，不能专对。虽多，亦奚以为？"（《子路》）《论语》引《诗》9次，论《诗》6次（其中1次引、论结合），超过任何经典。相比之下，引《书》则只有两次。[10] 形成这一差别的一个重要原因，应该在于《诗》朗朗上口，易记易诵，方便运用。

其实，不是孔子对《书》不重视，而是传《书》同古代圣贤的事迹与评论混合在一起。《论语》一书提及的156

---

[10] 引《诗》、引《书》在春秋时代是普遍现象，但同样引《诗》多于引《书》，如《左传》引《书》46条，引《诗》则180多条。参陈来：《古代思想文化的世界：春秋时代的宗教、伦理与思想》，北京：生活·读书·新知三联书店，2002年，第161、166页。

个人中,历史人物有42个。这些人分帝王与贤臣,或者圣人与仁人。前者如尧、舜、禹、汤、文、武,后者则包括"殷有三仁"及泰伯、伯夷、叔齐、周公、管仲之流。内容集中见诸《尧曰》《泰伯》《微子》等篇章。论帝王是盛赞他们胸怀天下、主动让位的品格,谈贤人则如言"殷有三仁":"微子去之,箕子为之奴,比干谏而死。"(《微子》)有些人如同孔子的精神导师:"甚矣吾衰也!久矣吾不复梦见周公!"(《述而》)值得注意的是,《论语》很少讲述这些人物的具体事迹,而是由孔子在对话中直接加以评论。稍细致者,如同子路、子贡论管仲,观点不同,但对事迹没有分歧。这意味着对话双方对相关事迹清楚了然,因为这些内容就是平日传道的教材。[11]

除了借古圣先贤事迹传道,《论语》对孔子本人及其弟子的记述,更是体现了儒家圣贤的智慧风貌。在《论语》中,除"与点"章(《先进》)和"祸起萧墙"章(《季氏》)叙述系统、结构完整外,大部分是记述者"断章取义"的对话。《汉书·艺文志》曾有"左史记言,右史记事"的说法。钱穆认为记事发展为史学,记言发展为子学,但"言"不一定就是理论。这种说法,大致不错。就《论语》而言,其"言"需要分析。《论语》是孔子与弟子及时人的答问录,其言属于对话。对话与论理的不同在于,前者以特定的听众为对象,说–听双方在特定的情境中,对对方的会话背景有一定的了解,故所说内容省略掉许多东西。用现代语言研究的

---

[11] 参陈少明:《〈论语〉的历史世界》,《中国社会科学》,2010年第3期。

说法，也称"语言行为"[12]。对话语言的功能既不同于理论，也不同于报道，即其意义不在于（事实上的）真假，而在于是否适合相关场合。对话体现说话者的身份关系，拥有的知识或信息，对问题的态度，以及主导对话进程的能力，等等。实质上，对话就是事件。关键对话即是大事发生。对话者的形象也在对话过程中被塑造出来。《论语》的主角当然是孔子——夫子是以"师"的身份成为对话中心的——但也不限于孔子，常与孔子对话、在对话中表现自己的个性或者被孔子在对话中特别提及者，同样个性鲜明，例如颜回、子贡、子路。更边缘的人物如《微子》中的隐者，寥寥数语的引述，神情也跃然纸上。《论语》的思想价值，不体现在系统的学理论述中，而是体现在性格鲜明的语言行为之中。[13]

正是言传与早期文明社会的知识应用及传播的相关性，以及《论语》对孔子以言传道行为的用心辑录，导致古圣先贤包括孔门师生的事迹，成为"经典世界"的中心或主题。

3. 进入"历史"的通道

每个人都生活在自己的历史世界中。常人的世界很狭小，在生之日活动范围有限，相知相识者为数不多。即使权倾一时者，去世之后也多是无声无息。他们没有进入"历

---

[12] 相关理论参见[英]J. L.奥斯汀:《如何以言行事》，杨玉成译，北京：商务印书馆，2012年；[美]J. R.塞尔:《表述和意义：言语行为研究》，北京：外语教学与研究出版社，2001年。

[13] 参陈少明:《立言与行教：重读〈论语〉》，见刘小枫、陈少明主编：《康德与启蒙》（"经典与解释"第3辑），北京：华夏出版社，2004年。

史",因此不为后世所知。进入历史的基本通道,就是"经典世界"。进入经典的条件一般在于社会影响,拥有或者行使重大权力,或者其行为导致重大历史事变,等等。但是,孔子说,"君子疾没世而名不称焉"(《卫灵公》)。儒家更关心的是,能否在生前建立起好名声。例如,"泰伯,其可谓至德也已矣!三以天下让,民无得而称焉"。作为对比:"齐景公有马千驷,死之日,民无德而称焉。伯夷叔齐饿于首阳之下,民到于今称之。其斯之谓与?"(《季氏》)当然,坏名声也可能让其进入史乘,就如这个齐景公。恶名更"显赫"的则是桀、纣。子贡说:"纣之不善,不如是之甚也。是以君子恶居下流,天下之恶皆归焉。"意思是人一旦有了坏名声,有可能无形中获得比其行为之恶更甚的恶评。孟子说:"孔子成《春秋》,而乱臣贼子惧。"(《孟子·滕文公下》)注重的就是通过传播其恶名对作恶者进行惩罚。

通过经典进入历史,那些影响自身所处历史的至圣先贤或巨奸大恶,自然有入门的机会。但是,那些事迹不那么显赫而品行值得推崇者,能否进入历史,在古典时代则有偶然或者运气的因素。也以《论语》为例,有些人被提及,可能是孔子特别推崇,也可能是夫子在说明某一道理时随机举出的例子。这类本来不一定很多人知道的人物或事迹,因此引起后人的注意,并在其他相应的文献中得到复活的机会。《论语》中孔子盛赞伯夷、叔齐,但关于他们的事迹,只提到"饿于首阳之下""求仁而得仁",一鳞半爪而已。但《史记》把伯夷、叔齐的故事置于列传之首,且记叙生动完整。司马迁评论说:"伯夷、叔齐虽贤,得夫子而名益彰。"其实传说中让王的故事不止他俩，孔子还提到泰伯"三以天下让，民无得而称焉"。《庄子》中让王的传说更多。但司马迁因孔子的提点而重视此二贤，此即所谓"得夫子而名益彰"。

另一个是蘧伯玉与史鱼的例子。子曰："直哉史鱼！邦有道，如矢；邦无道，如矢。君子哉，蘧伯玉，邦有道，则仕；邦无道，则可卷而怀之。"正因孔子提及，导致相关故事有机会以更生动的形象进入传世的文献："正直者顺道而行，顺理而言，公平无私，不为安肆志，不为危易行。……昔者卫大夫史鱼病且死，谓其子曰：'我数言蘧伯玉之贤而不能进，弥子瑕不肖而不能退。为人臣，生不能进贤而退不肖，死不当治丧正堂，殡我于室足矣。'卫君问其故，子以父言闻。君造然召蘧伯玉而贵之，而退弥子瑕，徙殡于正室，成礼而后去。生以身谏，死以尸谏，可谓直矣。"（《韩诗外传》卷七，《新序·杂事》）舞台上，有主角就有配角，以至反角，"经典世界"也是这样，如此才有机会为生活世界提供范型。

名声是对人的行为的评价，它是行为被社会价值尺度（名）衡量的结果。行为突出才有名可称，所谓被交口称赞。名而成声，意味着不是目击者之间的评价，而是通过口耳间交流，在更大范围内传播。这个范围既可超越行为直接影响的环境，也可跨其生命活动的界限，最有分量或最具声望者，当是见之青史。身后的名声对传主没有改变其命运的回报，"这涉及孔子或儒家的信念问题，它包含有超越个人甚至是时代的普遍价值，和生命的意义超越于生命之上两个方面。所谓价值的普遍性也就是由'名'所表达的基本原则,是可以传之后世而不变,或者说可通过史乘而得以跨世代传递的。而生命的意义,则并非以个体经验到的利害为界限,个人行为对他人或社会的间接影响,也是生命意义的组成部分"[14]。刘知几这样评论成名、载史与劝世的关系:

> 夫人寓形天地,其生也若蜉蝣之在世,如白驹之过隙,犹且耻当年而功不立,疾没世而名不闻。上起帝王,下穷匹庶,近则朝廷之士,远则山林之客,谅其于功也,名也,莫不汲汲焉,孜孜焉。夫如是者何哉?皆以图不朽之事也。何者而称不朽乎?盖书名竹帛而已。
>
> 向使世无竹帛,时缺史官,虽尧、舜之与桀、纣,伊、周之与莽、卓,夷、惠之与跖、蹻,商、冒之与曾、闵,俱一从物化。坟土未干,而善恶不分,妍媸永灭者矣。苟史官不绝,竹帛长存,则其人已亡,杳成空寂,而其事如在,皎同星汉。
>
> 用使后之学者,坐披囊箧,而神交万古;不出户庭,而穷览千载。见贤而思齐,见不贤而内自省。若乃《春秋》成而逆子惧,南史至而贼臣书。其记事载言也则如彼,其劝善惩恶也又如此。由斯而言,则史之为用,其利甚博。乃生人之急务,为国家之要道。

---

[14] 陈少明:《儒家的历史形上观——以时、名、命为例》,《华东师范大学学报(哲学社会科学版)》,2012年第5期。

有国有家者,其可缺之哉!故备陈其事,编之于后。(《史通外篇·史官建置第一》)

著史述事的最终目的是传播价值,即昭示是非善恶的不同。是非善恶是价值取舍,但往往是非针对事,而善恶衡量人。善恶比是非更直观,它不需要通过复杂的推理就能领会,感受它是人固有的能力。古今异世,是非纷争无常,但对忠奸、正邪性质的认识,几乎没有变化。经典提供的标本或榜样,就在于通过它们唤醒读者的荣誉感或羞耻心,激发其生活中惩恶扬善的使命感。"经典世界"为现实世界提供范型和精神动力。

4. 同一个"世界"

古代经典从其时间衍生次序,分经、子、史三个层次,并由兹分化为三种经典类型。其中经指"六经",子则是以孔、老为代表的诸子百家,史是从《春秋》(原属经)到《史记》所发展的史学。孔、老之间,《老子》五千言,全文几无涉及任何年代、地点、人物、事件、典章、制度,只有抽象概念可供引用,而《论语》则不然,尽是人事的记述与评点,所谓孔子所见、所闻、所传闻的内容并入其间。由于孔子以传承古代经典为使命,《论语》对诸子——不仅儒家,还有庄子、韩非等人——的影响,使得它在"经典世界"的扩展史中处于承前启后的地位。《论语》向"后《论语》世界"辐射的,不仅是"前《论语》世界"的故事,更有《论语》世界"本身的事迹与观念。

《汉书·艺文志》说:"《论语》者,孔子应答弟子、时人,及弟子相与言而接闻于夫子之语也。当时弟子各有所记。夫子既卒,门人相与辑而论纂,故谓之《论语》。"这意味着它不是一本有计划的书,而是对孔子及其弟子相关言行的记录。体裁为语录体,可以是一情景,也可以记几句话。所记之话,形式上有对话,也有(因省略背景或其他会话者形成的)独白。对话内容虽然也偶有争辩(如与子路辩"正名")或责难(如责宰我"不仁也"),但大多是问答,即学生或时人问,孔子回答。因此,尽管记录者并非同一人,时间也不一样,但有一个共同的角度,即从学生的视角看老师。因此,它塑造了孔子"师"的形象。这个"师"既是韩愈说的能传道、授业、解惑的"师",也是某些君王的政治顾问。

先秦讲故事形象最生动者,莫过于《庄子》,子书中传《论语》最为独特者,也是《庄子》。粗略地计算,《庄子》中关于庄子的故事有26则,但关于孔子及其弟子的故事,则达46则。当然,这些故事绝大部分不是假的,就是半真半假。全假指的是人物压根儿不是真实的,半假则人物为真,或部分为真,事件有可能是假的。庄子或孔子的故事,就属于半真半假的范畴。判断其内容是否为真,有两个层次。一是依据人物或人物关系,一是依据其故事线索。而参照的标准,自然是《论语》。例如,不但出现叫作孔子,或者叫颜回,或者叫子贡、子路的人物,而且孔子是后三者的老师,博学谦恭且诲人不倦。同时,这三个学生中,一个好学寡言,一个能说会道,一个直率鲁莽。人物、关系加性格,就是《论语》的投影。故事线索则是这样,《论语》有孔子赞颜回:"居陋巷,一箪食,一瓢饮,人不堪其忧,回也不改其乐。"而《庄子·让王》则让孔子问颜回:"家贫居卑,胡不仕乎?"引来颜回一番生活能够简单自给,"所学夫子之道者足以自乐"的高论,以至孔子要感叹:"今于回而后见之,是丘之得也。"说《让王》故事受《论语》启发,并不为过。但就情节而言,《让王》中的颜回已经学之孔子而超越孔子了。这种重讲故事的现象,在《庄子》中俯拾皆是,虽然其思想内容偏离《论语》的程度、姿态各异。按司马迁的说法,庄子言老子之术,剽剥儒、墨,是儒家的思想对手(《史记·老子韩非列传》)。这更能说明,《论语》是其后不同思想派别可以共享的素材,其经典化的程度最高。同时,这也意味着,"经典世界"寄托于具有不同价值倾向的文本共同构筑的平台上,它是不同时代及不同人物可以穿越的共同舞台。"经典世界"是同一个"世界"。

把所有这一切整合在一起的,是司马迁的《史记》。《史记》是纪传体,即以人物故事为主要题材。与诸子讲故事的重要区别在于,它不是为说明某些具体道理而列举松散的事例,而是把故事纳入共同的时空结构中,即给予时间先后及空间前后、左右的定位,让叙事的秩序显现出意义。同时,司马迁力图讲述可信的故事。例如,讲老子的身份没有把握时,就列举三种不同的说法供参考。这与他推崇儒家的知识观念是一致的。而且,也是司马迁,在《史记》中首先把儒家的故事整理成历史,包括《孔子世家》《仲尼弟子列传》,还有《儒林列传》。《孔子世家》是第一份关于孔子的传记,其素材有近40则来自《论语》。"太史公曰:诗有之:'高山仰止,景行行止。'虽不能至,然心向往之。余读孔氏书,想见其为人。适鲁,观仲尼庙堂车服礼器,诸生以时习礼其家,余祇回留之不能去云。天下君王至于贤人众矣,当时则荣,没则已焉。孔子布衣,传十余世,学者宗之。自天子王侯,中国言六艺者折中于夫子,可谓至圣矣!"(《孔子世家》)通过对孔子形象的精心描绘,司马迁向历史宣告,道德而非权势,才是中国文化的价值所在。因此其传连同孔子弟子以及再传弟子,即有《仲尼弟子列传》及《儒林列传》之作。"太史公曰:学者多称七十子之徒,誉者或过其实,毁者或损其真,钧之未睹厥容貌,则论言弟子籍,出孔氏古文近是。余以弟子名姓文字悉取《论语》弟子问并次为篇,疑者阙焉。"(《仲尼弟子列传》)经司马迁之笔,儒家学派整体由此进入并活跃于"经典世界",垂两千年而不绝。

穿插于不同文本间最富于戏剧性的故事,当是孔子"厄于陈、蔡"。它源于《论语·卫灵公》所记:"在陈绝粮,从者病,莫能兴。子路愠见曰:'君子亦有穷乎?'子曰:'君子固穷,小人穷斯滥矣。'"在传世文献中,我们至少可以读到9个不同的版本。它包含有儒、道、墨利用该故事进行思想斗法的情节,可以分三组解读。其中,第一组出现在《庄子》中,《山木》两则,《让王》一则。《让王》的主旨讲"得道者,穷亦乐,通亦乐,所乐非穷通也",接近儒家。《山木》则变成隐士思想的传声筒,其最离谱者,是让孔子在道家人物的劝告下,在危机时刻竟然"辞其交游,去其弟子,逃于大泽,衣裘褐,食杼栗,入兽不乱群,入鸟不乱行"。第二组来自三篇儒家文献,包括《荀子·宥坐》、《孔子家语·困誓》与《史记·孔子世家》。《家语》借孔子之口激励弟子:"吾闻之,君不困不成王,烈士不困行不彰,庸知其非激愤厉志之始于是乎在。"《荀子》则借时、命之分,强调"君子博学深谋,修身端行,以俟其时"。《史记》则是孔子以"匪兕匪虎,率彼旷野"的诗句为题,考验子路、子贡与颜回三个弟子的思想觉悟,结果水平排列依次为颜回、子贡、子路。第三组也很有趣,针对墨家文献把孔门师生描述成一群危机时刻不能自制的放纵之徒,《孔丛子》等有儒家倾向的文献展开了反驳。其中《吕氏春秋·审分览·任数》和《孔子家语·在厄》编了两则内容差别微妙的故事,强调孔门师生危难之中如何洁身自好,共渡难关。[15]

这些不同版本的人物故事,更像是一部不断改编的电视连续剧,即便在借助同一题材表达不同的思想主题时,也很少有标榜自己真实、指责他人虚假的情况。哪个版本更有意义,取决于故事是否更生动、更吸引人。这意味着这些进入经典文本的形象,离开了原本产生其故事的现实土壤后,具有了独立的生命力。它们重新活在"经典世界"中。其实,孔子的形象,从《论语》中的君子,到《孟子》中的圣人,再到今文经学中的素王,或者谶纬中的神,就是在"经典世界"中实现其更新换代的。顾颉刚"层累地造成的古史说"根据之一,就是"'时代愈后,传说中的中心人物愈放愈大。'如舜,在孔子时只是一个'无为而治'的圣君,到

---

[15] 参陈少明:《"孔子厄于陈蔡"之后》。

《尧典》就成为一个'家齐而后国治'的圣人,到孟子时就成了一个孝子的模范了"[16]。这与"经典世界"的其他人物事迹本质上无别,只是他用寻找真相的眼光去观察,便到处发现问题。其实,"经典世界"的人物事迹是否有价值,不在于它是否真实,而在于它能否传世。一旦传世,它就影响了其后的历史世界。就连顾氏提及的孟姜女哭长城的故事,也是这样获得其意义的。[17]

这些现实生活中的人与事,一旦通过经典进入"历史",便不限于一两个文本上孤零的记述,而是一片没有固定疆域的广袤的原野。概言之,"经典世界"内部由不同文本形成的界限,并不构成那些舞台人物活动的障碍。同时,进入"经典世界"的人物,自有独立于其历史原型的命运。两者正是"经典世界"有自己的生命力,疆域可以得到不断拓展的表现。

5. "活化石"与"矿藏"

"经典世界"体现在经典文献中,这些文献在时间中演变、积累甚至扩大。前期文献可以分为经、子、史三个层次或三类体裁,其中经是最原始的素材,子是对经的述与议,史则是述(讲故事)的发展。直至汉代,述的内容依然层出不穷,虽然,从诸子开始,议向论发展,成就也斐然可观。

---

[16] 顾颉刚:《与钱玄同先生论古史书》,见《古史辨》第一册,上海:上海古籍出版社,1982年,第60页。
[17] 参顾颉刚:《我是怎样编写〈古史辨〉的?》,见《古史辨》第一册,第22页。

但也是从汉代开始，以儒家经学为核心的经典文化，逐渐从故事的编写向经书的注释发展。注释包括对文献知识的注与对思想意义的释，由此又有不同层次或不同类型的经学衍生，如今文经学与古文经学，或汉学与宋学之类。这就导致一种基本现象，即前期经典中的人、事与问题，成为后期经学讨论的对象，而一旦讨论造成影响，讨论者的讨论，包括行为与观点，又汇入"经典世界"之中。关于义理或者说哲学论说，是围绕着前期文本留下的问题演化形成的。但是，什么样的问题才会得到重视，却无一定之规。有的问题一直受到持续不断的关注，有的问题是在特定的时代才得到发掘。前者是思想的"活化石"，后者则是沉默的"矿藏"。

关于"孔颜之乐"的思想史线索，是"活化石"的典型例证。《论语》开篇即是"学而时习之，不亦说乎？有朋自远方来，不亦乐乎？人不知而不愠，不亦君子乎？"（《学而》）记孔子论颜回是"人不堪其忧，回也不改其乐"（《雍也》），评论自身是"发愤忘食，乐以忘忧，不知老之将至"（《述而》）。至战国，"乐"的议题为孟子、庄子分别发展。孟子不仅有"人生三乐"之说，还特别从政治哲学的角度提出"独乐乐"不如"与人乐乐"，"少乐乐"不如"与众乐乐"的共乐问题。庄子也讲乐，从《让王》中颜回"所学夫子之道者足以自乐"的说法看，论题也承自《论语》。但与孟子不同，庄子强调的是自乐或者独乐，而非共乐。魏晋时的《列子》，也沿袭庄书的观点。至北宋，据二程说法，他们早岁向周敦颐问学时，"周茂叔，每令寻颜子、仲尼乐处，所乐何事"。同样是北宋五子之一的邵雍则以"安乐先生"自居。至南宋,《朱子语类》中就有许多朱子同弟子关于《论语》之"乐"的讨论。朱子提出"非是乐仁,唯仁者故能乐"。至明代王阳明,则又有"'乐'是心之本体"之说,更以"致乐知"为乐的工夫。直至当代,李泽厚径直把中国文化概括为"乐感文化"。[18] 所谓"活化石",指的是这一议题不仅有久远的根源或传统,而且它依然"活"在当代思想或文化之中。

当然,大量以故事形式出现的原始问题,常以其情节生动、内涵丰富而吸引不同时代注家或读者的注意,但不一定如"孔颜之乐"一样得到反复的开掘。这类题材,不仅存在于《论语》或其他儒家作品中,儒家之外如道家的《庄子》,也是储藏丰富的宝地。以《庄子》为例,《齐物论》中的那个"吾丧我",为什么不是吾丧吾、我丧我或者我丧吾?两者同样作为使用者借以指称自身的代词,究竟还有哪些更隐蔽的差别?即使在今天,它也是关于自我的有深刻启发性的观念。还有千古论梦一绝的"庄周梦蝶",其神奇不在于梦境的构造,而在于"不知周之梦为胡蝶与?胡蝶之梦为周与?"的问题。这个没有任何哲学词汇的寓言,今天受过基本哲学训练者很容易看出,它蕴含着对主体观念的解构。表面上,谁梦谁的区分凭日常经验似乎不难判断。但严格证明,特别是在人类有可能通过特定的技术手段,把梦"做成"电视连续剧的情况下,靠连贯的生活秩序来判断梦与被

---

[18] 参陈少明:《论乐——对儒道两家幸福观的反思》,《哲学研究》,2008年第9期。

梦的主、客体关系，难度陡然加大。当然，也许这对新一代哲学家会更有吸引力。《秋水》中的"鱼乐之辩"同样耐人寻味。在庄子与惠施的争论中，庄子关于鱼之乐的判断没能得到合乎逻辑的辩护，它更多的是利用修辞的技巧而占上风。但奇怪的是，历代诠释者包括郭象、王夫之这样的大哲学家，几乎都没有揭露庄子逻辑上的破绽，反而为其论点叫好。这意味着，他们不在乎论证的手段，只倾心于其观点。那它涉及的必然是人生观或世界观的问题。这种占主流的解释，给我们的文化或被我们的文化打了印记，它将是吸引人们寻求理解我们心灵结构的新途径。这类有思想的故事，不只是生产于先秦，还有人们熟知的魏晋玄学中王弼的"圣人体无""圣人有情无累"之说，宋明理学中王阳明的"庭前格竹"与"南镇观花"，等等，数不胜数。这些案例依然在等待或者会吸引更精深的诠释。"矿藏"处于沉默的状态，可以有两层意思，一是知道某种矿物的价值，但不知道到哪里找；一是即使摆在眼前，也不知道它的价值。后者只有在人们掌握或发展相关知识后，才会对之赏识，有发掘的意愿或努力。因此，后世或者当代思想知识的发展，经常是人们重新发现经典的契机或动力。

一般来说，经典对后世社会政治生活的意义，是时间距离越短，影响越直接。《汉书·东方朔传》记东方朔奉承君上"诚得天下贤士，公卿在位咸得其人"时说："譬若以周、邵为丞相，孔丘为御史大夫，太公为将军，毕公高拾遗于后，弁严子为卫尉，皋陶为大理，后稷为司农，伊尹为少府，子赣使外国，颜、闵为博士，子夏为太常，益为右扶风,季路为执金吾,契为鸿胪,龙逄为宗正,伯夷为京兆,管仲为冯翊,鲁般为将作,仲山甫为光禄,申伯为太仆,延陵季子为水衡,百里奚为典属国,柳下惠为大长秋,史鱼为司直,蘧伯玉为太傅,孔父为詹事,孙叔敖为诸侯相,子产为郡守,王庆忌为期门,夏育为鼎官,羿为旄头,宋万为式道侯。"东方朔靠引述历史名人讨好君主,所提人物多系后世一般不了解的,但汉代皇帝却能心领意会。因为汉人去古未远,这些属于常识。放在后世,那些人物得一个个进行说明,皇上才听得进去。但这并不意味着,经典在时间拉长以后,对社会政治生活就毫无意义。不仅传说中的当代人物,大事付托时也会引诸如"诸葛一生唯谨慎,吕端大事不糊涂"之类的语句,我们还可举更切近的例子,即围绕着《论语》"亲亲互隐"章展开的辩论。

这一被概括为"亲亲互隐"或"父子相隐"事件的原始记录为:"叶公语孔子曰:吾党有直躬者,其父攘羊,而子证之。孔子曰:吾党之直者,异于是,父为子隐,子为父隐,直在其中矣。"(《论语·子路》)就如"厄于陈、蔡"一样,它在其后也演化出若干情节有异、立场不同的故事。这些记载分别见之《庄子》《韩非子》《吕氏春秋》《淮南子》等文献。更重要的是,其观念还通过经学的讨论,从伦理关系影响到传统社会的礼俗秩序与司法制度。[19] 相关的价值取向在传统社会已经不言而喻,但本世纪初开始,它突然成

---

[19] 参陈壁生:《经学、制度与生活——〈论语〉"父子相隐"章疏证》,上海:华东师范大学出版社,2010年。

为一个现代学者激辩的题材。批判者的观点，强调它以血缘伦理为基础，有违公平正义，甚至助长腐败。肯定者的立场，则基于对家庭伦理的维护，且吸取"文革"时期政治伦理危害家庭关系的惨痛教训。参与争论者阵容鼎盛，双方均斗志昂扬。结集的争论文字，就有一百万以上。[20]影响之大，越出学术，导致2012年出台的《中华人民共和国刑事诉讼法》第188条规定，"经人民法院通知，证人没有正当理由不出庭作证的，人民法院可以强制其到庭，但是被告人的配偶、父母、子女除外"。这"除外"部分，正与家庭亲属关系相关。争论的辩护方为此而肯定并欢呼自己的胜利。由经典的讨论而引发当代法律条文的修订，非常出人意料。这不只是"矿藏"的发现，简直是"休眠火山"的重新爆发。

对比一下可以发现，经典影响历史与事件影响历史，模式有别。历史事件对其后历史的影响，像是桌球撞击，在连锁反应过程中，力量不断减弱。如秦朝的建立，对秦代政治制度、社会生活影响最大，但对其后时代的影响便随时间的推移而逐渐减小，以至于最终可能被人忽略。也即人们可能会追寻事件的原因，或原因的原因，但不会无休止地追溯原因的原因的原因……具体事件如某次政变或某次战争，其影响均一样。究其原因，是历史事件对后世的影响被不

---

[20] 参郭齐勇主编：《儒家伦理争鸣集：以"亲亲互隐"为中心》，武汉：湖北教育出版社，2004年；郭齐勇主编：《〈儒家伦理新批判〉之批判》，武汉：武汉大学出版社，2011年。

断变化累积的经验因素阻隔，没有直接性。但经典对后世的影响不一样，每个时代的读者都可以直接读到相同的文本。在文字信息清晰，或者专业解读明白的情况下，后代与前人具有平等接受经典内容的机会。这种影响的模式不是链式，而是辐射式的，即在过去的某个时间点发出的光源，可以直接投射到未来不同的时段上去。至于影响的大小或性质，受不同接受者特定的环境与问题意识左右，而可以与时间的远近无关。更有意思的是，"经典世界"与后来历史的关系，还有可能是互动式的。前面谈及，进入"经典世界"的人物、事件有自己的生命力，也就是其形象会变化，甚至会被修正。而造成这种变化的正是不同时代的解释者或衍生文本。这导致"经典世界"本身也会发展甚至变革，最显著的事实就是"四书"取代了"五经"，从而让孔子完全取代周公的中心地位。更有颠覆性的，则是"五四"以来孔子代表的传统形象的两次颠倒。第一次从天上到地下，至"文革"后期的批孔为最低点；第二次则重新从地下向天上爬升，这是本世纪以来正在呈现的趋势。必须承认，从长时段的眼光看，"经典世界"对我们时代的影响整体上正在减弱。但是，即便如此，它的生命力很可能还是被怀疑主义者低估了。

6. 共同体如何"想象"？

不管是"活化石"还是"矿藏"，所论及的均系经典对生活的直接影响，但这些不同的素材之间往往是零散、不连贯的。事实上，"经典世界"对生活世界的作用，不一定都通过引经据典来实现。那种潜移默化的作用，更值得重视，但这需要整体的理解。安德森（Benedict Anderson）在其《想象的共同体：民族主义的起源与散布》中提出："所有伟大而具有古典传统的共同体，都借助某种和超越尘世的权力秩序相连结的神圣语言，把自己设想为位居宇宙的中心。因此，拉丁文、巴利文、阿拉伯文或中文的扩张范围在理论上是没有限制的。"[21]"不过这种由神圣语言所结合起来的古典的共同体，具有一种异于现代的民族想象共同体的特征。最关键的差别在于，较古老的共同体对他们的语言的独特的神圣性深具信心，而这种自信则塑造了他们关于认定共同体成员的一些看法。"[22]同时，作者又认为"资本主义、印刷科技与人类语言宿命的多样性这三者的重合，使得一个新形式的想象的共同体成为可能，而自其基本形态观之，这种新的共同体实已为现代民族的登场预先搭好了舞台"[23]。所谓印刷科技的意义，就是借助文字使信息广泛传播成为可能。语言文字只是媒介，重要的是其携带的信息。在安德森那里，关键在于那些能让读者联系自己的生活的故事。就此而言，中国这种古典共同体形成的文化机制并无不同。这正是"经典世界"于今日的最大意义。

章太炎在宣扬民族主义时，强调用"国粹激动种性，增进爱国的热肠"。除语言文字、典章制度外，他特别提及记存人物、事件的重要性。"若要增进爱国的热肠，一切功

---

[21] [美]本尼迪克特·安德森：《想象的共同体：民族主义的起源与散布》，吴叡人译，上海：上海人民出版社，2005年，第12页，引文略有改动。
[22] 同上。
[23] 同上书，第45页。

业学问上的人物,须选择几个出来,时常放在心里,这是最要紧的。就是没有相干的人,古事古迹,都可以动人爱国的心思。当初顾亭林要想排斥满洲,却无兵力,就到各处去访那古碑古碣传示后人,也是此意。"[24] 其思路与安德森的说法异曲同工。章太炎所强调的这些能激动种性的国粹,事实上就储存在"经典世界"中。问题在于,如何通过它来"想象"一个共同体的存在?它包含两种意义:其一,"想象"的意思是什么?其二,它为何能促进共同体的形成?

以人物、事件为中心,故事可以听,也可以读。听是通过语言,读则借助文字,两者可以接受相同的故事。差别在于,口述故事可能内容不稳定,但讲述者的情绪会影响听众;而书面故事内容固定,但没有讲述带来的情感互动。但无论是听还是看,目的都不是作为媒介的声音或字符,而是通过它们捕捉其携带的意义。它是由名词、动词等实词构造的句子,及其所联结起来的意群。只有把它们即时转化为意识中的图景,你才能听懂或看懂相关的故事。这就是听讲或阅读的想象。与抽象理论不一样,这些图景是经验中可以用感官感知的。但它与回顾曾经经历的场面的那种想象也不一样,通过阅读体验的对象可能是你在生活中不熟悉或者无缘遭遇的,如古代人物事迹。与抽象理论不同,故事会唤起听众或读者的情感,而最能打动人的事物就是人本身。在理解或领会故事的过程中,听众或读者的精神世界也不同程度地

---

[24] 章太炎:《东京留学生欢迎会演说辞》,见汤志钧编:《章太炎政论选集》上册,北京:中华书局,1977年,第279—280页。

经历被塑造的过程。其实，神奇的不是语言文字，而是它所描述的那个"经典世界"，是"经典世界"中的人物、事件，及其所体现的道。

表面上看，阅读是每个读者孤立的行为，即便有所交流，也是在有限的范围，绝不可能到达用"民族"来衡量的规模。但是，不一定只有不同的读者之间产生思想的直接交流，才能形成共有的思想群体。约翰·塞尔扩展了现象学的意向性概念，认为意向性不局限于个体意识，也可以有集体的意向性。他以足球运动为例，参加球赛的双方，必须都有把球踢入对方球门（或者阻止对方攻入自己球门）的意志，这样比赛的时候，整支队伍才会出现为共同目标协调配合的可能，集体战术才会存在或奏效。这是朝向未来的集体意向，那么，能否设置朝向过去的呢？经典的阅读或者聆听，是可能性之一。经典与今天的流行文字不同，它是传世的。不仅同一时代有不同的读者，不同时代也有不同的读者。这些读者不仅互不认识，所处的生活世界也可能绝然不同，然而因为阅读共同的文本，竟然也想象过同样的人物、事件及环境，也为相同的事物激动或沉思。这就是以经典阅读为中心的不断跨世代扩大的"朋友圈"。这个"朋友圈"塑造价值、示范品位、提供认同，经典则是其共同的意向中心。就其意识活动形式而言，它只是想象的，但就其意识行为功能而言，它则是真实有力量的。它为民族认同奠定了心理基础。

"民族"的定义五花八门，但基本形态只是两种。一种是血缘的，由婚姻及生殖繁衍而成；另一种是文化的，即精神价值的认同。或者称为种族的与文化的。在汉族的形成中,包括两方面的因素,即既有通婚而带来的所谓民族融合,也有价值认同形成的共同体意识。儒家历来强调后者,所谓华夏、夷狄之分,看的是文化。孔子说,"夷狄之有君,不如诸夏之亡也"(《论语·八佾》)。强调的是文化的优劣之分,而非种族主义。故孟子说,"臣闻用夏变夷,未闻变于夷者也"(《孟子·滕文公上》)。韩愈也说:"孔子之作《春秋》也,诸侯用夷礼则夷之,夷而进于中国则中国之。"(《原道》)近代反清排满之后,中华民族新概念形成。杨度解释说:

> 中国云者,以中外别地域之远近也。中华云者,以华夷别文化之高下也。即此以言,则中华之名词,不仅非一地域之名,亦且非一血统之种名,乃为一文化之族名。故《春秋》之义,无论同姓之鲁、卫,异姓之齐、宋,非种之楚、越,中国可以退为夷狄,夷狄可以进为中国,专以礼教为标准,而无亲疏之别。其后经数千年,混杂数千百人种,而其称中华如故。以此推之,华之所以为华,以文化言,可决知也。故欲知中华民族为何等民族,则于其民族命名之顷而已含定其义于其中。[25]

章太炎不同于杨度,用"历史民族"取代"文化民族",但本质上并无不同。他说:"近世种族之辨,以历史民

---

[25] 刘晴波编:《杨度集》,长沙:湖南人民出版社,1986年,第304页。

族为界，不以天然民族为界。""故今世种同者，古或异，今世种异者，古或同，要以有史为限断，则谓之历史民族。"[26]其意义"不仅仅是指以其种族的历史为认同的根据，而是以历史记载和历史记忆中的种族作为认同的根据；这即是说，历史记忆与历史记载是确定'能否构成一个种族'的前提条件"[27]。其实，语言、风俗与历史，三者构成文化的基本内容，而"经典世界"正是文化的结晶。记载是外在的符号，记忆才具内化的意义。共同的想象联结共同的感情，没有共享故事的共同体，只是契约的产物，是空洞的或无根的。对于千千万万的普通人来说，故事比说理更能激发认同的力量。一句话，"经典世界"是民族认同最深厚的文化土壤。

7. 一个知识社会学的视角

用"经典世界"这个概念论述经典文化的功能，既不是哲学史研究，也不是一般的文化史论述。文化史需要依时空秩序叙述它的形态与演变，而我们只是对概念的某些结构特征的初步描述与分析，也可以把它理解成一种知识社会学的考察。据古典的观点，卡尔·曼海姆（Karl Mannheim）把知识社会学分为两种类型。一种是对特定思想现象的研究方式，一种是探讨知识与社会之间的一般关系。当我们对经典文化的各种功能如塑造人格榜样，影响政治行为，累积思

---

[26] 章太炎：《序种姓》上，见《章太炎全集》之《訄书（重订本）》，上海：上海人民出版社，2014年，第169、171页。
[27] 张志强：《一种伦理的民族主义是否可能——论章太炎的民族主义》，《哲学动态》，2015年第3期。

想资源，以至提供认同信念等分别进行描述和分析时，就类似于做特定思想文化现象如何影响社会生活的具体研究。但如果把这些悬搁起来，或者后退一步，看看它与其他知识形态的研究方法及功能有何区别，可能就接近一般性研究。

科学哲学家卡尔·波普尔（Karl R. Popper）有一个关于知识的"第三世界"理论。其三个世界区分如下："第一，物理客体或物理状态的世界；第二，意识状态或精神状态的世界，或关于活动的行为意向的世界；第三，思想的客观内容的世界，尤其是科学思想、诗的思想以及艺术作品的世界。"[28]波普尔强调，第三世界独立于第二世界，"客观意义上的知识是没有认识者的知识，是没有认识主体的知识"。其价值可以通过下面的设想来认识，假如第一世界的物理系统（包括工具在内的人造物）被严重破坏，或者第三世界的创造者或发明者（如科学家或知识分子）在灾难中大规模受到伤害，只要第三世界的知识在图书或其他信息载体中存在，恢复或重建是可以期待的事情。反之，如果是第三世界的毁灭，就类似于文明的完全倒退，一切得从头开始。此外，人类改造自然的成功，其利用的知识不是直接与第一世界打交道就能获得的，而是"通过我们自己和第三世界之间的相互作用，客观知识才得到发展"[29]。因此，知识问题的核心在"第三世界"。

波普尔承认，"第三世界"的首先发现者应该是柏拉

---

[28]［英］卡尔·波普尔：《客观知识：一个进化论的研究》，第114页。
[29]同上书，第120页。

图，证据就是后者关于理念世界的观点。但是，在波普尔的"第三世界"与理念世界之间，存在两项重要的差别。第一，理念世界是神圣的，不变的，而"第三世界"是人造的，可变的。后者同时包含各种真实的与虚假的理论，还有问题及推测与反驳。第二，理念世界是一种终极理论，它用于解释其他事物，但本身不需要被解释。因此，它的成员是"形式或理念——成为事物的概念、事物的本质或本性，而不是理论、论据或问题"[30]。因此，在波普尔看来，理念世界对推动客观知识的发展意义不大。

回到"经典世界"上来，参照波普尔关于"思想的客观内容的世界，尤其是科学思想、诗的思想以及艺术作品的世界"的界定，"经典世界"类于"第三世界"。但是，波普尔所谓客观知识的焦点在"科学思想"，否则，诗与艺术何来"真实与虚假""推测与反驳"的问题？"经典世界"的主角是人物及其事迹，其故事当然有思想内涵，但它的思想不在于真与假，而在于善与恶、美与丑或智与愚。它不是生产客观知识，而是塑造价值。反之，"经典世界"与柏拉图的理念世界比，却有重要的共同点，它们都是意义世界，或者典范世界。但是，正如波普尔说的，理念世界是独立不变的，其成员不是人，而是理念或本质。"经典世界"的人虽然主要为圣贤豪杰，但总包含有可以从经验上理解的人性要素，否则他们就没法成为常人的榜样。同时，由于"经典世界"与生活世界处于互动状态之中，因此，它本身是一个活

---

[30]〔英〕卡尔·波普尔：《客观知识：一个进化论的研究》，第132页。

动或有生命力的世界。严格说来，三种世界的比喻中，只有"经典世界"最具备"世界"的意义。

其实，波普尔的"第三世界"与柏拉图的理念世界还有重要的差别，即波普尔的世界是三重的，而柏拉图的世界只有两重：理念与现实，或本质与现象。自然与人都是现象，掌握理念就是企图获取一把衡量经验或现象的标杆。波普尔的标杆由人直接掌握，发展"第三世界"其实是发展能够制造合适标准的有效手段，这种手段最终得体现在对第一世界的有效变革中。我们的"经典世界"，产生于历史世界，但它并非静止不动，而是有自己的活力。就此而言，它更类似于波普尔的世界而不同于柏拉图的世界。但历史世界是有时空变化的，或者说可区分为不同的时代。每个时代的读者都站在自己的生活世界上，看待由此前历史世界产生的经典。可一旦时间推移，这个时代的生活世界，对于后代来说，就成为历史世界的组成部分。对于春秋来说，三代是历史世界，而对于战国来说，春秋也是历史世界。依此类推，秦汉、隋唐、宋明等的前后关系也一样。人们从不同时代的生活世界进入"经典世界"，目的不是要通过它去了解历史世界的真相，而是借助它理解和规范自己的生活世界。只是这个过程不是单向的接纳，而是互动。在这一过程中，"经典世界"与生活世界的意义同时得到丰富和发展。

对"经典世界"的这种理解，可能与富于怀疑精神的现代史家意见不同。当顾颉刚得出古史是"层累地造成"的结果之后，他的态度是："我们在这上，即便不能知道某一件事的真确的状况，但可以知道某一件事在传说中的最早状况。我们即便不能知道东周时的东周史,也至少能知道战国时的东周史,我们即便不能知道夏商时的夏商史,也至少能知道东周时的夏商史。"[31]傅斯年则说,"研究秦前问题,只能以书为单位,不能以人为单位。而以书为单位,一经分析亦失其为单位,故我们只能以《论语》为题,以《论语》之孔子为题,不能单以孔子为题。孔子问题是个部分上不能恢复的问题,因为'文献不足证也'"[32]。这种理智的态度与方法,贡献足以归入波普尔的客观知识世界之中。今日越来越多的出土文献,正好给有志于探究历史世界真相的史家带来福音。但是,毫无疑问,那些传世而内容真实性不完全可靠的经典,比那些可能更原始但被埋没的文献,对塑造传统更有力量。因此,研究经典与研究历史虽然可能面对共同的文本,但意义并不一样。文献证诸历史,而经典则面向未来。

回到开篇的问题。"经典世界"是理解经典文化的一种观点。它以经典文献中的人物、事件为中心,展示一幅拟真的历史生活图景。经典内容的故事化,与早期知识的储存、应用与传播皆以言传为基本途径相关。成名是世俗的人通过经典进入"历史"的入场券,其功能在于树立榜样,垂范后世。"经典世界"的人物、事件,穿越于不同的经典文本,具有独立于其历史原型的生命力。这些题材对后世的作

---

[31] 顾颉刚:《与钱玄同先生论古史书》,见《古史辨》第一册,第60页。
[32] 傅斯年:《评〈春秋时的孔子和汉代的孔子〉》,见《古史辨》第二册,第141页。

用,通常存在"活化石"与待发掘的"矿藏"两种现象。其影响模式不是传递式的,而是辐射式的。"经典世界"的最大意义,在于借助跨时代的阅读想象,汇聚塑造民族认同的文化力量。这个世界不是波普尔的"第三世界",也非柏拉图的理念世界。进入"经典世界"不是为了探求历史世界的真相,而是为现实世界挖掘更多的精神资源。显然,这项研究不同于哲学史,也非文化史,而是对文化史的一种反思。其学术分野,位置也许是边缘性的,可以是知识社会学,也可以属于哲学。本文期待,这项论述不是建构一个庞大的观念楼阁,而是展示可以继续拓展的关于文化的新视野。

(原载《中国哲学年鉴(2017)》)

十

"精神世界"的逻辑

"精神世界"是一个大词,与很多意义含混的常用词语一样,把它作为哲学讨论的对象,是需要澄清与界定的。作为一个复合词,它不但是"精神"与"世界"的复合,而且,"精神"与"世界"各自也是单字词组合的产物。为了理解方便,让我们从有形部分的意义,即"世界"与英文world的关系说起。依弗雷格(Friedrich Frege)用概念区分指称与含义的观点,两者指称的对象相同,但含义不一样。《西方大观念》一书关于world的词条这样说:

> 当我们说到世界,我们的意思可能相差很大,从人居住的大地或地球到行星运转的太阳系,以及无论多么广远的整个物理宇宙,都叫世界。当我们谈论物质世界和精神世界,或者当我们谈论思想世界和感觉世界时,我们也用"世界"指代事物的整个领域,以区别于别的存在体。在"世界政府"和"世界和平"这样的用语里,"世界"具有政治意义,它唤起的意象是地球上人类社会的整个秩序。[1]

---

[1] 美国不列颠百科全书出版公司编:《西方大观念》(第二卷),(转下页)

依此，英文中"世界"（world）的意思，包括"人居住的大地或地球"、"事物的整个领域"以及"唤起的意象是地球上人类社会的整个秩序"，与中文的"世界"几乎一致。不过，中文类似意思更古老的表达，可能是"天下"或"天地"。"世界"应是为翻译佛典而启用或流行开来的用语，类似于"从人居住的大地或地球到行星运转的太阳系，以及无论多么广远的整个物理宇宙，都叫世界"。因此，从指称上看，两者对译很贴切。然而，中文的"世界"是由"世"与"界"组成的复合词，"世"原义为生命周期，《说文》以"三十年为一世"。"界"则为境域或疆界，《说文》称"界，境也"。溯其原义，"世界"应该是时间与空间的结合体。用"世界"而不是用"时空"，意味着它是以人的尺度所打量的时空，即重点是世间秩序。中文的"世界"字面意义更丰富。至于比大地或地球还大的地方，即英文的universe或cosmos，我们叫"宇宙"。《淮南子·原道》有"横四维而含阴阳，纮宇宙而章三光"。高诱注为："四方上下曰宇，古往今来曰宙，以喻天地。"宋儒陆九渊则声称："宇宙便是吾心，吾心即是宇宙。"（《陆九渊集·杂说》）世界，时空，宇宙，三者意义结构是相同的。当我们用世界代替时空或宇宙时，就有自然世界与社会世界之分，甚至有物质世界与精神世界之别。现在的疑问是，"精神"也是世界吗？它也有时空结构或秩序吗？本文准备论述的问题就是，"精神世界"也是"世界"，它不是一个一般比喻。比喻可以更换比喻的

（接上页）陈嘉映等译，北京：华夏出版社，2008年，第1725页。

喻体而喻旨即意义不变，如果更换"精神世界"中的"世界"，这个"世界"就不复存在。它不似把"时代风气"改成"精神气氛"或者"时代精神"之类，意义变化不明显。因为，从自然世界、社会世界到精神世界，存在一个内在的时空结构关系。下面就来分析这种关系，重点最终放在精神世界上。[2]

1. 从自然到社会时空

自然时空即自然世界，它是人类生存的物质环境。虽然并非我们讨论的重点，但它是理解其他世界的前提，需要予以扼要的说明。常识中，时间与空间可以分别感知。比较而言，空间是更基本且更容易体验的现象。张开双眼，我们就能自动看见各种各样的物体，包括人本身。这些物体都可用长、宽、高三维来度量。每件物体都在一个位置上，这个物体不动时，别的物体就不能置入同一地方。而当物体移动时，原来的位置就可以容纳另一件物体。这个可置换不同物体的地方，我们叫作空间。而在物体与物体之间，也存在未被其他物体充满的间隙。这样，空间就类似一个巨大的装着各种物体的容器。它不仅大到可容纳高山大海，甚至看不到边，苍穹就是它的界限。所谓天地之间，就是对整个空间的概括。《中庸》说："致中和，天地位焉，万物育焉。"就是

---

[2] 也许还可以分出天体物理学所研究的宇宙世界来，那是一种更宏观的时空现象，但它并非日常经验的范畴，同时也非我们理解"精神世界"的前提，故存而不论。

把空间当作万物显现和生命孕育的条件。人类以此为身体活动以及获取维护生命的资源的场域。

视觉以及触觉是感知空间的直接方式，感知时间也以事物的存在为前提。这种感知有两种方式：一种是对物体变化及其过程的注意，从阴影的位移到日月更替，可以体察到几乎所有的事物都有不同方式或速度的变化，而且变化是单向的，从而产生万物均出现或消失在时间长河中的观念。另一种是人对自身身体的内在感觉，周期性的饥饿和对睡眠的需求，无聊时刻对某种持续感的忍受，生命从诞生、成长、衰老到死亡的经验，等等，让生命在时间中定格。所有意义的体验归根到底是以生命时间的限制为条件的。时间虽然是一维的，但它却呈现事物的持续、共存与序列等动态的关系特征。

为了把事物秩序化，人类形成一套相关的时空概念框架。属于空间者，如有无、大小、多少，和远近、高低、前后、深浅，等等。涉及时间者，则是久暂、先后、快慢，还有过去、现在、将来，等等。人类还发明了度量两者的工具，如尺与斗、日晷、时钟之类。这些都是常识，但它很重要，是理解世界的基础观念。至于是把空间理解为容器，还是物体呈现的形式；是把时间当作测量变化的手段，还是由变化发现时间的存在，这些玄思的问题，思辨哲学史上已经产生多种对立的理论，我们最好交给科学家去处理。自然科学有很多专门处理时空问题的学科，如几何学、物理学、天文学，等等，已经产生惊人的成就。本文把自然世界限制在常识意义的自然时空中谈论，因为现代科学无论在宏观世界还是微观世界的研究上，关于时空的学说均超出常识理解的范畴，即不是人们直观到的经验。而可以直观到的时空经验才是进一步理解社会时空的基础。

社会世界的时空观念建立在自然时空的基础上。先看空间关系，它包括三个层次：身体行为的空间操作，对自然空间有组织的运用，和社会关系观念的空间化。第一个层次比较直观，从人类生活与生产中的两类物品就可以说明。居住处所就是利用空间制造的基本设施，房屋、门窗及家具的高度得比照人的高度设计。而生产工具（包括武器）的长度及重量也得与身高及体力相匹配。这两点，无论古人还是今人，要求均一样。人体工程学就包括这方面的专门知识。

接着是第二个层次的问题。社会是由有组织的人群构成的，依荀子的观点，人的力量源于"人能群"：人，"力不若牛，走不若马，而牛马为用，何也？曰：人能群，彼不能群也"（《荀子·王制》）。社会组织的基本功能，在于满足生活与生产的需要，空间利用也相应可分为两大类型。圣人大禹是中华文明草创期的英雄，其历史功绩被称颂为："芒芒禹迹，画为九州，经启九道。民有寝庙，兽有茂草；各有攸处，德用不扰。"（《左传·襄公四年》）此即划分经界与安置民居，两者刚好是在生产与生活两方面对空间的征服与利用。在前工业社会，不论采集、狩猎，还是游牧、农耕，土地的占有和分配都是最大的社会资源。传说中规划得像九宫格一样的井田制，就有公田、私田之分。"界线"的"界"字，从字形就显示其与田地的划分有关。界有界内、界外之别，界内是权利或权力的运用处，界外则是对它的限制。由于生产方式的变化，生产的空间从牧场、田野向作坊、工厂转移。空间面积的要求下降了，但利用的条件却增强了，其中技术或装备的复杂化是基本的趋势。生活空间的安排，则存在村庄和城镇以至城市的不同。而这些居住聚落中，除普通居屋外，还有各种政治、宗教、文化以至商业等不同功能的建筑存在。中国传统中，便是宗祠、神庙、衙门、孔庙、市场，等等。在不同区域或同一区域的不同时代，哪些建筑是该区域的中心，意味着社会及其权力结构的变化。一开始，重要建筑就坐落在区域的中心地带，但后来的"中心"不是空间位置，而是权力或影响力的象征。今天全球最有影响力的地方，首先或者同时是商业繁荣的城市。"中心"的转移意味着社会结构的变化。

第三个层次，是社会关系观念的空间化，这是问题的关键。它不同于上述对空间的社会管理，而是在非空间领域采用空间概念去理解。许多原本用于描述空间位置的术语，被挪用来分析或评价社会关系，就是很好的证明。先看"中心"这个词，其甲骨文字形像旗帜竖立，至《说文》则字形已定，旗帜变成旗杆，一竖从上往下把"口"字分为两半，左右对称，显示其"中"的位置义。然其后释"中"为"和"，则兼顾中心与两端或周边的关系，与《中庸》一致，着眼其抽象义。简言之，"中原"是一个位置概念，表示其所处之地同四周事物的距离相等，与"圆心"概念类似。因此，它引申为动词中"与太史数射中"（《周礼·射人》）之"中"，即射对靶标上的中心。它还扩展为规模更大的空间治理观念："古者天子地方千里，中之而为都。"（《新书·属远》)无论《禹贡》还是《周礼》,其都城与五服、九服的设置,都是中心与周边的关系结构。[3]让当权者占据中央,其臣属或番邦围绕其周边,缩短且平均中央与周边的距离,便于控制,便于警卫,也便于支援。在信息与物力的流动都受人畜力量限制的情况下,这种安排在功能上的意义很明显。因此,中心变成权力的象征。不管叫"中心",还是"中央"或者"核心",意义都一样。在社会生活中,中心与边缘的关系,存在被关注或被忽略的不同,甚至成为支配与被支配的关系。由此,"中"这个空间概念变成社会关系观念。

还有划界的"界",包括界面与界线,意义是双重的。它既拒入界,也禁出界。界线两边所有者的基本权利是互相排斥的,只要各自的行为不对相邻或相关方构成损害,都由自己做主。这种划界意义最重要者,便是国界或者国境线。国境线是有形的,界碑、界河、高墙甚至铁丝网都是实现其功能的物质设施。但不是所有的界线都由物理设施来标示,例如一个国家内的公民与侨民,权利与义务就不一样。它的行为界限不是国境线,但却是以国境线为基础而派生出来的。此外,还有很多"界"与空间无关,例如业界、医疗界、教育界、娱乐界、运输界,等等。当然,还有性别、年龄、宗教、民族,等等,也是各种重要的社会界别。其中有些界是互相排斥的,有些则是兼容的,所以有些人可以同时兼有多种身份。因此,划界问题会变成重要但复杂的身份认

---

[3] 参见刘伟:《天下的空间性——论〈禹贡〉中空间的三个维度》(未刊稿)。

同问题。[4]

另一个更微妙的词是"空间"之"间"。"间"字的原型中间不是"日",而是"月"。《说文》:"閒,隙也。从门,中见月。会意。"故段玉裁《说文解字注》:"开门月入,门有缝而月光可入。"缝隙是空间概念,但空间不大,因为构成这个空间限制的两边物体相距较近。两物之间距离越大,则空间越大。空间大,则资源多,可以活动的余地也大。人与人或者团体与团体,甚至国与国也存在"之间"的现象。当这些社会关系以求"物"的态度相处时,空间越大越好。所谓"偌大的太平洋容得下中美两个国家",折射的就是这种意义。两个陌生人之间,也希望空间大。但两个关系密切的人,则希望空间小。密切就是没有间隙,"相濡以沫"或"亲密无间",都得以没有距离为前提。因此,我们用关系远近表达人与人之间的亲疏或感情的好坏。但是,一旦把这种关系从空间转变为态度之后,后者就可以脱离前者而独立出来。即是说,亲密不必是物理意义上的近距离。古代的"烽火连三月,家书抵万金",意味着亲密关系被分拆带来的艰难。今日则不然,城市公寓的邻居可能陌若路人,但千里之外素未谋面的网友却可以无话不说。因此,人与人之间的社会空间不等于自然空间。互联网的英文internet的inter-即为相互关系,它就是通过虚拟方式把不同距离的人拉入可联系范围的技术。在自然时空中,远距离的人没法直接交流,

---

[4] 参见[德]西美尔:《社会学:关于社会化形式的研究》,第九章"社会的空间和空间的秩序",林荣远译,北京:华夏出版社,2002年,第459—467页。

现在借助互联网，除了身体接触外，几乎可以当面互动。可见，它还是要回归那种有密切关系的体验。

日常语言中原本用于描述自然空间或者与之相关的词汇，被大量运用到社会关系的论述中来。除上面中心、界线、之间等词外，还有生存空间，上升空间，地位立场，上台下台，大官小吏，上级下级，先进落后，左派右派，低端产业，高端论坛，中产阶级，天花板，退居二线，前台幕后，前沿，底线，等等，这些概念塑造了我们对社会秩序或社会结构的基本观念。没有它们，我们对社会的理解或组织方式可能很不一样，甚至不可能。

世界是"世-界"，不只有空间，还存在时间的维度。虽然经验中两者不可分割，但理解上可以区分。哲学家们对时间似乎更为关心。"子在川上曰：逝者如斯夫，不舍昼夜。"（《论语·子罕》）孔子的"逝者"就是时间。奥古斯丁说："时间是什么？没有人问我，我倒清楚，有人问我，我想说明，便茫然不解了。"[5]这也是人们常提起的话头。人在时间状态中，与人自然拥有时间意识不一样。动物也在时间状态中，但不一定有意识。一般来说，空间可以即时直观，而时间需要历时体验，对后者的理解有一定的难度。悬置哲学、神学或现代科学那些精深的时间论说，我们的阐述从常识着手。

人类对时间的掌握有两种方式，一种是对自然时间的利用，另一种是对生命节奏的把握。第一种方式如对待自然

---

[5]［古罗马］奥古斯丁：《忏悔录》，周士良译，北京：商务印书馆，1991年，第242页。

空间一样，用一种均匀的刻度对之做测试计量，中国古代是刻、时、日、月、年、甲子，今天依西方是秒、分、时、日、月、年、世纪。由于涉及地球与日、月之间自转与公转的倍数难以整数化的问题，数据不完满，人们便通过闰月或闰日的设立，把历法同月球与地球、地球与太阳的运转周期协调起来，然后无限累计叠加其数据。设定某一点（如公元）后，年代计量既可以向前，也可以向后，满足时间一维的要求。它的作用在于标示不同事物的持续、共时与次序。表面上看，它是对自然时间的测量，其实，这是一种社会需要。日入而息，日出而作，是对时间节奏的直接利用。但更进一步的是社会协作，没有时间标准、超过一定规模，特别是不在同一地方的人群，没法采取共同行动。社会协作的能力取决于组织水平。除了协作，时间还用于计算速度，测量效率。事实上，关于社会活动中什么是快或什么是慢的观念总是变化着的。所有管理时间的艺术都倡导加快速度。[6]时间单位越细，管理要求越高。如果说，现代化是时间压榨，全球化则是空间扩张。两者结合，造成现代社会的基本面貌。

曾有一种流行的说法，叫"时间就是金钱，效率就是生命"。其实，应该倒过来，效率就是金钱。时间无涯，但是生命的时间有限，故生命才需要抓住时间。因此，时间更

---

[6] 参见［德］吕迪格尔·萨弗兰斯基：《时间：它对我们做什么和我们用它做什么》，卫茂平译，北京：社会科学文献出版社，2018年，第107—130页。

根本的意义，在于把握生命的节奏，即用于测度人与社会的始终与变化。对此，中文有清晰的观念。如"世界"的"世"，《说文》说"三十年为一世"，即是以生命节奏为单位。一开始可能截取一生中最有活力的时段，后来则演变成整个生命周期，所以有"一生一世"之说。"世"可以累计，如"一世""二世"之说，意味着某种事业的继承。它可以是国，也可以是家。"代"与"世"类似，其原本意义是更替，如《史记·项羽本纪》中的"彼可取而代也"，后用于描述父子交替中的上下关系，故有"上一代""下一代"之说。代与世不同之处，是世多用于个人，代则指时间相同或相近的一批人，所以第二代、第三代就不同于二世与三世。有后或无后既与传宗接代有关，也与事业传承有关。当然"代"的含义还有增加，譬如以政权的寿命为单位，像朝代，或夏商周"三代"。再扩展则如古代、近代、现代。朝代与时代的计法不一样，前者是有固定坐标的，与一世、二世一样；后者则以表达者本身为坐标，每代人都有自己的古代、近代、现代，这意味着是以自己为中心来看待历史的。当然，关于"代"的归属，也非严格地以年龄划分，它有时与是否对某种历史事件或运动有共同的体验相关，如"五四"一代或"文革"一代。对历史的有效理解不是记住时间的流水账，而是掌握重要的节点。由于中国历史主要王朝的更替大致线索分明，所以我们谈年代不一定需要标示公元多少年或多少世纪，说三代、秦汉、魏晋或者隋唐、明清，比说公元多少年一定更直观。年份本来为记时清晰，但有时却故意模糊边界，如用童年、少年、青年、中年、老年来标示生命具有生理特征变化的不同阶段；人们同时还把它投射到对社会特征的刻画上，如"少年中国""老年社会"之类的说法。总之，对生命与历史的理解，也是时间社会化的表现。不同的生物对自然时间可以有不同的适应或利用方式，社会时间就是有组织的人类对时间运用的表现，它深入内嵌于人类社会的运行结构之中。因此，"世界"的"世"与"界"就不是自然时空的直接代入，世界就是社会世界。它不仅包括人类及其活动的地理规模，同时还注入了人类历史以及由其所形成的传统。

　　虽然社会世界建立在自然世界的基础上，但是，对两个世界意义的估量方式则不一样。自然世界可以用物理意义的时空尺度度量其规模大小，而且在评价上大比小好，因为规模大，人或其他生物活动的空间大，生命所依赖的自然资源更丰富。社会世界则不然，不是靠比较规模而是比较力量。比较规模有两个指标，一是面积，一是人口。单纯计面积的话，让一个人独自到西伯利亚或者北极称王，那不是拥有超级王国的权力，而是无异于流放。计算人口数量的话，历史上不乏少数击败多数的范例。有组织的人口才构成社会，因此，组织水平高低是社会力量大小的决定因素，它体现在具体的社会制度上。协同能力、技术能力和创造能力，甚至所谓软实力，都与之相关。为此，社会学家发明了用"综合国力"来标示不同社会世界实力的办法。虽然把一切都指标化总让人觉得可疑，但它说明了两类世界性质的区别。正如自然世界是理解社会世界的前提一样，这两个世界共同构成理解精神世界的基础。

2. 精神世界：空间向度

中文的"精神"是个复合词。"精"的原义指纯粹、根本、细微的对象，即老子所描述的"窈兮冥兮，其中有精，其精甚真，其中有信"(《老子》，第二十一章)。作为生命种子的"精"也由此而来。"神"则表示某种超越常规经验且无法预测的巨大力量。所谓"神也者，妙万物而为言者也"(《易·说卦》)。或者"阴阳不测谓之神"(《易·系辞上》)。但似乎"精"着眼其形态，而"神"注视其功能。后来"神"演变为宗教崇拜的对象。"精神"复合后，意义一般包括两个方面。一是人的意识，系心之"知觉灵明"一面即心灵，以及意识结构中最具主导性或最有力量的成分。一是将这种灵性投射到自然领域，如庄子的"独与天地精神往来，而不敖倪于万物"(《庄子·天下》)，至少具有准宗教的意义。这些意义与英文中的spirit大致相当。不过，本文不取其"天地精神"义，更把万物有灵的理解排除在"精神世界"之外。

那么，精神占有空间吗？如果精神是意识活动，而意识又不是物质，即不成"东西"，它是大脑神经的功能，那么精神本身不占物理意义上的空间。不是"东西"那会是什么？这个问题哲学家未必能够解决，至少得听听科学家的说法。用现象学的态度，问题可以存而不论。哲学可以只研究意识中那些人们能意识到的东西，即意识内容。意识内容的空间，不是意识行为的空间。意识现象在前台，神经活动在后台。粗略的分工，前台是哲学的领域，后台是脑神经科学的园地。另一个更需要澄清的问题是，既然肯定有自然时空和社会时空,它们的存在同样需要在人的日常意识中得到体现,那么,我们又如何在意识中区分出另一个不同于前两者的独立的精神时空呢?这是问题的关键,下面先谈精神空间。

让我们以一幅风景画为例,说明三个空间概念的区别。一件陈列出来的画作,首先是由画布或画纸加上画框构成的物体。同时,画面上还有构成特定图像需要的大小不同的色块,明暗不同的色调……这些相关物理要素组成的对象,其可以用大小、厚薄来描述的体积,构成它所占据的自然空间。而作品所存放或陈列的场所,画家的地位或者收藏者的身份,以及交易的价格,在同类作品中评价的排序,等等,涉及的关键词汇是场所、身份、价值与地位。同一画家的作品,悬挂在人民大会堂与放置在普通画廊,社会价值不可同日而语;同一幅画,标示的作者不一样,被接受的程度必定有差别,这些属于社会空间的范畴。而画中的风景,在几尺见方的画布上所展示的高山大海,其所表现的艺术空间当然有别于自然空间。没有欣赏者,这个空间就不存在。同时,艺术品的欣赏者不必是它的拥有者,对作品是否欣赏也不受社会地位的限制。欣赏过程,就是特定的意识活动过程。因此,画面的空间,成为精神领域的空间。设想一下,让一个囚徒在30公分的距离内面壁,再换成在同等距离中面对打开着的"国家地理频道"的心理状态,这种同一物理空间中精神视野的截然不同,就能让人体验到精神空间与自然空间的差别。因此,区分不同空间的意义很清楚。

视觉艺术,特别是造型艺术甚至景观建筑,都是为了满足精神空间而存在的。当然它们也存在相对的区别,那些更纯粹、体积较小且便于移动的艺术品,其自然空间容易被忽略;而那些规模庞大的建筑物,特别是那种实用功能比景观或者象征意义更受重视的设计,其自然空间与社会空间更引人注目。对后者而言,如果你不是它的拥有者或者用户,它可能不会进入你的精神空间。当然,存在一类形态繁多的、以象征特定文化意义为主题的建筑物,从纪念碑、庙堂、园林到今日各种高塔式的地标建筑,其目标就是打动和进入观看者的心灵。巨型象征物的形象不是孤立的审美符号,而是需要与自然环境、社会期待高度协调。即这种象征物的精神空间应当同自然空间、社会空间相融合。

  用艺术品说明精神空间与自然空间、社会空间的区别,并不意味着只有艺术才能进入精神空间。进入精神世界的器物,除了艺术品,还有文物或者古董。前者陈列在美术馆或画廊,后者收藏在历史博物馆。艺术品固然可以收藏,但被收藏的并非都是艺术。不少出土文物,灰头土脸或残缺不全,如果没有特别的出处说明或讲究的保存与陈列条件,看起来可能与生活废品无异。一旦了解器物的确切信息,其面貌就焕然一新,其价值评价就有天壤之别。这种价值并不取决于自然空间的价值,尺度大小及材料构成都不重要,重要的是其所象征的历史意义。中华文明最有代表性的古器是青铜时代的鼎,而其重中之重则是三代天子所拥有的"九鼎",它因春秋时代楚国君主向周室"问鼎"而在史乘中留下丰富的历史信息。尽管"九鼎"没有传世,即使传世也未必比现存的几尊大鼎材料、工艺及造型更好,但毫无疑问其价值更高。[7]关键在于器物的相关信息对理解历史的重要性,它是作为历史的"见证"而存在的。证物的身份一旦被确认,它就有机会被观摩赞叹,由此进入人们的精神空间。其实,古物比艺术进入精神空间的门槛更高。前者的意义不直观,但一经理解,意义便附着在直观的形象上。[8]由此可见,古物进入精神空间的原因不在于物,而在于人,在于历史上的人物及事件。这种物不是从自然空间,而是从"过去的"社会空间被带入"后来者"的精神空间的。

意识之所以有开辟精神空间的功能,在于它具有记忆、想象和运用概念推理的能力。现代心理学对此有丰富的研究成果。从本文的观点着眼,记忆把自然空间和社会空间中的事物复制并保留在意识中,以备它在脱离事物原型后仍然有机会在精神空间重新焕发其活力。虽然科学有"左脑管感性,右脑管理性"的说法,且记忆内容也包含抽象的符号或概念,但能记得深刻且牢固者主要还是图像。在文字未发明或不发达的年代,人类口耳相传的知识主要是有人物的故事。同时,包括甲骨文在内的很多文字也从象形的途径产生。汉语早期词汇以具体名词和动词为主,意味着语言以表现经验事物为基础。传统记忆术"所创造的种种记忆系统

---

[7] 参见[美]巫鸿:《九鼎传说与中国古代美术中的"纪念碑性"》,见《礼仪中的美术:巫鸿中国古代美术史文编》,第45—70页。
[8] 参见陈少明:《怀旧与怀古》,见《仁义之间:陈少明学术论集》,第232—246页。

都试图用真实空间来形容记忆"[9]。把大脑描述成"没有空间的内部空间"或者想象成"微观世界",这是根深蒂固的观念。

语言文字对记忆的发展是革命性的。由于人身体及活动范围的限制,能亲身观察的事物其实非常有限。故事的创作、讲述与聆听或阅读,借助想象力把语言文字转化成意识中的图景,大大扩展了精神的空间向度。文本的物理符号是外在的,但其携带的意义在每个读者或听众的意识中所形成的情景则是内在的。伴随着情节的进展,读者(听者)可以观摩、体味各种不同的人生经验,并与故事中的人物一起喜怒哀乐。一个人真实的生活经验,从传述中了解的他人的生活经验,还有他人创作或虚构的另一些人的生活经验,三者在真实意义的水平上有层次的不同,但是,只要留意并被其中的人物、情节所打动,它就可能成为精神空间的一部分。人们接受相关信息时,一开始并不一定是主动去充实或扩展自己的精神空间,而是在遭遇或者传闻中心有所动,在无形中累积起知识。叙事对精神空间的建构可以是无意识的,也可能在某一阶段开始成为自觉计划的一部分。比较而言,由于叙事文本叙述系统、层次丰富,以及思想表达的自觉,它比造型艺术信息更丰富。我们听说过因读书而改变生活态度,但未见过因观看某幅画而导致世界观的转变。这也就是为何不管何种文化或宗教传统,其基本教义的表达总是借助

---

[9] [荷]杜威·德拉埃斯马:《记忆的隐喻:心灵的观念史》,乔修峰译,宁一中校,北京:花城出版社,2009年,第48页。

于神圣故事或教主创教的故事。

由技术发展催生的现代艺术给人类精神生活带来新的冲击。电影以及电视艺术的出现，丰富了我们的精神空间，把原本以语言文字为载体的长篇叙事变成动态的知觉形象，直接植入观众的意识之中。阅读文学作品时，读者需要一种把文字符号的意义在意识中转化为"图式化外观"的能力，这一过程同时要把文本没有提供的细节（相貌、衣着、声调、动作、环境，等等）也想象出来，而能否达成或更正确实现这种目标，受制于读者被知识、阅历等因素影响的想象力。[10]毫无疑问，新的形式无论是原创还是改编，均使故事更直观、更生动，也更有感染力。它的意义在于，提供视觉形象的产品，为读者减少对信息做知觉转化的中间环节，可能统一并且提高观众想象力的平均水平。但同时，与叙事文本特别是其所改编的文学作品相比，它在"规范"想象力的同时，也可能限制了观众在文字阅读时想象的多样性。电影对精神空间的意义，仍然需要进一步的研究。

对三重空间及其特征的把握，我们可以借三个动词"看""说""思"来表达。第一个是"看"，自然空间的事物，主要是通过视觉直接把握的。其实，即使是肉眼无法直观的宏观宇宙与微观物体，我们也把它想象成能"观"的对象来理解。把对象视觉化是我们思维的基础。第二个是"说"，社会关系的空间化，不能仅靠"看"，而是通过语言的表达透

---

[10] 参见［波兰］罗曼·英加登：《对文学的艺术作品的认识》，第56—57页。

露出来的。意义是思想的产物，但复杂的思想得靠语言的编程来表达。无论是"中心"、"界限"还是"之间"，没有语言的运用，很难把相应的社会关系表达或揭示出来。第三个是"思"，即呈现在意识生活中的精神空间不是自然空间或社会空间的附属品。意识对自然空间有"感"，对社会空间也能"知"，但感可以是短时的，知也可能是境遇式的。只有那存入记忆深处的经验，在与现实生活脱节的情况下，依然成为可反"思"的对象，它才是精神生活中重要的素材或资源。依此，精神空间中的"事物"，最重要的特征，就是与现实的功利追求保持距离，审美形象是这样，其他精神象征包括宗教的与历史的是这样，甚至每个人记忆中的人与事也是这样。

当然，完整的精神世界，还有时间的问题。

3. 精神世界：时间向度

虽然事物是在时-空中存没的，但是人对时间与空间的知觉可以分别进行。回到上节囚徒受罚的情景上来，当他长时间近距离面壁，难以忍受地闭上眼睛时，眼前一片黑暗，通过视觉把握的空间寂灭了。但是，他的时间并没有消失，不仅不会消失，而且他对时间存在的感受会增强。如果他把注意力集中在受罚的状态上的话，他会觉得时间变得更漫长、更难忍受。心理学家说："当我们厌倦时，我们就能对我们关于时间的长度的经验有清晰的印象。"[11]无聊见证时间，日

---

[11] [德]恩斯特·波佩尔：《意识的限度：关于时间与意识的新见解》，李百涵、韩力译，北京：北京大学出版社，1995年，第63页。

常生活中,听冗长沉闷的报告,失眠时数不完的牛和羊,等待关键的信息,都能印证这样的体验。闭上眼睛感受到的时间,自然是意识上的时间,然而,意识中的时间不仅可以变慢,而且可以变快,它取决于你的心境。如果经验的过程是愉悦的,时间会掩饰自身,让你忽略它的存在,一切被你体验事物时的情绪所左右。心理时间的快慢不是斗换星移,不是年轮增减,也不是钟表刻度,而是心灵对生命或生活节奏的舒适感。[12]

本文对主观时间所做的强调,不仅是变快或变慢的现象,而是其内在机制对建构精神领域的作用。简言之,它包括两种功能。一种是对自然时间进行压缩或者放大的能力,另一种是超越自然时间的单向性与可经验性而具有回顾与前瞻的能力,这一切都得借助意识中回忆与想象的功能才能进行。所谓时间放大,就如你用一整天的时间去回忆你作为目击者在几分钟甚至几秒钟内观察到的事情。时间缩短,就是对过去一段时日中发生的情况给予一种压缩式的回顾。而经验中的时间就如东逝的流水,永不回头,所以有孔子的临川之叹,及赫拉克利特的"人不能两次踏入同一条河流"之说。但通过回忆及想象,我们在意识中可以反复回头,甚至回到超越个人生命起源的时间。

经验中我们只有经历过去,没有进入未来。但过去已经不存在,只能回忆;未来则还没到来,只能期待。所谓期

---

[12] 胡塞尔在《内在时间意识现象学》(杨富斌译,北京:华夏出版社,2000年)一书中,对主观时间研究做出了奠基性的贡献。

待，就是我们在意识中时刻注视未来，只是注视的时间深度不等而已。这种伸缩时间与在时间中进退的能力，类似于按下音（视）频播放中的快播、慢播与前进、倒退等功能键，它是通过情节的变形来获得的。所有的时间都通过现象排列呈现出来，情节空白系不正常状态。对录像带来说，空白是故障或被损坏。对于人的记忆来说，空白则是失忆或精神出现问题。而意识的前瞻能力远超过"前进键"的限制，这正是精神超越性的表现。因此也有人说：

> 尘世的事物中并不是只有人才是一种受时间支配的存在，但是，他的记忆和想象使得他能够促成时间，从而将他从单纯的被固定在时间中这种状态下拯救出来。人不仅延伸到过去和未来，而且有时通过思考永恒和不朽而将自己提升到整个时间之上。[13]

如果我们把自然生活看作受时间支配的存在，那么在精神领域，意识就具备更多自觉调遣时间的主动性。由于意识对时间的变形，无论伸缩还是进退，都得以记忆中的经验材料为基础，人生阅历便成为这种思想操作的前提。同时，经验是否都是精神生活的要素，则需要借更多的分析来说明。因此，我们先转到比较纯粹的精神现象——艺术上来。有一种把艺术区分为空间与时间两个类型的方式，绘画与雕塑等造型艺术属于前者，音乐属于后者。音乐的音调与节奏属于自

---

[13] 美国不列颠百科全书出版公司编：《西方大观念》（第二卷），第1548页。

然时间，其演奏或播送需要场合设施、表演者及观赏者等社会因素。但真正完成其艺术功能的，是演奏者和听众所接受的艺术形象，即进入心灵的旋律。演奏者不用说，听众在用心倾听的时候，情绪跟旋律一起波动起伏。在没有外部演奏的情况下，熟悉者也可以在内心独自吟诵。同时，意识中的音乐形象不一定需要视觉形象的伴随作为条件。因此，音乐是时间性的，且本质上属于精神现象。事实上，胡塞尔对时间体验的分析，就是以对音乐的聆听为例子的。当然，这不排除它与空间艺术的结合。歌曲中的歌词是可以描绘自然或社会现象的，又如舞蹈，则是伴奏中的音乐为身体的艺术表演提供灵魂。此外，还有各种影视作品的插曲。有时候，故事被遗忘了，可歌曲还在传唱。

另一方面，视觉艺术也可能反映或体现时间的因素，例如描绘运动的形态或情节。[14] 表现运动的例子经常可以从奔马、飞鹰甚至竞技体育这种题材中找到。而描绘情节的则多是历史画，经典作品如《最后的晚餐》，还有今天的各种电影海报。此外，从个人纪念品到古董收藏，以及怀旧或仿古风格的装饰与服饰的流行，均折射出对旧时光或历史的留恋。过去的历史，通过某些象征物储藏在我们的意识深处。[15] 此外，还有视觉艺术的时间化。众所周知的例子，如传统戏剧或现代电影，比较隐蔽的形式如中国书画，其创

---

[14] 参见［英］E. H.贡布里希：《艺术中的瞬间和运动》，见《图像与眼睛：图画再现心理学的再研究》，范景中等译，桂林：广西美术出版社，2016年，第39—60页。
[15] 参见陈少明：《怀旧与怀古》，第232—246页。

作可以是表演性的。杜甫说:"昔者吴人张旭,善草书书帖,数常于邺县见公孙大娘舞西河剑器,自此草书长进,豪荡感激,即公孙可知矣。"(《观公孙大娘弟子舞剑器行·并序》)舞蹈启示书法,可见书写过程便包含着对时间节奏的控制与运用。书法爱好者都知道,欣赏名帖的要素,除了结体、布局外,从其字迹笔画可以想见的书写节奏或速度,当是不可或缺的成分。总之,不管绘画、音乐还是表演,都是相互交织而构成精神世界的艺术形象。

文学如诗,也提供时空交织的经典。陈子昂有《登幽州台歌》:"前不见古人,后不见来者,念天地之悠悠,独怆然而涕下。"这是表现触景生情的范例。景是幽州台上见到的空间,但情则引入对所景仰的"古人"与期盼的"来者"均无缘与会的沧桑感。苏东坡的"大江东去,浪淘尽,千古风流人物",则是在"三国周郎赤壁""遥想公瑾当年""谈笑间,樯橹灰飞烟灭"的情景中所发出的感慨(《念奴娇·赤壁怀古》),依然是从空间想到时间。前者空灵,后者充实。时间不是抽象概念,而是由情节充实的过程。但是,超越个体时空经验的情节不是来自回忆,而是来自知识。知识的吸收,可以为精神世界加倍扩容。

与艺术或者诗相比,叙事作品如史学与文学,特别是长篇作品,给我们提供更细致和更系统的时空图式。文学讲故事,自然需要在一定的时空框架中,召唤读者对人物、环境与事件的想象。按照阅读现象学的分析,读者在意识中赋予文字描述的内容以图式化的外观。当然,长篇叙事的时间感更加突出。线索单纯者如传记文学,写一个人的一生,情节与环境的变化系于个人生命轨迹的发展。复杂者如发生在重要历史背景中的故事，其结构及变化同相关年代的重大事件相关联，有的直接就表现为大事件的组成部分，如某些重大历史题材的长篇小说。虽然历史小说可以比个人传记有更纵深的时间调度，但由于其通常取材范围的限制及故事的虚构性质，它不足以成为精神世界建设的框架。只有历史著述，主要是纪传体类的通史，才能承担精神世界的奠基工作。对中国传统而言，司马迁《史记》的贡献是空前绝后的。《史记》"继《春秋》"而来，而孔子最大的贡献是"次春秋"。对此，刘知几的解释是："夫《春秋》者，系日月而为次，列时岁以相续。中国外夷，同年共世，莫不备载其事，形于目前。理尽一言，语无重出，此其所以为长也。"（《史通·二体第二》）即是说，把以往发生的人物、事件，以时间为序编接起来，人物或事件之间或相续或同步的关系昭然若揭，形成连贯的整体，这就是时序观念所起的基本作用。司马迁的贡献则是把人物、事件的生动描述系于时间的中轴线上。因此，依古文经学的立场，孔子、司马迁都是中华文明精神时空的奠基者。意识在自然意义的时间中运行，但可以在精神意义上超越时间。阅读或观看叙事作品需要的时间，不是作品情节进展的时间。同时，作品还把客观时间变成可以压缩和拉伸的对象。一方面，聆听或阅读故事，不需要与记述中的事件同等的时间长度。最极端者，电影上常常出现的"若干年以后"的字幕就是压缩时间的手法。另一方面，作者或导演也可能编出大大超越所述时间长度的作品，如普鲁斯特《追忆逝水年华》中对许多情节的描述，以及电视剧《长安十二时辰》播放的时间,几十集累计起来,可能需要几个十二时辰的工夫。在史学作品中,还有一种现象,就是年代距离较远者叙述较短,反之,距离较近者叙述较长。这同我们对存在时间距离的事件的记忆,现象是一致的,近者清晰,远者模糊,所述便有长短之不同。[16]这种叙述时间的伸缩是作者的设计,是其精神世界加工过的产品。事实上,事物或事件一旦进入意识,就可能向精神世界转化。

在精神世界中,意识对时间的主动性,自然在于它具有挽留甚至追溯消逝的时光的能力。这种功能借记忆的保留,语言的传播以及文字的记述等途径获致。如前所述,世或代这类用生命周期标示的时段,往往是社会历史领域常用的计量单位。而且,分期方式不是对自然时间的均匀划分,而是以观察者为出发点的排列。如现代、近代、古代,或上古、中古、近古。儒家经学有个公羊"三世说",叫所见世、所闻世和所传闻世,是以孔子为原点对春秋时代的分期。撇开春秋时代的具体划分不论,分析这"三世"的界定,可以透视其掌握历史的步骤与逻辑。所见世的"见"指作者所亲历的那个时代。所"闻"则是从前辈口中听到的时代,它正是前辈所"见"的时代。而"传闻",也是从前辈口中得知,但其内容并非前辈所"见"而是其所"闻",即前辈的前辈所"见"而告知前辈的时代。这是口耳相传的历史传承模

---

[16] 参见[波兰]罗曼·英加登:《对文学的艺术作品的认识》,第108—128页。

式,在没有文字或者文字不发达的年代,它是基本的或者非常重要的知识来源。董仲舒认为孔子对"三世"的书写蕴含着他不同的历史态度:"于所见微其辞,于所闻痛其祸,于传闻杀其恩,与情俱也。"(《春秋繁露·楚庄王》)越是眼前的事物,越具备功利性的联系,而越是过去的传闻,越是观念性的存在。历史知识的储备,就是精神世界的直接铺垫。传统经史之学的发达,构成一个以文字为载体的"经典世界"。这个世界正是中国人精神世界的主要思想资源。[17]或者说,借过去的经验、不同世代的阅历及文本知识的传播,我们把历史召唤到精神世界中来。精神世界的神奇,就在于通过意识,掌握超越我们生命限制的时间。

日常经验的时间不但是一维的,而且是有方向的。它不是从现在到过去,如我们的认知程序那样,而是从过去到未来,与我们的叙述模式相吻合。即便采用倒叙的手法,也是情节的结构编排,而非像电影胶带的倒放,把走进来变成退回去。但是,精神世界中的时间可以拥有相反的两个方向。让时光倒流,是意识面对过去,而且文明为此积累了丰厚的让人回溯的资源。虽然精神世界中的历史是意识参与创造的,但首先以历史世界的存在为前提。它有个被摹写的对象。如果掉转方向,指向未来,则未来世界实际从未存在过。如果存在,那也只是存在于精神世界中。两者是不对称的,但都体现意识对时间的创造性,前者是让时光倒流,后

---

[17] 参见陈少明:《什么是"经典世界"?》,见《中国哲学年鉴(2017)》,第34—49页。

者则需要无中生有的能力。胡塞尔在分析时间意识的形成时，提出了持存与预存的概念。如果我们把其单位放大，投射到社会世界，便变成主动的回顾与前瞻。

人生活在时间中，生活时刻向未来延伸。活着不是躺着，生活需要行动，而每个行动都有既定的目标，需要行动效应。因此，每个行动都需要预期。简单的身体动作近乎本能，预期几乎被忽略，但是与他人的联合行为，或者面对陌生的行为环境，就需要自觉的预见能力，未来意识就从日常行为开始。但是，太日常的、太短暂的行动，我们不会赋予它"未来"的地位。只有离"现在"距离较远，已经拥有的经验不能自动适应的时段，我们才把它当作未来。关心未来的因素，包括渴望新生活，担忧不明前景，以及对未知事物的好奇。阮籍的"人生不满百，常怀千岁忧"，海德格尔的"烦"或"操心"，指的就是担忧。有远见的思想家和政治家，还有科幻作家，都是具有未来意识的人。专业的展示未来世界图景的知识，几乎是现代的创造，这方面在西方文化中表现更加突出。首先是宗教和政治的，如末日审判，还有乌托邦与空想社会主义理想；文学的，阿道司·赫胥黎（Aldous Huxley）的《美丽新世界》、乔治·奥威尔（George Orwell）的《1984》，系对极权主义政治前景的想象；社会学的，20世纪80年代出现的阿尔温·托夫勒（Alvin Toffler）的《第三次浪潮》、约翰·奈斯比特（John Naisbitt）的《大趋势：改变我们生活的十个新方向》，是对技术带来的新生活的憧憬；而最新潮的是历史学的，如尤瓦尔·赫拉利（Yuval Harari）的《未来简史》。"未来简史"这个颠覆性的书名，刻画出新的未来意识的矛盾性。要如理解过去的事物那样去理解未来，即把不存在的现象具体化，这需要理智与想象力高难度的结合。此书的畅销表明在科技发展刺激下，未来意识正在全球急剧升温。正因如此，本来以想象传统（如新派武侠小说）见长的中国，也掀起对科幻文学的热情，如刘慈欣的《三体》《流浪地球》等作品的走红。

从艺术到收藏，从文学到史学，从过去到未来，无不存在于时间之网的笼罩之中。不过，它不是通过纯粹的自然时间量度的，而是意识在适应生存经验的基础上创造出来的。因为意识，过去可以重来；因为意识，未来可以预知。这是人类突破自身有限性的精神表现。对自然、社会与精神三种不同时间经验的区分，不是互相排斥，而是要承认且协调其并存的现象。我们还可以说，自然时间是客观的，无论人类诞生之前或之后，其他自然界万物并育或消长的事实都没有消失。社会时间是主体间的，它是因为人类的合作或协调行动的需要而发明的度量方法。而精神时间正是每一个主体内在的能力与体验。虽然三种类型的时间经验都进入人的意识之中，但自然与社会时间是与物质或权力的联系更密切的经验，而精神时间是超脱的，无论是艺术欣赏或者发思古之幽情，还是仅仅对个人经历的回味，或许还有对应用价值未知的知识的追求，只要不是对时下利害关系的反应，它就是人性有深度的表现。

4. 精神生活的意义

"精神世界"的建构，目的在于说明精神生活的实质及其意义。精神生活同物质生活、社会生活一样，都需要意识的运转。但物质生活与社会生活有赖于身体与社会行为，意识是参与过程的一部分，作用多是临时性的，一般随阶段性目标的达成、放弃或转移而改变或遗忘。所谓"意识流"，很好地刻画了意识容易随波逐流的特性。只有那些行为及效果对思想造成一定的触动、储存在记忆中、成为脱离经验的过程的信息，才有机会进入精神生活，甚至对精神生活造成长久的影响。而精神生活运用的资料，尽管有可能来自物质中介，如艺术品或其他意义象征物，但其意义则由内在价值法则决定。物质生活需要消耗资源，社会生活寻求支配对象，两者都对外部条件有依赖性，唯有精神生活是自觉自主的。因此，精神的建设是可持续的事业。建构精神世界的资源来自两种途径，阅历与知识。每个人都是与众不同的，但出身、教育、职业、婚姻及相应更抽象的地位的区别，只是外在的观点。内在的观点，是每个人的阅历决定他或她的自我或人格。阅历有宽窄和长短的不同，宽窄是空间范畴，不仅地理范围、职业变动、社会位置，还有具体际遇，等等，均涵括其内。长短则是时间尺度，一般认为它受制于寿命。长寿者有机会见更大的世面，虽然老死一个地方的也大有人在。而夭折者则无阅历，自然也无人格魅力可言。生平的经验，当然也是生活知识的累积，它是不断应对新经验的向前移动的基础。阅历不仅成为精神世界中自我反思的素材，而且也是我们学习和理解那些非个人知识的基础。走万里路有助于读万卷书。阅历之外的知识，指的是与个人经验无关，从书本或其他文化教育途径获得的知识。这种知识就其论述的对象而言，有人文社科知识与自然科技知识，但就其在精神世界的存在形式而言，则可分为形象与符号。前者关乎每个人的经验，以文学艺术或历史提供的素材为基础；后者则是概念化的理论，既有理科知识也有文科知识，是通过抽象概念及其他符号组织来表达的，属于专业知识。在精神世界中，形象是基础，人的生物特性决定其对世界的反应是以感性为出发点的，感性不仅是视知觉功能，还有情感的反应，所有生命意义的根源均在此。符号是图像的抽象形式，最具代表性的是数理科学，它把外部世界及其关系结构化，并从中进行运算，是观念支配物质最重要的方式。但是，不能直观生命感受的专业知识，在与功利追求脱钩的条件下，也会成为少数知识精英精神世界的主要目标甚至支柱。它也有典范性，虽未必有普遍性。

阅历是一个过程，知识的发展也是一个过程。生活中，前面的经验是理解后面的经验的基础，就如读书过程，前面的句子是理解后面的句子的条件。反过来，后面的经验会赋予前面的经验新的意义。同样，只有读完全书，你才有资格谈对书的完整理解。不过，人文类与理工类的学习有个很大的差别，就是后者一般必须循序渐进，前者则可能跳跃，就如人生经历的先后，并非都有固定的顺序。因此，读同样的书，顺序不同，背景不同，对读者知识结构的形成或精神生活的影响，便大不一样。因此，人文知识的增长，不是仓库货物的储存，它更像一个暗箱，且输入与输出也不一定都匹配。各种相关的变量，导致精神世界的规模与结构，意愿与强度都不一样。有人大器晚成，也有人"小时了了，大未必佳"。总之，它融汇或凝结为多种多样的人格。自我或人格的成熟与精神世界的发展相关联。自我是个容易引起分歧的概念，如果贴近常识，把它理解为一种身份认同，或许可以从时空两方面界定：空间上是以身体为界限的身心统一体，与他人不存在生物意义上的连体或连脑现象；时间上则是成长经验自觉的连续意识。没有身体，则意识无以栖身，那是幽灵；没有意识，则身体没有主宰，只是肉身。尽管起源于精神分析的自我概念也是有争议的，但并不妨碍现代心理学把自我的发展当成重要的研究课题。[18] 这种自我意识的成熟，与精神世界的发展是同步的。至于两者之间是否具有更精密的关联程序，则是一个待解的问题。可以相信的是，由于精神世界不是自然，也非社会，因此它在"规模"上是没有边界的，其边缘由精神生活的深度与广度来界定。心理学家的见解也可以支持我们的观点：

> 我们的生命到底有多长？我们应当像通常那样根据日历来衡量我们的寿命呢，还是应当根据我们所经历的来判断生命的长度？……我们生命的主观长度取决于所有曾经在我们的意识之中，随后又在我们的记忆之中存在的东西。以经验作为衡量过去的时间长度的尺子，一个40岁的人就可以说活得比一个80岁的人更久。然而我们却太少或根本没想到这么一个主观尺

---

[18] 参见[美]简·卢文格:《自我的发展》，韦子木译，杭州：浙江教育出版社，1998年，第4—10页。

度。……今天我们都向往长寿,即长的岁数。而医学的进展事实上也成功地大大增加了人的平均寿命。然而,我们究竟达到了什么目的?根据经历的多少这个主观尺度,我们的寿命也延长,不也更有意义、更丰富多彩了吗?没有更多的经历财富,增加的岁数就只不过是空洞的数字而已。[19]

人们常借梦来表达对生活的期盼。梦是精神世界的现象,其意义有两个层次。第一个层次,是突破生活的局限,获得日常生活中不可能拥有的经验。例如,梦会周公,与千年之前的古人神交;一枕黄粱,用个把时辰就体验美妙的一生。它不是想象,而是逼真的体验,梦中不知道这是在做梦。平时说的"有梦的生活",是用来比喻怀有美好的理想。但是,还有第二个层次,是突破意识的局限。梦还可以表现意识中不会期待的事情,它可能是想不到的,如梦到变蝴蝶;也可能是不敢想的,例如某种突破梦者道德意识限制的情节,也可能在梦中不期而至。对第一个层次的现象,也许可以用日思夜梦来理解;而第二个层次的现象,按弗洛伊德式的释梦,就是潜意识的表现。但它并非学界共识,有时候,这种解释与猜测差不多。这意味着精神现象并非都是自明的,这个世界深邃无底。

科幻小说《三体》写一群外星球的"人"。这种"人"

---

[19] [德]恩斯特·波佩尔:《意识的限度:关于时间与意识的新见解》,第68页。

与地球人很不一样,其最重要的特点,是思想透明。撇开其具体的身体构造不论,从功能上看,任何一个外星"人",不论他在"想"什么,其他同类都可以"看"得到。因此,他们不存在,或者省略了"说"这个思想交流环节。从人类的角度看,思想透明的正面作用是为"人"坦诚,不会虚伪,容易协调;其负面作用则是每个人都没有秘密,也不会有与众不同的地方,因而也就没有谁更卓越或更深刻的问题。[20]人类恰好与之相反,意识不透明,这正是人的精神世界独立性的基础。"他人之心"难解,首先就是你不能如体验自我一样感知他人的意识过程。即使你全程监视睡梦者的脑神经活动,也不能代替其讲出梦中的故事。其次就是语言传递的信息也是有限的,即便有人告诉你他牙痛,你也难以感知其疼痛的方式与程度。这一事实导致每个人都可以通过不宣泄或故意掩饰的方式守住心中的秘密,而现代文明也由此发展出保护个人隐私,以及不惩罚思想犯罪的观念。保守思想的秘密在一定程度上是保护自己的利益、名誉及思想的独特性,后者与精神世界的创造性相关。但是,如果这种保守不是策略,而是习惯甚至是性格的体现,那可能存在两种情况。一种是不诚实或自卑的道德人格,一种是禁锢的精神世界。后者可能有深切的精神追求,但追求的目标或方向与他人和现实社会处于隔膜甚至对立的状态,其极端状态就是与世界脱钩。这种人中有痛苦的天才,有些学者、艺术家、科

---

[20] 参见吴飞:《生命的深度:〈三体〉的哲学解读》,北京:生活·读书·新知三联书店,2019年,第59—67页。

学家的自杀，就与此有关。当然，从性格内向到自闭甚至忧郁等精神现象，也与精神世界的毛病有关，但不一定都因天才所致。因此，肯定每个精神世界的独立性，不是鼓励自我的封闭，开放是释放精神压力的途径。

连接不同精神世界的主要途径自然是语言文字。语言的意义不言而喻，文字则更上一层楼，它不只是语言的记录与保存。运用语言沟通，可以有不同层次的效用，从互相理解，到达成共识，甚至获得共鸣。共鸣需要对事物有特别且一致的观点，那些与众不同的见解，越是与是非成败无直接关系，其精神性含义越丰富，持有这些见解的人精神世界相契合的机会就越大。人是自身有限而向往无限的存在者。我们不仅与眼前的人交流，还想与同时代的人甚至不同时代的人交流，这就需要借助文字作为跨时空的桥梁。而一旦运用文字，其交流的媒介，除了书信是个人对个人外，只能是一个知识或思想的平台。它以文字为主，也包括音像材料，是一个存在于学校、图书馆、博物馆、文化馆、报纸杂志及现代互联网上的知识系统。平台的特点就在于，供给者与需求者都不是一个人。因此，每个独立的精神世界，都可能或需要面对一个公共的平台。于是，除点对点的联结，还增加了更广泛的点对面的联系。在社会意义上，这叫作"文化的世界"。在这个平台上交流，可以是即时性的，也可以是历时性的。前人留下的知识、艺术及思想，你可以评论改进；而你留下的问题，则等着后人来回答。不过，信息化的时代增加了即时性交流的机会，如今日互联网上的平台，这个几乎连接无限的平台，类似于波普尔所说的"世界3"。

波普尔关于"三个世界"的知识理论包括："第一，物理客体或物理状态的世界；第二，意识状态或精神状态的世界，或关于活动的行为意向的世界；第三，思想的客观内容的世界，尤其是科学思想、诗的思想以及艺术作品的世界。"[21]所谓"世界3"，虽然内容是"世界2"所创造的，但一旦进入这个以文献的形式存在的世界后，它就是独立于创造者的，同时，其他人可以通过对它的学习而获益，甚至从事新的创造。只是波普尔更关心其中的"科学思想"，而在精神的意义上，历史与文学艺术是更普遍的内容。同时，个人的精神世界与公共平台的交流，不仅仅是知识的学习或贡献，而是真正在精神意义上与外部世界的协调问题。在知识的问题上，大多数人只是学习与应用，只有少数人对它有贡献；而对于少数人来说，不管贡献大小，任何一个人从中学到的都比其能做的贡献更多，因为平台的知识是人类文明的成果。

全球没有统一的文字，每种文字特别是相关经典文本都负载着特定传统的信息。因此，不同文字入口的平台，具有不同的文化特质，民族、宗教、政治等共同体的形成与此密切相关，其中各种关于传统起源的故事与观点，影响尤为强大。不过，随着科学及艺术知识的传播，其中非文字符号负载的内容有可能叠加到文字世界上。还有全球化的影响，使每一种地方知识都变得不纯粹，其复杂化使得思想冲突也在各个文字平台上呈现出来。不同文化会呈现扩张、式微、

---

[21]［英］卡尔·波普尔:《客观知识：一个进化论的研究》，第114页。

变化等不同趋势，它对不同的个人精神世界造成不同程度的冲击，有些直接变成精神世界的斗争。因此，建设自己的公共平台变成扩大各自思想力量的战略目标。现代文化发展中所谓"软实力"的建设，与此相关。但是，只有少数的社会精英对复杂的社会问题具备判断力与影响力。对他们而言，是否具备高瞻远瞩的能力，取决于其精神世界是否宽广。然而，对于普通个体而言，建设健康的精神世界，是更长远的人类福祉。所谓精神健康，就是有自己的品位，感觉良好，甚至处于被激励的状态，远离沮丧、冷漠与敌意。如果由此而输出的精神产品或者间接推动的社会行为，能惠及被影响的人或群体，就是精神世界的价值之所在。美好的精神生活，既要激励品格卓越，也应维护心灵健康。

在结束这篇有点冗长的文字之前，让我们用简单的概括，回应开篇的问题：

时空不仅是事物的存在形式，也是我们理解生命各个层次，包括不在三维空间中呈现的精神现象的基本范畴。精神世界建立在自然世界与社会世界的基础之上。自然世界是无边的，社会世界则受制于人控制自然世界的能力，它是有边界的，为地球物理条件所决定。而精神世界，其边界与力量将随着意识的创造性而扩展。三个世界的形成次序是自然、社会与精神，而理解世界的逻辑次序则是精神、社会与自然。精神的理解是意识的自我理解，它是哲学而非科学的问题。人在世界中，但世界也在人的心灵中。只有心灵才是意义的发源地，没有意义便没有一切。在科技发展神速，物产丰盛,人口繁庶而心灵却日益不安的时代,重提精神世界的建设,是今日人文学术应尽的责任。

(原载《哲学动态》,2020年第12期,
补上因篇幅限制删去的原文)